NÓS SOMOS OS RANKINGS RANKINGS RANKINGS RANKINGS RANKINGS

NÓS SOMOS OS RANKINGS

RANKINGS RANKINGS RANKINGS RANKINGS RANKINGS

Precariedade, reflexividade e acção social na academia neoliberalizada

ANA FERREIRA

ALMEDINA

TÍTULO ORIGINAL:
«Nós somos os rankings!» Precariedade, reflexividade e acção social na academia neoliberalizada

AUTOR
Ana Margarida Grenho Ferreira

Direitos reservados para todos os países de língua portuguesa por

CONJUNTURA ACTUAL EDITORA, uma chancela de Edições Almedina, S.A.
Avenida Emídio Navarro, 81, 3D
3000-151 Coimbra – Portugal
e-mail: editoras@grupoalmedina.net

REVISÃO
Manuel Afonso

CAPA
Ana Teresa Ascensão

PAGINAÇÃO
Aresta Criativa – Artes Gráficas

IMPRESSÃO E ACABAMENTO
????????
junho 2023

ISBN
978-989-40-1305-1

Depósito Legal
???????

ÍNDICE

Prefácio ou porque é que é importante falar de precariedade na academia 13

1. Introdução 17
   1.1. Para uma aproximação à precariedade no ensino superior e na ciência 17
   1.2. Reprodução, resistência ou transformação na academia neoliberalizada? 27
   1.3. Sobrevivendo através de trajectórias de precarização 34
   1.4. Estrutura do texto 37

2. O processo de neoliberalização da academia 39
   2.1. Enquadrando o processo de neoliberalização da academia 39
   2.2. As organizações, as práticas e a cultura académica no quadro da democracia em Portugal 41
   2.3. A nova gestão pública no ensino superior e na ciência em Portugal 47
   2.4. O trabalho na academia em Portugal: diferenciação, fragmentação e precarização 54

3. Pensar a acção, a reprodução e a mudança social 63
   3.1. Abordagem à realidade social a partir do realismo crítico 66
   3.2. Neoliberalização, reflexividade e acção social 67
   3.3. Modelo de análise 69

4. Contornos da precarização na academia em Portugal: um primeiro quadro geral 73
   4.1. Quem são os trabalhadores académicos precarizados em Portugal 80
   4.2. Retratos da precariedade na academia em Portugal 84
   4.3. Em jeito de síntese 94

5. As longas trajectórias de precariedade na academia 97
   5.1. Trajectórias em carrocel na academia 97
   5.2. Das baixas taxas de sindicalização 107

5.3. Trajectórias de precariedade como reprodutoras de desigualdades sociais 111
5.4. Em jeito de síntese 113

6. Reproduzindo práticas neoliberalizadas e construindo resistências 115
6.1. Muitas horas de trabalho e muita produção no trabalho 116
6.2. Reproduzindo e resistindo à neoliberalização da academia 119
6.3. Da falta de acesso a carreiras académicas à falta de confiança institucional 122
6.4. Autonomia e flexibilidade como palavras de ordem 130
6.5. Em jeito de síntese 130

7. As vidas adiadas dos académicos precarizados 133
7.1. Futuros incertos e vidas adiadas 133
7.2. Sobrevivendo: «***, pão, *********, *****» 138
7.3. Em jeito de síntese 139

8. *Burnout* profissional: correr por gosto também cansa! 141
8.1. As três dimensões do *burnout* profissional 142
8.2. Incorporação da precariedade laboral 144
8.3. Em jeito de síntese 149

9. Do amor pela ciência e pelo conhecimento 151
9.1. Sentimentos contraditórios: satisfação com o trabalho e insatisfação com o vínculo 152
9.2. Felicidade e satisfação com a vida em geral 160
9.3. Em jeito de síntese 161

10. Construindo projectos laborais 163
10.1. Empregos e que empregos 164
10.2. Mobilidades 168
10.3. Em jeito de síntese 172

11. Perfis de acção de académicos precarizados 173
11.1. Meritocratas 174
11.2. Reformistas 176

11.3. Pragmáticos ... 180
11.4. Quiméricos ... 182
11.5. Desencantados ... 185
11.6. Vanguardistas ... 187
11.7. Em jeito de síntese ... 189

12. Composições da academia precarizada: entre reproduções, resistências e transformações ... 191
12.1. Quem são e o que fazem os académicos precarizados ... 192
12.2. Reprodução, resistências e transformações ... 195
12.3. Limitações e caminhos para novas investigações ... 199
12.4. Nós somos os rankings! ... 200
12.5. A precarização não serve nem a academia nem a sociedade ... 202

Agradecimentos ... 205
Legislação ... 207
Referências ... 209

LISTA DE FIGURAS

Figura 1. Distribuição de docentes do ensino superior por regime de prestação de serviço (2001/2002 — 2018/2019) 56
Figura 2. Distribuição de investigadores em equivalente a tempo integral (2001-2020) 57
Figura 3. Associação de Bolseiros de Investigação Científica no desfile do 25 de Abril 62
Figura 4. Estrutura laminar da realidade social 67
Figura 5. Modelo de análise 72
Figura 6. Trabalhadores académicos precarizados. Vínculos laborais (A) e áreas científicas (B) 81
Figura 7. Perfil sociobiográfico de académicos precarizados 82
Figura 8. Alojamento e gestão de despesas 84
Figura 9. Perfis sociobiográficos de trabalhadores académicos precarizados por função e por vínculo institucional 93
Figura 10. Alojamento e gestão de despesas de trabalhadores académicos precarizados por função e por vínculo institucional 94
Figura 11. Trajectórias de precariedade na academia: Período total com contratos de bolsa por função e por vínculo institucional 98
Figura 12. Trajectórias de precariedade na academia: período total com contratos de investigação a prazo por função e por vínculo institucional 100
Figura 13. Trajectórias de precariedade na academia: período total com contratos de docência a prazo por função e por vínculo institucional 101
Figura 14. Trajectórias de precariedade na academia por função e por vínculo institucional: finalização dos contratos actuais 102
Figura 15. Sindicalização entre académicos precarizados por função e por vínculo institucional 108
Figura 16. Motivos para a não sindicalização por função e por vínculo institucional 109
Figura 17. Jornadas semanais de trabalho de académicos precarizados por função e por vínculo institucional 117
Figura 18. Artigos publicados em 2019 em revistas indexadas na *Web of Science* ou na *Scopus* por função e por vínculo institucional 119

Figura 19. *Burnout* profissional por função e por vínculo institucional: exaustão emocional, cepticismo e realização profissional. 143
Figura 20. Satisfação laboral de investigadores precarizados por vínculo institucional. 153
Figura 21. Satisfação com o trabalho de docentes precarizados por vínculo institucional. 156
Figura 22. Satisfação com o trabalho de gestores de ciência e profissionais com funções similares por vínculo institucional 158
Figura 23. Satisfação com o trabalho de académicos com vínculos pontuais ou sem rendimentos do trabalho 159
Figura 24. Satisfação com a vida e felicidade entre trabalhadores académicos precarizados por função e por vínculo institucional. 160
Figura 25. Procura de emprego por função e por vínculo institucional 165
Figura 26. Aspirações laborais por função e por vínculo institucional 167

LISTA TABELAS

Tabela 1. Dimensões, variáveis e categorias de análise 74
Tabela 2. Impactos da precariedade nas actividades laborais por função e por vínculo institucional 120
Tabela 3. Impactos da precariedade na participação institucional e nas relações laborais por função e por vínculo institucional 122
Tabela 4. Impactos da precariedade na desmotivação no trabalho por função e por vínculo institucional 129
Tabela 5. Impactos da precariedade na autonomia e na flexibilidade por função e por vínculo institucional 130
Tabela 6. Implicações da precariedade nas vidas dos académicos precarizados por função e por vínculo institucional 134
Tabela 7. Impacto da precariedade na intenção de emigrar por função e por vínculo institucional 168
Tabela 8. Perfil meritocrata: dois retratos 175
Tabela 9. Perfil reformista: dois retratos 179
Tabela 10. Perfil pragmático: dois retratos 181
Tabela 11. Perfil quimérico: dois retratos 184
Tabela 12. Perfil desencantado: dois retratos 186
Tabela 13. Perfil vanguardista: dois retratos 188

PREFÁCIO OU PORQUE É QUE É IMPORTANTE FALAR DE PRECARIEDADE NA ACADEMIA

O texto que se segue a este prefácio parte de testemunhos de académicos precarizados recolhidos através do questionário «Precariedade no ensino superior e na ciência», enquadrando-os de um ponto de vista teórico-metodológico, apresentando a sua análise e realizando a sua discussão. Nestas páginas que antecedem o trabalho científico, o objectivo é bastante diverso. Aqui, mais do que cumprir quaisquer preceitos que permitam uma reflexão cientificamente sustentada sobre o objecto de análise, pretende-se situar esse trabalho e as questões que o foram enformando ao longo do tempo. Este prefácio também pretende situar-me a mim, enquanto parte integrante do contexto que analisarei em seguida, e explicitar, acima de tudo, de um ponto de vista pessoal, o porque é que penso ser importante falar de precariedade na academia. Não tendo participado na resposta ao questionário, este é o meu testemunho.

O mais das vezes que, por um ou outro motivo, falo de precariedade no ensino superior e na ciência, recebo um revirar de olhos acompanhado por pequenas variações da interjeição «Lá vem a história dos bolseiros outra vez!». Hoje, mais de 30 anos após a publicação da primeira versão do Estatuto do Bolseiro de Investigação (Decreto-lei n.º 437/1989), num contexto marcado pelo número crescente de investigadores e por uma pandemia que acelerou um reconhecimento social do trabalho académico, a precariedade no ensino superior e na ciência, a instabilidade dos vínculos laborais dos que ainda são *bolseiros* e dos que, já não o sendo, permanecem precarizados continua a ser um tema de que poucos, para além dos visados, querem ouvir falar. Um incómodo, essa coisa da precariedade. É como se os adultos da sala repetidamente nos quisessem reenviar para o quarto das crianças, para nos entretermos com as nossas *questõezinhas* da precariedade e dos seus impactos, enquanto eles, *os crescidos*, debatem as coisas *verdadeiramente sérias*. A cada esgar, a cada exclamação, questiono-me se corresponderemos mesmo à imagem desse miúdo mimado à qual nos colam. Um miúdo que, tendo sempre tido acesso a tudo, tendo sempre conseguido tudo, teima em querer o único brinquedo que não poderá alcançar. Apenas porque sim.

Do local onde me encontro e de onde posso (vi)ver esta história, investigadora com inúmeras tipologias de bolsas entre 2000 e 2018 e com contratos a prazo desde então, primeiro ao abrigo da norma transitória e, mais recentemente, do concurso de estímulo ao emprego científico individual, as linhas que a compõem, marcadas por muitas alegrias e por mais dúvidas e inquietações, são radicalmente diversas. Muitos dos que, como eu, hoje não conseguem deixar de gritar, falar ou sussurrar por (sobre) condições dignas de trabalho, e com isto leia-se a possibilidade de acesso a uma posição permanente na carreira de investigação, docente ou técnica, têm um percurso de uma, duas ou três décadas de investigação, de docência, de gestão ou de comunicação de ciência ou de tudo isto e mais. Muitos de nós cumprimos todos os requisitos mais e menos formais de ingresso na academia — licenciaturas, mestrados, doutoramentos e pós-doutoramentos; períodos de trabalho fora de Portugal; participação em equipas de investigação; liderança de equipas de investigação; artigos e mais artigos; seminários e conferências; tarefas de gestão nos nossos centros de investigação; aulas, muitas sem qualquer tipo de pagamento ou de reconhecimento; orientações de mestrados e de doutoramentos; actividades de extensão científica. Enfim, um sem-número de actividades que, ao longo dos nossos percursos, nos foram sendo sucessivamente solicitadas ou impostas, mais ou menos veladamente, e que fomos cumprindo. Uma a uma. Felizes com a oportunidade de poder fazer *mesmo aquilo que sempre quisemos*. Felizes por termos alcançado, entre muitos outros e outras, o trabalho com que sonhámos.

No entanto, aqui chegados, com nota máxima em todos os itens da lista e a cara alegre que se impõe, continuamos, ano após ano, a correr atrás não de um qualquer brinquedo, mas de um contrato de trabalho estável, de uma segurança que não vislumbramos alcançar. É só mais um projecto, é só mais um artigo, é só mais uma aula — dizem-nos e repetimos para nós próprios. É só mais um... mas nunca é. E nesta corrida sem fim, adiamos, só mais uma vez, as nossas vidas vividas, os nossos outros projectos e sonhos — é só desta vez, pensamos — e os nossos corpos, extenuados de tanto correr por tão pouco, vão perdendo forças e ganhando marcas. Marcas que surgem, primeiro, em noites mal dormidas e que se adensam em estados de ansiedade e de angústia crescentes que nos vão paulatinamente consumindo. Porque devíamos ter conseguido encaixar mais uma tarefa nas 24 horas que os dias teimam em ter; porque os prazos apertam; porque o contrato está a chegar ao fim e as contas continuam; porque queremos crescer com aqueles de quem gostamos e nem sempre o conseguimos fazer; porque temos medo de perder aquela oportunidade única de entrar para uma carreira; porque temos vergonha de uma situação laboral periclitante que ninguém parece compreender e de que não conseguimos sair; porque não queremos estar dependentes e, na prática, estamos.

O único caminho que vislumbramos parece basear-se numa estratégia individualizada e individualizante assente numa produção acelerada e em candidaturas constantes. «Um concurso?», perguntam-nos família e amigos, uma e outra vez. «Mas agora estás mesmo a candidatar-te a quê? A um contrato de trabalho? Mas já não tens um contrato? Não percebo... Quando é que te livras disso?» — ouvimos vezes sem fim. Gradualmente, este ruído de fundo permanente vai-se traduzindo em estados de cansaço crescente que nos vão retirando entusiasmo das várias esferas da vida. Resta-nos continuar a correr, em frente, claro, mas sem sair do mesmo sítio, enquanto os nossos entornos o possibilitarem. Para além de tudo o mais, temos o imenso privilégio de gostar do que fazemos. E, só por isso, vale a pena viver nesta incerteza inquieta que nos vai consumindo. Valerá mesmo? Até quando e em que contextos? E de que forma é que esses contextos estruturam estas vidas precarizadas? E quem são mesmo as pessoas que conseguem (sobre)viver (a) estas trajectórias individualizantes? E que trajectórias são essas? E de que forma é que estas pessoas contextualizam e atribuem sentido aos impactos da precariedade no trabalho que desenvolvem? E nas suas vidas vividas e imaginadas, terão estas trajectórias precarizadas algum impacto? Qual ou quais? E que estratégias utilizam para legitimar, resistir ou confrontar o modelo de precarização vigente na academia? E que outros caminhos existem ou podem ser construídos? E como percorrê-los?

Esta é a história que este livro conta. A história recente dos trabalhadores académicos precarizados em Portugal. Uma história inscrita num contexto concreto, marcado por uma globalização neoliberal assente numa mercantilização de todas as esferas da vida, que invade a organização, as práticas e a cultura do ensino superior e da ciência. Uma história que, sendo contada por mim, é inelutavelmente marcada pelos papéis simultaneamente estruturadores e estruturantes do meu enraizamento social mais alargado e do meu posicionamento neste campo: investigadora com um percurso realizado até ao doutoramento nas ciências da vida, que transita para as ciências sociais há cerca de uma década e que é marcado tanto por uma precarização laboral contínua como pelo meu envolvimento nas lutas contra a precariedade na ciência. Esta história, a que o livro conta, é também marcada pelas condições sociais de produção do trabalho de investigação: com a problematização e a observação concretizadas entre o final de 2019 e o início de 2020 e a análise e a discussão que foram sendo realizadas em tempos de *covid-19*, confinamentos e suas múltiplas implicações, em particular uma completa diluição dos espaços e dos tempos laborais nos da restante vida. Finalmente, a história que é aqui contada é necessariamente marcada pelas escolhas teórico-metodológicas que nortearam a investigação, escolhas que abrem e encerram campos de possibilidades de questionamento, de análise e de interpretação. É partindo, pois, do reconhecimento das implicações destas estruturas e do seu papel, simultaneamente possibilitando, constrangendo e motivando o trabalho que aqui apresento e discuto, que percorreremos as trajectórias laborais de académicos precarizados, incluindo as dos que continuam a trabalhar sem receber em troca qualquer rendimento. É também a partir do local e do tempo onde me situo que acompanharemos as actividades que estas pessoas desenvolvem e os produtos do seu trabalho. Percorreremos ainda as vivências subjectivas dessa precarização de mais ou menos longa duração. Os seus impactos sentidos e percebidos. As suas alegrias e as suas tristezas. As suas representações do trabalho que desenvolvem e do que vão adiando. As suas leituras dos posicionamentos dos seus colegas com vínculos estáveis e das organizações onde trabalham diariamente. As suas imagens do sistema científico e tecnológico. O tanto que querem fazer e o que sentem necessário mudar de forma mais ou menos profunda. Os espaços e os tempos que se abrem e encerram para um exercício de reflexividade em que se equacionam possibilidades de acção situadas que podem encontrar-se mais ou menos alinhadas, mas que se encontram, sempre, enquadradas com as (pelas) estruturas de poder e a cultura vigente na academia neoliberalizada em que sobrevivem com maior ou menor dificuldade. As suas práticas reprodutoras da ordem dominante, os seus tempos e espaços de resistência e as suas possibilidades imaginadas ou vividas de uma agência transformadora.

Num esforço constante de um ir e vir entre a minha história e as suas histórias (as que aqui importam afinal), este trabalho também pretende dar voz às suas vozes. Porque a acção em contexto social actualiza, reproduzindo ou transformando, as estruturas que a precedem e a instanciam. A todas as pessoas que tão generosamente responderam ao questionário na base do presente trabalho, descrevendo as suas situações laborais e partilhando comigo, muitas vezes, as suas histórias, o meu muito sincero agradecimento.

1
INTRODUÇÃO

1.1. Para uma aproximação à precariedade no ensino superior e na ciência

Nas últimas décadas, as organizações do ensino superior e da ciência têm sofrido alterações profundas que se traduzem numa aproximação progressiva ao arquétipo empresarial, entendido como ideal de racionalização e de modernização, numa crescente instrumentalização do conhecimento e na institucionalização de um regime da performatividade assente numa lógica competitiva e sancionado por tecnologias de auditoria (genericamente, indicadores), que quantificam a produtividade e (re)constroem o valor do conhecimento académico e de quem o produz (Ball, 2003; Burrows, 2012; Carvalho & Videira, 2019; Ferreira & Teixeira, 2019; Fochler, 2016; Garcia & Martins, 2009; Lima, 2018; Slaughter & Leslie, 1999). Estas transformações têm proporcionado um alinhamento do ensino superior e da ciência com uma *economia do conhecimento* sedenta de mão de obra qualificada capaz de produzir bens e serviços inovadores e, de acordo com um conjunto alargado de autores, têm configurado um processo gradual de neoliberalização da academia (Ball, 2015; Hall, 2019; Maisuria & Helmes, 2021; Vatansever, 2020). Propostas alternativas para um outro modelo de ensino superior e de ciência, como os projectos *student as producer* (estudante como produtor), *open model of the digital university* (modelo aberto da universidade pública digital), *slow science* (ciência lenta) ou *undone science* (ciência por fazer)[1], entre outras, tendo criado espaços de resistência às formas dominantes de organizar, de fazer e de pensar o ensino superior e a ciência, não têm sido capazes de debelar as imposições dos mercados (Hess, 2016; Neary & Saunders, 2016; Peters & Jandrić, 2018; Stengers, 2018).

Neste contexto, as demandas de qualificação e de inovação da *economia do conhecimento* são cumpridas nas organizações do sector do ensino superior e da ciência tanto

[1] Estas propostas serão brevemente exploradas no Capítulo 2.

através do desenvolvimento de actividades de ensino como do desenvolvimento de investigação. Mais especificamente, tem-se favorecido o enquadramento da investigação em projectos de curta duração, muitas vezes em temas delimitados pelas agências de financiamento e outros investidores, orientados para uma aplicação social ou económica do conhecimento, seja através da produção de bens ou de serviços novos, seja da produção de ferramentas para o desenho de políticas públicas. Este imperativo da aplicação do conhecimento e da sua comunicação para a sociedade civil mais alargada é garantido pelo crescimento e pela diferenciação de um conjunto de unidades de apoio ao ensino e à investigação onde profissionais, muitas vezes precarizados, desenvolvem actividades de gestão de ciência, de transferência de tecnologia ou de comunicação de ciência. Estas unidades e respectivos profissionais constituem-se assim como actores centrais nas organizações de ensino superior e de ciência da actualidade (Santiago & Carvalho, 2016). No que ao ensino diz respeito, esta academia empresarializada tem vindo sucessivamente a apresentar *curricula* mais estreitos e crescentemente alinhados com as necessidades dos mercados e tem contribuído para um crescimento do número de graduados dos vários níveis de ensino, um crescimento que se traduz em melhorias, em Portugal, muito significativas, das qualificações académicas da população. No entanto, se as qualificações ao nível do ensino superior têm vindo a potenciar inserções profissionais mais favoráveis quando comparadas com as de grupos com menores qualificações escolares, também se verifica que os graduados do ensino superior têm vindo a apresentar crescentes dificuldades no acesso ao emprego, em particular a empregos estáveis e, em média, observa-se um declínio no retorno salarial relativo associado a qualificações ao nível do ensino superior e uma maior dispersão dos retornos salariais (Alves, 2010; Carmo & Matias, 2019; V. S. Ferreira, 2017; Figueiredo, Teixeira, & Rubery, 2013; Morais & Alves, 2019).

No que diz especificamente respeito ao crescimento do contingente de doutorados, alguns autores têm defendido que o número de indivíduos que se qualificam anualmente ao nível do doutoramento é inferior às necessidades potenciais de um país com as características de Portugal (Santos, Horta, & Heitor, 2016). O argumento apresentado é o seguinte: tratando-se de um país com uma evolução recente do seu sistema científico e tecnológico, a formação de doutorados seria essencial, por um lado, para um desenvolvimento consequente do ensino e da investigação ao nível das organizações de ensino superior e de ciência, para mais que estas estão hoje marcadas por um fortíssimo envelhecimento do seu corpo docente; por outro lado, as baixíssimas taxas de absorção de doutorados, principalmente pela indústria, mas também pela administração pública, revelariam um enorme potencial para a contratação de doutorados que poderiam contribuir com o seu conhecimento, as suas competências e o seu trabalho para a dinamização destes sectores. No entanto, os dados oficiais continuam a revelar que a actual oferta de indivíduos com a formação doutoral completa excede amplamente a sua procura, uma afirmação que é sustentada na actual falta de integração, tanto no sector público como no privado, dos cerca de 2000 novos doutorados que se qualificam todos os anos (Spognardi & Matos, 2021). Não se trata aqui de defender a tese de que existiriam doutorados a mais em Portugal, mas de reconhecer que o investimento em qualificações ao nível do doutoramento continua sem se traduzir numa correspondente integração nas organizações de ensino superior e de ciência, no sector empresarial ou na administração pública. Para esta situação concorrerão factores como a actual estrutura do tecido produtivo português, onde sectores intensivos em tecnologia e em conhecimento constituem uma diminuta parte, e em que é reduzido o investimento em investigação e desenvolvimento (I&D) realizado pelas grandes empresas, ou como os desajustes entre os objectivos do sector empresarial interessado em contratar doutorados e as expectativas destes ou ainda a endogamia prevalecente no recrutamento do corpo docente do ensino superior (Fernandes, 2015; Fontes, Novais, & Cabral-Cardoso, 2005; Horta & Yudkevich, 2016; Mamede, 2017; Sarrico & Alves, 2016; Tavares, Cardoso, Carvalho, Sousa, & Santiago, 2015) — características que contribuem para questionar o potencial de recrutamento de novos doutorados em Portugal e os processos de recrutamento.

Neste contexto, cresce continuadamente a força de trabalho académico sem rendimentos ou precarizada que, de um ponto de vista objectivo, é composta por quem trabalha ao abrigo de vínculos pontuais, de bolsas ou de contratos de trabalho a prazo. Esta precarização do trabalho na academia incorpora, actualmente, a quase totalidade dos investigadores doutorados em Portugal[2] e apresenta frequências muito consideráveis tanto ao nível do trabalho docente[3] como ao nível do trabalho de gestão de ciência, de transferência de conhecimento e de tecnologia e de comunicação de ciência[4] (Barbosa *et al.*, 2023; DGEEC, 2022; DGEEC & DSEE, 2020).

---

[2] No caso dos investigadores, cerca de 95% dos contratos de trabalho estabelecidos em Portugal, entre Janeiro de 2017 e Maio de 2022, são a prazo. Dados acedidos a partir do Observatório do Emprego Científico e Docente, disponíveis em https://empregocientificoedocente.dgeec.mec.pt/ e consultados a 2 de Junho de 2022 (DGEEC, 2022). Uma vez que são detectáveis incoerências pontuais nos dados do Observatório do Emprego Científico e Docente, os valores apresentados deverão ser interpretados como indicativos de padrões globais.

[3] No caso dos docentes do ensino superior, cerca de 60% do número total apresentava vínculos instáveis no último ano lectivo com dados disponíveis, o de 2018/2019 (DGEEC & DSEE, 2020).

[4] No caso dos gestores de ciência, dos profissionais envolvidos em funções de transferência de tecnologia ou comunicação de ciência, embora não existam dados oficiais disponíveis, um inquérito da Plataforma de Interface à Ciência, que reúne estes profissionais, revela que cerca de 57% dos 518 respondentes trabalha ao abrigo de vínculos instáveis (Barbosa *et al.*, 2023).

Crescentes têm sido também os tipos de vínculos precários acessíveis a esta população: bolsas para diferentes tipos de actividades científicas e níveis de qualificação académica; contratos a termo ao abrigo do direito público e do direito privado, muitas vezes com percentagens de dedicação diferenciadas, particularmente no caso da docência, ou vínculos pontuais de prestação de serviços.

Genericamente, o acesso a estes vínculos precários realiza-se através de dois mecanismos de recrutamento diferenciados. Um primeiro são os concursos públicos internacionais altamente competitivos, onde o *mérito académico* é aferido, em larguíssima medida, recorrendo a um conjunto de indicadores quantitativos padronizados e que são hoje aplicados a todos os estágios das trajectórias académicas e em todas as áreas de conhecimento. As taxas de sucesso destes concursos, comummente a rondar os 5% e os 10% no caso da investigação científica, são tão exíguas que contribuem para consolidar um sentimento de excepcionalidade a quem conquista as escassas posições que vão sendo abertas em concursos públicos promovidos, directa ou indirectamente, pela Fundação para a Ciência e a Tecnologia (FCT) ou por outras entidades financiadoras nacionais ou internacionais, públicas ou privadas[5]. Um segundo mecanismo de recrutamento de académicos precarizados opera em condições *ad hoc*, com propósitos bem delimitados. Este, passível de ser encontrado na contratação pontual para funções de investigação ou outras funções, genericamente associadas ao desenvolvimento de tarefas específicas em projectos ou em unidades de investigação, ou ainda presente na contratação de docentes convidados, funciona através de convites, muitas vezes realizados por académicos em posições permanentes. Nestes casos, e cumprindo os potenciais contratados todos os requisitos formais para o desempenho da função em causa, serão as redes de sociabilidade e o alinhamento com as normas e os valores de departamentos e de unidades de investigação que desempenharão um papel preponderante para a concretização da contratação a prazo. Uma vez que esta forma de recrutamento dá acesso ao desenvolvimento de actividades temporalmente muito circunscritas e que poderão ser terminadas ou não ser renovadas, estes profissionais também estão necessariamente obrigados a produzir os indicadores quantitativos que regem as contratações através de concursos públicos competitivos. Ainda assim, a convivência, no interior das mesmas instituições de ensino superior e de ciência, de duas formas de recrutamento precário que operam em lógicas díspares contribui para sedimentar divergências internas entre

[5] A título de exemplo, entre estes concursos públicos competitivos encontram-se os realizados ao abrigo do Programa de estímulo ao emprego científico promovidos pela FCT ou os concursos promovidos pelo European Research Council, pela Fundação La Caixa, entre outros.

académicos precarizados. No seu conjunto, esta multiplicidade de combinações de processos de recrutamento, de tipos de concurso, de formas contratuais, de empregadores e de actividades desenvolvidas, todas elas dando acesso a vínculos temporalmente bem delimitados, individualizam a experiência de cada um e consolidam um sentimento de singularidade na vivência da situação laboral precária.

Este panorama é, em traços amplos, similar ao presente em muitos outros países, onde, tal como cá, face à inexistência de alternativas laborais permanentes na academia, consolida-se, sucessivamente, uma precarização de longa duração construída do somatório de situações transitórias (Atkins, Esparza, Milkman, & Moran, 2018; Gallas, 2018; Ivancheva, 2015; Vatansever, 2020). Este processo de precarização de longa duração assemelha-se em larga medida ao captado na conceptualização de precariedade enquanto trajectória de emprego em carrocel, pautada por mudanças sucessivas entre empregos precários e períodos sem rendimentos (Diogo, 2010), e é fortemente marcado por assimetrias como as de classe; de género; étnico-raciais; de orientação sexual; geopolíticas; entre outras (Arday, 2022; Campos, 2011; Equality Challenge Unit, 2021; European Commission & Directorate-General for Research & Innovation, 2021; França, 2016; Ivancheva, Lynch, & Keating, 2019; Pereira, 2019). Neste contexto, e a par de fenómenos de migração e de abandono da academia (Araújo, 2007; Delicado, 2008; Hasanefendic, 2017; Marçal, 2019; Precários Inflexíveis, 2014)[6], constituir-se-á um imenso «exército de reserva»[7] de trabalhadores académicos altamente qualificados que vão encontrando formas de permanecer nas fronteiras, nem completamente dentro, nem completamente fora, das organizações de ensino superior e de ciência. Pessoas disponíveis para trabalhar em quaisquer condições, com reduzido acesso a mecanismos de protecção social, *empreendedores de si mesmos*, individualizados, que contribuem, pela sua simples existência, para a disciplinação dos actuais trabalhadores contratados

[6] Como foi previamente estudado no contexto português, as motivações para a mobilidade académica são múltiplas. Se entre estas se encontram o desenvolvimento ou a consolidação do trabalho científico ou o fortalecimento de redes internacionais, também se encontram motivações de âmbito iminentemente laboral, tal como a dificuldade de estabilização profissional no país de origem, neste caso específico, Portugal (Araújo, 2007; Delicado, 2008).

[7] Recorre-se aqui ao conceito «exército de reserva», primeiramente formulado por Marx, uma vez que este se refere a toda a população de trabalhadores disponíveis para fazer face às necessidades variáveis do capital (Marx, 1979 [1890]). Tal como proposto por outros autores, inclusive no contexto da precarização na academia, o exército de reserva é composto tanto pela população sem emprego como por trabalhadores em posições frágeis em termos de vínculos ou de rendimentos e cuja simples existência recorda à população trabalhadora a possibilidade de desemprego e inibe potenciais reivindicações laborais (Vatansever, 2020).

através de uma micropolítica dos medos (Deleuze & Guattari, 1995; Lazzarato, 2009; Marx, 1979 [1890]). Pessoas que vão permanecendo às portas da academia alimentando(-se) (d)a esperança de uma eventual vinculação permanente. Esperança que é construída tanto por uma percepção individual da sua excepcionalidade académica — afinal, cumpriram com distinção todos os requisitos que lhes foram sendo impostos — como pela concretização do acesso a posições permanentes, contra todas as estatísticas, de uma pequeníssima franja de colegas.

Mas a manutenção de trabalhadores precarizados ou sem rendimentos nas fronteiras da academia é ainda justificada por estes académicos pelo carácter distintivo que atribuem ao seu trabalho, por um sentimento de orgulho pelas suas actividades de produção e de transmissão de conhecimento e pelo reconhecimento de valores tradicionalmente associados a estas, como a autonomia e o pensamento crítico (L. Archer, 2008; Cannizzo, 2018b; Scott, 2004; Winter, 2009). Estes académicos constroem-se a partir do seu trabalho, uma característica revelada, por exemplo, numa ligação afectiva às actividades que desenvolvem e traduzida, repetidas vezes, em enunciados como a «paixão pela ciência» ou o «amor ao conhecimento», uma ligação que promove, sucessivamente, uma desvalorização de preocupações com o salário ou com as suas condições laborais, posto que no seu entendimento, os seus trabalhos, não são só um trabalho (Araújo, 2009; Araújo & Sousa, 2008; Cannizzo, 2018b; Gill, 2010; Marçal, 2019). Neste ambiente, reduz-se uma potencial resistência aos impactos da neoliberalização da academia (*i.e.*, empresarialização; instrumentalização do conhecimento e cultura da performatividade) que também se traduz numa parca mobilização por condições dignas de trabalho por um grupo profissional, que dadas as suas características, estaria, à partida, particularmente bem equipado para reconhecer e resistir a estes processos (Brienza, 2016; Vatansever, 2020).

A estes condicionantes, acresce ainda que como estes académicos se encontram numa situação altamente instável, acabam por se ver empurrados, ao nível do ensino, para leccionar não necessariamente na sua área de especialização, mas as disciplinas disponíveis, muitas vezes com programas pelos quais não são responsáveis. No que respeita à investigação e outras funções na academia, os mesmos são pressionados a enquadrar as suas actividades em projectos de investigação de curta duração, orientados para uma produção de conhecimento *prêt-à-porter* nos temas em voga na última estação, impostos, directa ou indirectamente, tanto por financiadores públicos como por privados. Revela-se aqui uma dissonância com os princípios de autonomia e de pensamento crítico que tanto valorizam, uma contradição que, de acordo com vários autores, é vivida com sentimentos de inautenticidade (por oposição ao trabalho académico *autêntico*, percebido enquanto trabalho unicamente orientado por uma busca desinteressada de conhecimento, independentemente de esta leitura ter ou não ter aderência num qualquer espaço ou tempo), com sentimentos de vergonha ou na experiência da síndrome do impostor[8] (Cannizzo, 2019; Gill, 2010).

Neste contexto, o trabalho que queriam mesmo desenvolver, as questões que os intrigam, os problemas científicos que gostariam de ver solucionados vão sendo adiados para um outro tempo em que não tenham mais de se sujeitar a trabalhos à peça e a vínculos sem futuro. Um tempo que julgam ser possível alcançar através do cumprimento das *regras do mérito científico*. *Mérito* esse que demonstram continuadamente através de uma produção científica vertiginosa que obedece às normas e aos valores dominantes na academia da actualidade e que terá reflexo num crescimento muito significativo da produção científica por investigador (DGEEC & DSECTSI, 2022). Um *mérito* que, no entanto, não reconhece nem as condições de produção nem o conteúdo do que é produzido para se centrar, quase exclusivamente, nos números associados aos produtos de trabalho — genericamente, quantos artigos, com que factor de impacto e com quantas citações. Um *mérito* que reduz a complexidade dos processos sociais de produção académica a um conjunto de métricas entendidas como «objectivas», não reconhecendo que mesmo essas são seleccionadas tendo por base critérios arbitrários que excluem um conjunto alargado de outros produtos do trabalho académico e que são operacionalizadas por empresas editoriais que actuam num contexto de quase monopólio (Burrows, 2012; Ferreira, 2023c). Trata-se de um *mérito* que apenas se avista ao longe, incapaz de desenhar os contornos ou de discernir o conteúdo do conhecimento efectivamente produzido. Mas também de um mérito que, encontrando-se plenamente alinhado com processos sociais mais amplos que sucessivamente apresentam a lógica meritocrática enquanto princípio basilar de organização social, reduz a sua conquista a acções individuais que combinam *talento, dedicação e empenho*. De acordo com estas premissas, cada um e cada uma é o único responsável pelo seu sucesso ou pelo seu fracasso, o que se traduzirá, subsequentemente, em fortes polarizações entre vencedores e perdedores relativos e, simultaneamente, no esboroar dos princípios da solidariedade social (Sandel, 2022). Este *mérito*, na sua sede de distinção dos que cumprem os seus fundamentos e de punição

[8] A síndrome do impostor na academia refere-se à experiência de sentimentos de que as conquistas e os sucessos académicos não são legítimos, que resultaram de processos em que os académicos conseguiram de alguma forma iludir colegas e avaliadores e que mais cedo ou mais tarde a sua «inautenticidade» será descoberta.

de todos os restantes, não reconhece, no caso específico do sector do ensino superior e da ciência, o contributo de todos os académicos — os que estão mais alinhados com as lógicas quantitativas que subjazem à sua avaliação e os que estão menos — para o empreendimento colectivo que é a construção de conhecimento, impossível de concretizar se o trabalho académico se resumisse aos artigos publicados em revistas científicas qualificadas no percentil melhor avaliado.

Num contexto pautado por uma imensa incerteza e por uma maior competitividade entre todos os que estão perto da porta de entrada e da de saída da academia, os actuais padrões de produtividade académica, o dito «mérito científico», cumpre(m)-se através de uma aceleração dos ritmos de trabalho e da extensão continuada da sua jornada para além do típico período laboral e dos seus espaços tradicionais (Araújo, 2009; Araújo & Sousa, 2008; Campos, 2011, 2013; Herbert, Coveney, Clarke, Graves, & Barnett, 2014; Müller, 2014; Susi, Shalvi, & Srinivas, 2019; Vostal, 2015; Wellcome Trust, 2020; Woolston, 2020). Embrenhados numa cultura académica que substitui a «lógica da descoberta» por uma «lógica da entrega» (Felt, 2017), os académicos permanecem inseguros, duvidando do seu trabalho e tentando constantemente fazer mais e melhor, ser ainda mais produtivos, não necessariamente por existirem mecanismos explícitos que os obriguem a tal, mas muitas vezes, tal como Foucault sugeriu, através de mecanismos internalizados de auto-regulação e de auto-disciplinação (Foucault, 1980; Gill, 2014; Leathwood & Read, 2013). Nesta busca constante por um elusivo *fazer mais e melhor*, marcada por um medo efectivo de uma ausência prolongada de rendimentos, impõe-se uma retenção na instabilidade do presente, inviabilizadora do delinear de projectos de futuro, sejam estes do domínio laboral ou extralaboral (Araújo, 2009; Araújo & Sousa, 2008; Carmo & Matias, 2019; Castel, 1998, 2009; Hardt & Negri, 2001; Soeiro, 2015; Standing, 2014). Acabam por se sobrepor os tempos e os espaços de trabalho e de lazer, tomando forma aquilo a que Rosalind Gill, numa extensão do conceito de Negri de «fábrica sem paredes», designa por «academia sem paredes» (Gill, 2010; Negri, 1989). Indirectamente, esta cultura do *publicar ou perecer* sucessivamente implode quaisquer princípios de solidariedade e cooperação entre pares, favorece o desenvolvimento de más práticas, incluindo o recurso a estratégias de inflação da produção científica, promotoras do referido *mérito*, mas não do conhecimento, e potencia-se a sujeição dos académicos precarizados às demandas de superiores hierárquicos, na esperança de uma eventual facilitação das suas entradas no *sistema* (Broad, 1981; Ferreira, 2023a; Krimsky, 2004; Müller & de Rijcke, 2017; Spognardi & Matos, 2021). Configura-se, assim, um regime de exploração, imposta pelos próprios ou por terceiros, que apresenta consequências deletérias no desenvolvimento de situações de *stress* e fadiga no trabalho, *i.e.*, *burnout* profissional, de quadros depressivos, entre outros (Araújo, 2009; Araújo & Sousa, 2008; Ferreira, 2023c; Gill, 2010; Hall, 2019; M. Pereira, 2021; Watts & Robertson, 2011). Tudo isto com impactos nos trabalhos desenvolvidos, que possibilitam alcançar indicadores máximos em tempos mínimos, com todas as consequências qualitativas que daqui advêm; e igualmente com implicações nas restantes dimensões das vidas proteladas dos académicos precarizados ou sem rendimentos do trabalho. A este nível, parece ser particularmente adequado mobilizar o conceito de «optimismo cruel» (Berlant, 2011). De acordo com a autora, a expectativa de alcançar algo difícil ou mesmo impossível no futuro, seja a concretização de um projecto, de uma relação ou, neste caso em particular, uma posição permanente na academia, justificaria a materialização no presente de práticas de auto-suspensão. Segundo a proposta de Berlant, os académicos desenvolveriam práticas nas quais não se reveriam necessariamente por forma a concretizar as suas expectativas no futuro. Este processo possibilitaria manter intacta a sua identidade académica não através de uma falta de reconhecimento das condições de exploração a que os académicos precarizados estão sujeitos e se sujeitam, mas de um distanciamento dessas mesmas práticas e da constatação que o mesmo seria condição *sine qua non* para concretizar o seu sonho, o seu projecto de trabalho e de vida.

Entendendo a precarização na sua dupla vertente, objectiva (traduzida em vínculos laborais instáveis e muitas vezes descontínuos, como os decorrentes de contratos a prazo, de bolsas ou de vínculos pontuais) e subjectiva (enraizada na insegurança objectiva desta situação laboral, nos diminutos mecanismos de protecção social, nas parcas ferramentas de representação colectiva ou no seu pouco reconhecimento e que extravasa o domínio laboral, invadindo as restantes esferas da vida), esta investigação debruçar-se-á precisamente sobre estas pessoas que se mantêm nas fronteiras da academia, as suas trajectórias e práticas laborais e as suas expectativas. Caracterizará ainda, recorrendo a um instrumento de avaliação psicométrico, a presença ou a ausência de *burnout* profissional, classificado pela Organização Mundial de Saúde enquanto uma síndrome de origem ocupacional e muitas vezes associada a contextos laborais com características similares às presentes na academia precarizada e entre as quais se encontram horários de trabalho longos e intensos, a insegurança no trabalho ou a falta de perspectivas de carreira (Eurofound, 2018; World Health Organization, 2019). Este trabalho também se deterá sobre o que os académicos com vínculos laborais instáveis ou sem rendimentos do trabalho académico, aqui designados por académicos precarizados[9], pensam; sobre o que sentem e o que anseiam e sobre como, através das suas vivências subjectivas da precariedade, (re)constroem ou actualizam a realidade social — ou legitimando a ordem vigente, ou confrontando os poderes instituídos, através de processos em que eles próprios se legitimam ou se transformam. A análise das práticas e das vivências das trajectórias de precarização na academia, dos projectos laborais e de vida e da sua potencial articulação com as de outros segmentos de trabalhadores precarizados fora da academia permitirá estabelecer perfis de acção e, através destes, aferir a homogeneidade ou a heterogeneidade da população académica precarizada. Esta análise contribuirá para a discussão das práticas académicas enquanto legitimadoras da academia performativa e da presença de um potencial de agência transformadora entre académicos precarizados. Esta reflexão possibilitará ainda abordar um eventual processo de construção do «precariado académico», primeiramente abordado por Guy Standing, enquanto um segmento de uma classe em formação, o precariado (Standing, 2014). Trata-se de um conceito que, tendo suscitado críticas contundentes que apontam para a heterogeneidade do grupo em causa e para as dificuldades da sua diferenciação da classe trabalhadora (Alberti, Bessa, Hardy, Trappmann, & Umney, 2018; Wright, 2016), tem ganhado relevo nos trabalhos relativos a académicos precarizados e a outras populações com elevados níveis de qualificações que experienciam um claríssimo desajuste entre as suas expectativas e as suas experiências laborais concretas (Ivancheva, 2015; Mauri, 2019; Vatansever, 2022). Partindo deste quadro introdutório, a próxima secção deste capítulo estabelecerá linhas gerais da abordagem teórico-metodológica à precarização na academia.

[9] A designação «académicos precarizados» abarca, no presente texto, todos os trabalhadores académicos com contratos de trabalho a prazo, com contratos de bolsa, com vínculos pontuais e aqueles que no momento da inquirição continuavam a desenvolver actividades académicas sem auferir quaisquer rendimentos desse trabalho. Trata-se de uma simplificação que permite facilitar a leitura e que reconhece que as trajectórias de precariedade dos trabalhadores académicos são compostas por períodos com diferentes tipos de contratos, uns em que os académicos desenvolvem actividades ao abrigo de vínculos pontuais, mas também outros de ausência de quaisquer rendimentos. Os resultados que serão apresentados e discutidos ao longo dos capítulos 4 a 11 serão sempre discriminados por tipo de vínculo e pelas actividades desenvolvidas.

1.2. Reprodução, resistência ou transformação na academia neoliberalizada?

Este trabalho apresenta como principal argumento que o exercício de uma profissão, que os académicos consideram extraordinária, através de vínculos laborais extremamente frágeis, mas que mantêm viva a esperança de uma eventual vinculação permanente, empurra os académicos precarizados, em larga medida, para uma legitimação da academia neoliberalizada. Estes trabalhadores legitimariam esta academia através de práticas laborais diárias que garantem, ou que possam vir a garantir, o *mérito académico*. O *mérito* de que necessitam para continuar a ter acesso às posições a prazo a que se candidatam sucessivamente e à posição permanente ambicionada. Dito de outro modo, a expectativa de acesso a uma posição estável e ao almejado exercício autónomo da sua profissão conduziria os académicos precarizados a reproduzir, através das suas práticas diárias, as estruturas que promovem a sua manutenção em condições de precariedade e os afastam das práticas académicas *autênticas*, as que associam à autonomia, à liberdade académica e ao pensamento crítico que ambicionam. Consequentemente, a persecução de práticas orientadas pelos princípios performativos traduzir-se-á em longas jornadas de trabalho, numa produção padronizada muito assinalável, num adiar dos projectos de vida e no desenvolvimento de *burnout* profissional.

No entanto, a desilusão associada à experiência da precarização de longa duração e às dissonâncias entre as expectativas académicas e de vida dos profissionais precarizados e as suas condições laborais e sociais concretas também transporta um potencial de mudança. Um potencial que, revelando-se nos tempos e nos espaços em que estes académicos precarizados reflectem sobre si tendo por referência as suas circunstâncias sociais, isto é, nos tempos e nos espaços em que decorrem os processos de reflexividade individual (M. Archer, 1995; Caetano, 2016), se traduziria num questionamento das implicações da fragilidade da sua situação laboral no trabalho que desenvolvem e nas suas vidas mais alargadas, resistindo e eventualmente contribuindo, através das suas acções, para a transformação das formas dominantes de organizar, de fazer e de pensar a academia[10]. Porém, este potencial de mudança pode fazer-se sentir de forma diversa

---

[10] A este respeito sublinha-se que este trabalho se detém, maioritariamente, sobre processos de reflexividade individual, isto é, sobre processos através dos quais os indivíduos se pensam e se projectam, como olham para o seu passado e para o seu presente e como imaginam as suas potencialidades no futuro, tendo por referência os seus contextos sociais. Neste sentido, não se deterá isoladamente nem sobre processos de reflexividade que, sendo também exercidos pelos indivíduos, têm por foco as

da anteriormente referida, traduzindo-se a reflexividade individual em processos de transformação dos indivíduos que agem, conduzindo, por exemplo, a uma alteração das suas trajectórias laborais e/ou de vida, como os revelados em processos migratórios ou de abandono da academia.

Complementarmente, propõe-se ainda que a diversidade dos processos de reflexividade individual e da acção em contexto social[11] são constrangidas, possibilitadas e motivadas pelas histórias de vida e pelas trajectórias de precariedade dos académicos precarizados; pelos diferentes recursos a que têm ou não acesso; por assimetrias como as de género ou outras; pela fragilidade e pela duração dos vínculos laborais que detêm; pelos seus posicionamentos no campo; pela tensão que se estabelece entre a incorporação de normas e de valores tradicionalmente associados à academia e aqueles associados à cultura performativa; pelos seus imaginários da academia; pelas expectativas que foram construindo e reconstruindo; ou pelas situações específicas em que se desenrolam as suas práticas. Estas questões serão abordadas através de uma análise comparativa das trajectórias laborais, das práticas académicas e dos sentidos que os académicos precarizados com diferentes funções e em diferentes posicionamentos no sector do ensino superior e da ciência atribuem às suas acções passadas, presentes e às esperadas como futuras.

---

instituições e as estruturas sociais (Giddens, 2005), nem sobre os processos de reflexividade científica entendidos enquanto ferramenta de controlo epistemológico através dos quais os cientistas monitorizam as suas práticas (Bourdieu, 2004). Salienta-se, contudo, que a forma como os académicos precarizados pensam sobre si mesmos é muitas vezes realizada em confronto com o seu pensamento sobre as organizações onde trabalham, sobre a forma como estas estão hoje estruturadas ou sobre as normas e os valores vigentes na academia. Acresce que, dadas as características do objecto de estudo do presente trabalho, os processos de reflexividade individual dos académicos precarizados equacionarão, bastas vezes, as suas práticas na academia.

[11] O conceito de acção social é aqui mobilizado, em sentido lato, para dar conta de como os indivíduos agem de forma reflexiva e/ou pré-reflexiva em contexto social, isto é, por relação a outras pessoas. A acção social é constrangida e potenciada de um modo não linear pelo passado, pelas expectativas de futuro, assim como pelas contingências do momento presente e as suas possibilidades de (re)construção ou (re)leitura do que passou e do que está potencialmente para vir. Assim, a acção social pode envolver componentes habituais ou rotineiros, mas também normativos, ritualísticos, pragmáticos, estratégicos, interpretativos, entre outros (Ferreira, 2023b). Neste sentido, o conceito de acção inclui, mas não se cinge, ao de agência. A agência, tal como a acção social, estabelece uma ligação não linear entre diferentes temporalidades e é orientada por outros indivíduos. No entanto, o conceito de agência é aqui especificamente mobilizado para dar conta das potencialidades criativas dos indivíduos que, face aos constrangimentos e às possibilidades inscritas nos seus enquadramentos sociais mais amplos e nos seus contextos mais restritos, podem delinear e (re)configurar os seus cursos de acção, agindo de forma consciente, independentemente das consequências intencionais e não intencionais da concretização dessas acções.

De um ponto de vista teórico, a proposta apresentada sumariamente nos parágrafos anteriores encontra-se em larga medida alinhada com os princípios do realismo crítico e, em particular, parte da proposta teórica de Margaret Archer, nomeadamente no que diz respeito à precedência temporal e ontológica das estruturas sociais[12] sobre a acção social dos indivíduos (M. Archer, 1995). As estruturas sociais são aqui entendidas enquanto sistema de relações entre posições sociais decorrentes de uma distribuição desigual de poder e de recursos que se encontra associada, no contexto presente, ao processo neoliberalizador da academia que, tal como será abordado no segundo capítulo, é entendido enquanto um processo que reflecte e reforça transformações societais mais amplas. Neste trabalho recorrer-se-á ainda à conceptualização de neoliberalização da academia e inerente regime da performatividade, propostos por Stephen Ball, e abordar-se-ão as suas repercussões na construção sucessiva de académicos individualizados, responsáveis e empreendedores (Ball, 2003, 2015). Uma construção na qual os académicos participam activamente almejando a *excelência*, reproduzindo, através desta participação, a academia neoliberalizada (Leathwood & Read, 2013; Pereira, 2016, 2017). Estes quadros serão ainda articulados com a proposta de Asli Vatansever no que diz respeito ao potencial de agência transformadora contido numa experiência partilhada de desilusão decorrente do processo de precarização em larga escala, no caso em análise, de precarização académica (Vatansever, 2020).

De acordo com a proposta de Margaret Archer, os indivíduos[13] são confrontados com enquadramentos sociais pré-existentes que condicionam, mas não determinam, a acção. Este enquadramento reflecte-se numa distribuição desigual de poder e de recursos decorrente da empresarialização da academia, da instrumentalização do conhecimento e da

---

[12] As estruturas sociais são conceptualizadas enquanto sistema de relações entre posições sociais, associadas a uma distribuição desigual de poder e a uma distribuição desigual de diferentes tipos de recursos económicos, sociais, culturais, entre outros (Porpora, 1987).

[13] A relação dos indivíduos com as suas circunstâncias sociais remete para três níveis distintos de análise que reportam aos conceitos de agente, de actor e de sujeito. Por agente, entende-se o posicionamento dos indivíduos face à distribuição desigual de recursos económicos, culturais e sociais. Seguindo Bourdieu, indivíduos com posicionamentos próximos no espaço social partilhariam (im)possibilidades de vida similares (Bourdieu, 2010). A noção de actor remete para a interpretação mais ou menos singular de diferentes papéis sociais que precedem e sucedem aos seus desempenhos pelos indivíduos em contextos laborais, familiares, de amigos ou outros (Goffman, 1988). Finalmente, o conceito de sujeito parte da relação que os indivíduos estabelecem conscientemente com os seus enquadramentos estruturais e contextos mais próximos. Uma relação em que são equacionados, através dos processos de reflexividade, os limites e as potencialidades do desenvolvimento de um determinado curso de acção que se revelará, ou não, alinhado com os seus posicionamentos estruturais enquanto agentes e os seus papéis sociais enquanto actores (M. Archer, 2003).

transversalidade de um *ethos* performativo que define práticas académicas legítimas e quem as desenvolve. Do desenvolvimento da acção em contexto social poderá resultar a reprodução ou a transformação da estrutura inicial ou a dos indivíduos que agem. Segundo Archer, o poder das estruturas sociais sobre a acção faz-se sentir no decurso dos processos de reflexividade individual, constrangendo, possibilitando e motivando a acção em contexto social. No entanto, as estruturas não determinariam a acção, uma vez que haveria sempre uma avaliação reflexiva dos indivíduos que as actualizariam, através das suas práticas ou, para ser mais precisa, uma parte dessas mesmas estruturas. Será justamente esta característica que possibilitará que os processos de reflexividade individual também se constituam como mediadores do poder dos indivíduos sobre as estruturas, podendo conduzir à sua transformação. É precisamente neste ponto que se recorrerá à proposta de Vatansever, quando esta aborda especificamente o potencial transformador contido na desilusão decorrente do confronto entre o imaginário da academia e as condições laborais concretas dos académicos precarizados. Segundo a autora, este confronto potenciaria, mas não implicaria obrigatoriamente, o desenvolvimento de uma agência transformadora construída através de redes de solidariedade e de resistência que facilitam uma consciencialização das raízes estruturais deste processo (Vatansever, 2020).

Alargando um pouco a proposta de Archer, se esta propunha que as estruturas sociais seriam exteriores aos indivíduos, o presente trabalho reconhece, seguindo propostas como a de Robert Stones ou a de Ana Caetano (Caetano, 2016; Stones, 2001), que à componente externa das estruturas sociais acresce uma outra interna, interiorizada no decurso de aprendizagens e de experiências socializadoras. Esta possibilita que a acção em contexto social não tenha de ser apenas fruto de componentes reflexivos, mas que também se possa processar pré-reflexivamente por intermédio de disposições para a acção, esquemas de percepção e de interpretação da realidade social interiorizados através dos processos de socialização e estruturados pelas condições sociais que enquadram as trajectórias de vida de cada um e de cada uma (Bourdieu, 2002). De acordo com a proposta aqui desenvolvida, as práticas académicas poderão decorrer, e muitas vezes decorrerão, pré-reflexivamente, fruto de disposições para a acção, ou poderão ser desencadeadas por processos de reflexividade individual que, por sua vez, podem conduzir à reprodução da academia neoliberalizada ou, alternativamente, constituir-se enquanto pequenos tempos e espaços de resistência, eventualmente possibilitando a sua transformação ou a transformação dos indivíduos que agem. A proposta aqui elaborada também se afasta do quadro teórico desenvolvido por Margaret Archer quando esta defende que os processos de reflexividade decorrem quase exclusivamente através de conversas internas dos indivíduos consigo próprios, seguindo-se, ao invés, autores que entendem que estes também se concretizam em conversas externas com outros (Caetano, 2016; Chalari, 2009; Vandenberghe, 2013) e, tal como proposto acima, que estes processos são enquadrados pelos contextos situacionais em que se desenrolam (Goffman, 1982).

Partindo desta curta contextualização e desta aproximação sumária, por um lado, ao processo de neoliberalização da academia e, por outro, ao papel da reflexividade na acção social, pontos a ser devidamente desenvolvidos nos próximos dois capítulos, respectivamente, este trabalho apresenta os seguintes objectivos. A um primeiro nível, proceder-se-á à caracterização da população de académicos precarizados; das suas trajectórias profissionais; das suas práticas laborais; da prevalência de *burnout* profissional; das suas vivências subjectivas do trabalho e da sua situação perante o mesmo, assim como à caracterização das suas expectativas de futuro. A este respeito, deve-se sublinhar que se desconhece qualquer trabalho científico, no contexto português ou outro, que realize uma análise destas dimensões, partindo de vários ângulos de observação e mobilizando técnicas quantitativas e técnicas qualitativas. No contexto da academia em Portugal, os anteriores trabalhos científicos, abordando parcialmente alguns dos referidos temas (Araújo, 2009; Araújo & Sousa, 2008; Ávila, 1998; Campos, 2011, 2013; Delicado, 2008; Hasanefendic, 2017; Jesuíno, 1995), foram realizados em contextos sociais, organizacionais e profissionais muito diversos do presente ou em momentos anteriores a um conjunto de importantes alterações legislativas, que tomaram forma a partir de 2016, das quais se destacam o Decreto-Lei n.º 57/2016, que aprovou um regime de contratação de doutorados que pretendia estimular o emprego científico e tecnológico, e a Lei n.º 112/2017, que estabelece o programa de regularização extraordinária dos vínculos precários na administração pública (PREVPAP). Estes trabalhos, fornecendo pistas muito importantes e contribuindo para uma discussão mais informada, não reflectem os actuais contextos sociais, organizacionais e profissionais, nem o presente quadro legislativo e as suas implicações na precarização na academia em Portugal. Assim, a esta investigação apresenta como contributo a realização de uma cartografia actualizada das relações laborais de trabalhadores académicos precarizados, uma cartografia que é acompanhada pela caracterização das actividades laborais destes trabalhadores, das suas vivências subjectivas do trabalho académico e das implicações da precariedade no trabalho que desenvolvem e nas suas vidas para além do trabalho.

Um segundo contributo advém do alcance populacional desta investigação, que envolve académicos precarizados que desenvolvem as mais variadas actividades científicas (docência, investigação e gestão de ciência, transferência de tecnologia e comunicação de ciência); que apresentam graus máximos de ensino diferenciados (doutorados e não doutorados) e que detêm vínculos laborais precários e heterogéneos (contrato de bolsa, contrato de trabalho a termo, vínculos pontuais do trabalho académico que desenvolvem). De um modo geral, os trabalhos anteriores focam-se em segmentos específicos da população académica precarizada, o que é impeditivo de um olhar integrado sobre as singularidades e as regularidades das actividades desenvolvidas, das trajectórias de precarização ou das expectativas laborais que estes académicos apresentam. Podendo afirmar-se que diferentes vínculos e estágios dos percursos académicos correspondem a diferentes graus de precarização, a abordagem conjunta aqui apresentada, não negligenciando as singularidades de cada um destes grupos (a discussão procederá a partir de resultados discriminados por grupo inquirido), permite sublinhar o que é comum a todos os casos de precarização. E este é mesmo o ponto de partida desta investigação: a precariedade não está adstrita a qualquer função académica, qualificação ou estatuto, mas antes se traduz em vínculos laborais objectivamente instáveis e muitas vezes descontínuos e numa experiência de vidas suspensas, adiadas *sine die*. Esta abordagem integrada à precarização e às suas vivências acrescenta, à caracterização desta população, a possibilidade de compreensão das características partilhadas e das ligações entre os diferentes segmentos precarizados e, subsequentemente, uma via de reflexão sobre as raízes estruturais da extensíssima precarização na academia.

A um outro nível, partir-se-á de pequenos testemunhos escritos de académicos precarizados para aceder aos seus processos de reflexividade individual não para caracterizar esses processos reflexivos, mas para a partir destes aceder às formas como os académicos se pensam e se projectam de um ponto de vista laboral, tendo por referência as suas circunstâncias sociais. Esta análise permitirá aferir se os seus discursos se encontram alinhados com as formas dominantes de organizar, de fazer e de pensar a academia, contribuindo assim para a sua continuação; aferir-se-á se estes discursos se constituem como pequenos tempos e espaços de resistência, eventualmente contribuindo para uma transformação estrutural, ou ainda se através destes mesmos discursos os académicos projectam alterações às suas trajectórias laborais ou de vida. A comparação das trajectórias, das práticas e dos processos de reflexividade nos vários grupos de académicos permitirá verificar se ocorre ou não uma incorporação progressiva das formas dominantes de fazer e de pensar a academia ou, eventualmente, se se verifica uma incorporação diferenciada pelo estágio em que se encontram no percurso académico, pelo vínculo laboral (contrato de contrato, contrato de bolsa, vínculos pontuais ou sem rendimentos), pelas actividades académicas desenvolvidas (docência, investigação, gestão, transferência de conhecimento e comunicação de ciência), pelas assimetrias várias que também os constroem ou pela tensão entre as normas e os valores da academia tradicional e os da academia performativa. A integração destes diferentes níveis de análise permitirá ainda elaborar uma primeira tipologia de perfis de acção de académicos precarizados.

No que concerne ao delinear de perfis de acção de académicos, é de sublinhar que a literatura científica actual é muito limitada a este respeito, encontrando-se nela apenas trabalhos com segmentos específicos da população de académicos, na generalidade dos casos, académicos não precarizados, que, centrando-se em temas diversos, só indirectamente permitem abordar a acção em contexto social. Estes trabalhos sugerem que uma parte substancial dos académicos conjuga (alinha ou alterna) o *ethos* performativo com o *ethos* académico tradicional (L. Archer, 2008; Cannizzo, 2018a; Davies, 2019; Kallio, Kallio, Tienari, & Hyvönen, 2016; Lam, 2010; Ylijoki, 2010). Partindo de um ângulo diverso, outros estudos debruçaram-se sobre o desenvolvimento de práticas de resistência revelando que alguns académicos não cumprem deliberadamente as demandas da academia neoliberalizada por forma a manter o que é entendido pelos próprios como práticas académicas autênticas (Ball & Olmedo, 2013) e que outros académicos em posições mais estáveis desenvolvem «práticas de cuidado» orientadas para trabalhadores em posições mais frágeis nas suas redes de relação de proximidade (Felt, 2017; Lorenz-Meyer, 2018). Se estes trabalhos revelam resistências à academia neoliberalizada, as acções abordadas são iminentemente individuais e desenvolvidas por académicos não precarizados, desenquadradas de quadros amplos de mobilização. A esse respeito, o trabalho de Asli Vatansever também fornece pistas importantes. Indo para além de abordagens descritivas a mobilizações na academia (Bristow, Robinson, & Ratle, 2017; Gallas, 2018; Hirslund, Davies, & Monka, 2019; Ullrich, 2019; Upton, 2022), a autora parte de um estudo de caso de um movimento activista de académicos precarizados para acompanhar a construção do precariado académico. Segundo Vatasenver, esta construção processa-se através do desenvolvimento de um espaço intersubjectivo de debate público e de mobilização entre actores sociais em confronto (nível estratégico), através da participação em movimentos sociais que combatem a precarização na academia e cujas acções conferem coerência às experiências individuais de precarização (nível organizacional) e através de processos subjectivação individual, onde confluem experiências individuais e objectivos dos movimentos sociais (nível individual) (Vatansever, 2022).

Se todos estes trabalhos têm contributos importantes para o estudo que aqui se apresenta e discute, a abordagem integrada aqui mobilizada distingue-se não apenas pela construção de um quadro geral fundamentado numa caracterização mais completa da precarização na academia a partir do estudo do caso português, mas, decorrente da abrangência populacional e das potencialidades relacionais das várias dimensões em análise, pela possibilidade de construção de perfis de acção de académicos precarizados. Estes permitirão uma reflexão a respeito do potencial de agência transformadora entre esta população e do seu alcance e, daí decorrente, aferir empiricamente a eventual construção de um precariado académico. As potencialidades associadas a esta abordagem conferem originalidade e relevância científica e social a este trabalho.

A próxima secção reflectirá especificamente sobre os contributos concretos da abordagem aqui mobilizada.

1.3. Sobrevivendo através de trajectórias de precarização

Assumindo que o trabalho académico é trabalho e não uma qualquer actividade fora da esfera laboral, a investigação aqui discutida apresenta um conjunto de contributos empíricos e teóricos que possibilitam uma reflexão sustentada da academia na actualidade e, mais especificamente, uma reflexão sobre as condições laborais na academia, sobre as suas raízes e múltiplas ramificações.

A um primeiro nível, a caracterização e a visibilização da precarização académica contribui para um conhecimento empiricamente sustentado da transversalidade da precariedade na academia, das suas raízes estruturais no processo de neoliberalização e das suas implicações individuais, laborais, organizacionais e, de um ponto de vista mais alargado, das suas implicações sociais. Esta investigação permite ainda verificar que as medidas legislativas que tomaram forma nos últimos anos, tendo melhorado as condições laborais de um conjunto de académicos, não permitiram ultrapassar a transversalidade da precariedade na academia.

De um ponto de vista global, este trabalho revela a longa duração das trajectórias de precariedade, muitas vezes intercalando diferentes tipos de vínculos laborais e períodos sem rendimentos e, genericamente, não possibilitando que os académicos desenvolvam um percurso contínuo pautado por uma progressão através de uma *carreira académica*. Estes percursos altamente instáveis, que recapitulam as trajectórias em carrossel de trabalhadores precarizados de outros sectores, contribuem para a reprodução de desigualdades sociais mais alargadas, como as de género e outras. A este respeito, este trabalho torna particularmente visível que quem permanece na academia muitas vezes tem redes de apoio que aplacam períodos sem rendimentos ou com rendimentos muito reduzidos. Revela-se ainda que estes académicos desenvolvem longas jornadas de trabalho, principalmente dedicadas ao cumprimento de práticas padronizáveis e quantificáveis, que se traduzem num protelar das suas vidas para além do trabalho e, para uma parte considerável da população inquirida, em níveis não negligenciáveis de *burnout* profissional que se agravam nas categorias profissionais com vínculos mais instáveis.

A um segundo nível, este estudo estabelece perfis de acção de académicos precarizados, contribuindo para a caracterização da acção reprodutora e do potencial de agência transformadora dos vários segmentos de académicos precarizados. Os perfis aqui encontrados revelam uma assinalável heterogeneidade, prevalecendo, contudo, diferentes variações de perfis reprodutores sobre perfis de mudança individual e de mudança colectiva. Entre os reprodutores, se, tal como proposto, encontramos académicos que, fruto das suas longas trajectórias de precarização e aparente inexistência de alternativas, vão garantindo a sua sobrevivência na academia reproduzindo a lógica performativa, também se encontram académicos que se identificam amplamente com os princípios meritocráticos. Em termos de mudança individual, alguns inquiridos projectam trajectórias de mobilidade internacional, enquanto outros projectam abandonar a academia. Finalmente, o perfil de mudança colectiva é representado por académicos precarizados que a um nível discursivo revelam indícios de que a precariedade é mobilizada enquanto dispositivo de organização, o que poderá apontar para uma potencial construção de um precariado académico. No entanto, o alargamento da sua base, por ora, aparentemente reduzida, e a sua consubstanciação mais alargada para além da academia, permanece por reforçar no contexto português. A este nível, a transversalidade de discursos críticos a uma panóplia muito alargada de características que os académicos experienciam na primeira pessoa, constituindo-se na grande maioria dos casos enquanto pequenos tempos e espaços de resistência individualizada, parecem permanecer afastados de espaços partilhados de discussão e de mobilização e, assim, afastados de uma consolidação dessas resistências. Sublinha-se ainda que, na generalidade dos casos, estes académicos não estabelecem discursivamente uma ligação entre as características que condenam tão frontalmente e as suas raízes estruturais em organizações hierarquizadas e que os excluem dos processos de tomada de decisão, em práticas laborais instrumentalizadas que os afastam do trabalho em profundidade que julgam importante desenvolver e numa cultura performativa que os empurra para uma corrida sem fim que, se lhes tem permitido ir sobrevivendo às portas da academia, os tem obrigado a adiar as restantes dimensões das suas vidas. Aparentemente presos num muito laborioso jogo de espelhos, a identificação das imagens distorcidas de si mesmos, sem o reconhecimento das suas causas estruturais, não aparenta ser suficiente para que, no momento, a generalidade dos académicos precarizados equacione um outro modelo. Entre resistências, reproduções e sobrevivências, a generalidade dos inquiridos segue ou tem de seguir «andando com a cabeça entre as orelhas».

De um ponto de vista teórico, a investigação aqui apresentada e discutida, estando alinhada com os estudos críticos da universidade e da ciência e apresentando contributos directos para esses paradigmas de investigação, pretende igualmente contribuir para uma inclusão das questões laborais em contexto académico na área de estudos sobre o trabalho. Finalmente, a relação entre estruturas, situação e acção social parte do quadro teórico do realismo crítico, abordando os processos de reflexividade individual enquanto tempos e espaços onde os indivíduos fazem sentido do seu passado e do seu presente através da identificação de incongruências e da gestão de tensões daí resultantes. É também através destes processos que os indivíduos consolidam as suas subjectividades e delineiam projectos de futuro. Mais especificamente, este trabalho revela que as críticas patentes nos processos reflexivos individualizados de muitos inquiridos estão iminentemente ligadas às dissonâncias entre as suas experiências concretas e as suas expectativas construídas ao longo das suas trajectórias de vida e laborais, não identificando discursivamente, na generalidade dos casos, a(s) raíz(es) dessas experiências. Estas vivências subjectivas das suas situações concretas, marcadas por incerteza e por diferentes graus e formas de viver uma experiência de desilusão, maioritariamente não conduzem a uma agência transformadora, mas permitem, ao invés, gerir tensões e sobreviver às incongruências entre expectativas e condições de vida objectivas. Com menor prevalência, encontram-se inquiridos que apontam as causas estruturais da precarização académica e, entre estes, são traçados dois caminhos alternativos: por um lado, os que projectam modificar as suas trajectórias laborais, abandonando uma academia onde não se reconhecem e, por outro, os que encontram nos espaços colectivos de luta, o caminho para uma mudança mais alargada. Se, tal como anteriormente proposto, a experiência de desilusão pode conduzir a uma agência transformadora, esta experiência, reflexivamente retrabalhada, parece em larga medida permitir a reprodução das estruturas que a constrangem, que a possibilitam e que a motivam.

Estes académicos reconhecem-se como académicos *e* precarizados, na generalidade dos casos, não identificando a precarização como elemento estruturante das suas subjectividades, mas apenas como uma característica supletiva, que não os define, algo que representam como uma condição decorrente dos vínculos laborais que detêm no momento. As suas vozes, os seus processos de reflexividade individual ecoam, como se tornará claro ao longo dos próximos capítulos, na frase muitas vezes repetida em mobilizações em que participaram académicos precarizados: «We are the rankings!» («Nós somos os rankings!»)[14].

[14] A frase «We are the rankings!» foi utilizada pela Rede de Investigadores Contra a Precariedade.

Uma frase que a um primeiro nível pretende destacar que estas pessoas, estes trabalhadores, os com vínculos instáveis, os que permanecem à porta da academia, se representam como os primeiros responsáveis pelas métricas através das quais as instituições académicas se apresentam publicamente e se posicionam no contexto internacional da produção académica. Um grito que pretende assinalar que a academia (também) é construída com o trabalho das muitas pessoas, as que ostentam publicamente as faixas ou pancartas com um «We are the rankings!» e as muitas mais que, não o fazendo, permanecem em regime de semiexclusão. Mas trata-se de uma frase que, para além de todos os sentidos para que pretenda eventualmente remeter, também traduz, tal como expresso em muitas outras transcritas ao longo dos capítulos deste livro, um certo nível de legitimação das práticas, das normas e dos valores da academia performativa. Não apenas de uma academia internacionalizada e onde o inglês é o inquestionável idioma de apresentação e de posicionamento, mas uma academia povoada por académicos que, até quando directamente concretizando acções de luta à academia neoliberalizada, se representam publicamente enquanto métricas objectivas: «We are the rankings!». Uma frase que encerra de forma particularmente notável o poder insidioso das actuais tecnologias de auditoria que, mais do que estabelecer o valor do conhecimento, constroem os actores que o produzem e, através destes, legitimam as estruturas académicas neoliberalizadas que impõem a permanência de quase todos eles entre as portas de entrada e de saída da academia.

1.4. Estrutura do texto

O texto que aqui se apresenta está divido da seguinte forma. O próximo capítulo, o Capítulo 2, procede a uma contextualização do processo de neoliberalização da academia, detendo-se mais detalhadamente nas especificidades do sector do ensino superior e da ciência em Portugal. Esta contextualização permite enquadrar a abordagem teórica aos processos de reflexividade individual (Capítulo 3), uma abordagem onde se equacionam as raízes estruturais do desenrolar da acção reprodutora e/ou transformadora em contexto social. Ainda no Capítulo 3, estabelecer-se-á um modelo de análise das práticas e das vivências subjectivas da precarização na academia. Segue-se um apontamento apresentando as grandes linhas metodológicas do presente trabalho e que antecede uma descrição geral da população analisada (Capítulo 4). Apresentam-se e discutem-se, em seguida, as «Longas trajectórias de precariedade na academia» (Capítulo 5) e, subsequentemente, apresenta-se uma descrição detalhada das práticas dos académicos precarizados que é acompanhada por exercícios de reflexividade reveladores de resistências às normas e aos valores vigentes na academia neoliberalizada (Capítulo 6). Os capítulos subsequentes detêm-se nas implicações das trajectórias de precarização nas vidas adiadas destes profissionais (Capítulo 7) e na incorporação de marcas da precariedade (Capítulo 8). Em seguida, acompanhar-se-ão os discursos de «amor pela ciência» enquanto justificativa para a retenção nestas longas trajectórias de precariedade (Capítulo 9) antes de se discutirem as expectativas de futuro destes profissionais (Capítulo 10). Integrando os resultados apresentados e discutidos ao longo dos capítulos anteriores, o Capítulo 11 estabelece uma proposta para uma tipologia de perfis de acção de académicos precarizados. O capítulo final (Capítulo 12) inicia-se com um resumo das principais conclusões deste trabalho. Partindo das lacunas da abordagem teórico-metodológica que enformou o presente estudo e do muito que ficou por fazer, apontam-se vias potenciais de investigação futura. O livro termina com uma reflexão sobre os contributos científicos e os contributos sociais desta investigação.

2
O PROCESSO DE NEOLIBERALIZAÇÃO DA ACADEMIA

2.1. Enquadrando o processo de neoliberalização da academia

O sector do ensino superior e da ciência tem sido palco de profundas alterações impulsionadas, mais proximamente, por uma *economia do conhecimento* assente na produção e na transacção de bens e de serviços inovadores, que alimenta e legitima uma crescente neoliberalização que se vai progressivamente expandindo a todas as esferas da vida. Este processo neoliberalizador, aqui entendido enquanto movimento intelectual e projecto político, apresenta a competição como a sua premissa base e os mercados livres como o seu «*locus* de deliberação» (Cahill, Cooper, Konings, & Primrose, 2018; Noronha, 2022; J. Rodrigues, 2022). Ao Estado, caberia intervir o mínimo possível, restringindo a sua acção a garantir as condições necessárias à criação e ao funcionamento dos mercados através da implementação de mecanismos de desregulação das actividades produtivas, da privatização de empresas e de serviços públicos e da liberalização da circulação de mercadorias e de capitais. A partir da segunda metade do século XX, os princípios fundadores do neoliberalismo foram sendo socialmente apropriados através da construção de um consentimento social alargado, produzido e reproduzido em inúmeras organizações da sociedade civil, em particular, nas organizações de ensino superior e de ciência, mas igualmente, em grupos de reflexão (do inglês *think-tanks*) ou nos meios de comunicação social. Neste quadro, o sector do ensino superior e da ciência assumiria dois papéis fundamentais. Por um lado, será responsável por promover uma progressiva incorporação da narrativa neoliberal, que enaltece o exercício das liberdades individuais e o ideal empresarial, e, por outro, será responsável por capacitar a força de trabalho para a dita *economia do conhecimento*, onde trabalhadores altamente competitivos, individualizados e com acesso reduzido a mecanismos de protecção social, *empreendedores de si mesmo*, produziriam bens e serviços inovadores (Foucault, 2010; Lazzarato, 2009; Maisuria & Helmes, 2021). As organizações académicas seriam assim o *locus* para essa capacitação e a instrumentalização do conhecimento ao serviço dos mercados, que se estende do ensino à investigação, o seu *modus operandi*. A esta instrumentalização acresce uma de outro tipo, também presente em contextos sociais diversos daquele sobre o qual aqui nos debruçamos, e que radica na utilização do conhecimento enquanto ferramenta ao serviço de políticas públicas (Ágoas, 2019).

Tendo este cenário como pano de fundo, ao longo das últimas décadas promoveu-se o alargamento do recrutamento de estudantes para as instituições de ensino superior e de ciência, via central, de acordo com as correntes neoliberais, para a capacitação do denominado «capital humano» (Becker, 2009). Paralelamente, favoreceu-se o crescimento do investimento privado nas organizações do ensino superior e da ciência e um desinvestimento do Estado no fornecimento destes serviços públicos. Como foi detalhado no capítulo anterior, estas alterações têm vindo a fazer-se sentir numa empresarialização das organizações académicas, numa instrumentalização das práticas aí desenvolvidas e numa cultura da performatividade, garantida pelo aparelho gerencial da academia neoliberalizada e definidora do conhecimento legítimo e de quem o produz.

Nas últimas décadas, múltiplos autores têm vindo a reflectir sobre as implicações destas transformações na academia, tendo surgido um conjunto de propostas alternativas que, partindo do questionamento da academia neoliberalizada, advogam outras formas de organizar, de fazer e de pensar o ensino superior e a ciência. Entre estas alternativas, encontra-se a proposta *student as producer* (estudante como produtor), um modelo de ensino cooperativo construído enquanto acto de resistência à neoliberalização da academia. Esta proposta e experiências correlatas pretendiam substituir um modelo de ensino onde estudantes/clientes adquirem um bem transaccionável, o conhecimento, por uma prática articulada de ensino e de investigação que implicasse estudantes e académicos na co-produção de conhecimento crítico impulsionador de uma transformação social (Neary & Saunders, 2016). Uma alternativa distinta radica no *open model of the digital university* (modelo aberto da universidade pública digital), que aponta para a emergência de um novo tipo de universidade decorrente do desenvolvimento das novas tecnologias e do desenvolvimento de práticas abertas de co-criação, co-produção e co-*design* (Peters & Jandrić, 2018). Segundo os autores, este novo modelo de universidade opor-se-ia abertamente à lógica neoliberal de instrumentalização do conhecimento e à cultura de competitividade através de um modelo cooperativo de produção comum por pares e de disseminação aberta do conhecimento. Também ao nível das práticas científicas, alternativas como a *undone science* (ciência por fazer) ou a *slow science* (ciência lenta) têm vindo a tomar forma. No primeiro caso, a proposta parte do questionamento da ausência de uma produção de conhecimento científico em áreas identificadas por organizações e por movimentos da sociedade civil como sendo de interesse social, mas que surpreendentemente permanecem não financiadas ou ignoradas (Hess, 2016). No segundo, de uma interrogação centrada nos impactos dos ritmos crescentes da ciência na diminuição da qualidade da produção de conhecimento científico, na saúde e nas vidas dos cientistas (Slow Science Academy, 2010; Stengers, 2018). Contudo, e apesar da multiplicidade de iniciativas, estas têm-se mostrado em larga medida incapazes de debelar o projecto dominante que sucessivamente impõe a estrutura e as formas de organização, as práticas, as normas e os valores prevalecentes no campo do ensino superior e da ciência.

Partindo da contextualização realizada, a próxima secção traçará um quadro da academia em Portugal para explorar mais detalhadamente os enraizamentos e os desdobramentos da precarização caracterizadora deste sector[1]. Este quadro será articulado com o contexto mais amplo de neoliberalização. Esta contextualização permitir-nos-á situar socio-historicamente o retrato da precarização no trabalho académico que será, subsequentemente, traçado.

2.2. As organizações, as práticas e a cultura académica no quadro da democracia em Portugal

As organizações académicas em Portugal têm uma longa história, em traços largos, marcada, no período após a revolução democrática de 1974, pela diversificação institucional e pela sua implantação alargada em todo o território nacional, pelo crescimento tanto do número de diplomados dos vários graus de ensino como do investimento público e privado em investigação e desenvolvimento (I&D), pela expansão e diversificação do investimento no ensino superior, pelo crescimento do número de investigadores e da produção científica e pela sua internacionalização (Amaral & Tavares, 2015; Cerdeira, 2009; Cruz Martins & Conceição, 2015; Heitor, 2015; Patrício, 2015; M. L. Rodrigues, 2015; Teixeira, 2015). Estas transformações, que se processaram a ritmos diversos, encontram-se alicerçadas no pós-25 de Abril de 1974 e, mais notoriamente, nas décadas de

[1] A discussão realizada nas próximas secções passará necessariamente pelas políticas de ensino superior e de ciência em Portugal. Com esta discussão não se pretende realizar uma descrição exaustiva dessas políticas e correspondentes quadros legislativos, mas apenas situar o objecto de estudo do presente trabalho. O percurso das políticas de ensino superior e ciência em Portugal encontra-se explorado detalhadamente na obra *40 anos de políticas de ciência e de ensino superior* (M. L. Rodrigues & Heitor, 2015). Este percurso também pode ser acompanhado, embora de forma mais segmentada, em muitas das referências mobilizadas ao longo das próximas secções.

80 e 90 do século passado, estão, pois, inscritas num quadro mais alargado de consolidação do Estado Social e na universalização tendencial dos sistemas públicos de saúde, de educação, de segurança social, entre outros. Ao longo dessas décadas, a população portuguesa testemunha um crescente acesso a serviços públicos e, genericamente, a recursos económicos, sociais e culturais. Apesar da manutenção de níveis consideráveis de desigualdades sociais em Portugal, as generalizações crescentes destes acessos viriam a possibilitar maiores investimentos em educação e em ciência, já que estes eram entendidos, a um nível individual, enquanto possibilitadores de uma mobilidade social ascendente e, a um nível mais amplo, como essenciais para um crescimento socioeconómico sustentado.

Ao longo destas décadas, a relação entre as organizações académicas, o Estado e a sociedade sofreu profundas modificações, justificadas, num primeiro momento, por uma necessidade de acréscimos de eficiência e de eficácia das organizações deste sector e que teve por base os princípios inscritos na racionalidade burocrática weberiana (Weber, 1978) e os seus desenvolvimentos, por Mintzberg, no ideal-tipo da burocracia profissional (Mintzberg, 1995). Foi com base nestes princípios que se alterou a estrutura hierárquica da relação das organizações de ensino superior e de ciência com o Estado, conferindo uma maior autonomia a estas organizações, e, aos académicos, um papel central na sua gestão e na sua governação (Carvalho & Videira, 2019). Em Portugal, este modelo foi sendo incorporado, primeiro, através da produção e da aplicação de legislação que substituiu o anterior modelo de controlo estatal por um modelo de supervisão estatal que conferiu autonomia às instituições de ensino superior e de ciência e introduziu a colegialidade nos processos decisórios[2] (Neave & Van Vught, 1994). A aplicação destes quadros legislativos responsabilizava ainda as organizações académicas pela aplicação das políticas de ensino superior e de ciência e pela sua gestão corrente, conferindo-lhes ainda, na senda da autonomia humboldtiana, liberdade de ensino e de investigação. Nessas décadas, o ensino e a investigação eram maioritariamente da responsabilidade de docentes do ensino superior, que tinham visto as suas profissões legitimadas através da sua inscrição legal em 1979, no caso das universidades, e em 1981, no dos politécnicos (Decreto-Lei n.º 448/1979 e Decreto-Lei n.º 185/1981, respectivamente). Foram precisamente estes regimes que estabeleceram a estrutura hierárquica das carreiras docentes do ensino superior e as funções a desempenhar por estes profissionais, conciliando-se a docência com a investigação e viabilizando-se assim o desenvolvimento de unidades de

---

[2] Lei n.º 108/1988 e Lei n.º 54/1990, regime de autonomia das instituições universitárias e regime de autonomia das instituições de ensino politécnico, respectivamente.

I&D nas universidades e as formas de contratação destes profissionais. No que diz especificamente respeito a este último ponto, estes regimes possibilitaram, a par da contratação permanente para as carreiras, garantindo segurança no emprego aos docentes permanentes, a contratação a prazo de especialistas de mérito reconhecido, profissionais geralmente com outro emprego, à margem da carreira docente, a quem se recorreria excepcionalmente. No seu conjunto, estes documentos pretendiam garantir autonomia às organizações de ensino superior e de ciência, valorizar salarialmente e estatutariamente os docentes do ensino superior, garantindo-lhes, simultaneamente, liberdade académica. Na mesma época, é ainda publicada a estrutura da carreira de investigação científica (Decreto-Lei n.º 415/1980) que reconhece a necessidade de profissionais integralmente dedicados a actividades de investigação em instituições públicas coordenadas pelos ministérios da educação e ciência. No entanto, a contratação ao abrigo da carreira de investigação científica registará uma enorme resistência no quadro das instituições de ensino superior, permanecendo a sua aplicação residual (Castro & Brandão, 2022).

É também durante a década de 1980 que são fundadas as primeiras instituições privadas sem fins lucrativos (IPSFL) que, articulando grupos de docentes/investigadores, organizações académicas e empresas, permitem diversificar as fontes de investimento para as actividades de investigação e flexibilizar a contratação de profissionais para o desenvolvimento de actividades científicas (Heitor, 2015). Se a criação destas instituições pretendia fomentar um maior dinamismo no ensino superior e na ciência, elas também contribuirão, de uma forma muito directa, para uma aproximação do sector público ao sector privado, aproximando formas de organização e de gestão, práticas e culturas.

Em 1986, Portugal adere à então Comunidade Económica Europeia e o acesso a fundos europeus possibilita, ao nível deste sector, uma aposta em infra-estruturas e na qualificação de pessoas para desenvolver actividades científicas e tecnológicas. Dois anos mais tarde, é aprovada a Lei n.º 91/1988 sobre a investigação científica e o desenvolvimento tecnológico que enquadra os programas da Junta Nacional de Investigação Científica e Tecnológica (JNICT), fundada em 1967 e presidida, nesta época, por José Mariano Gago (1986–1989), nos quadros comunitários de apoio. Durante estes anos, Portugal adere a um conjunto de organismos científicos internacionais que facilitarão a internacionalização da ciência e a atribuição de financiamento para o desenvolvimento de projectos de investigação científica e para bolsas de formação avançada em todas as áreas científicas.

Os anos subsequentes são marcados por uma reorientação das políticas científicas, estabelecendo-se prioridades que promoverão um desinvestimento nas áreas das ciências sociais e das humanidades e, de um modo mais genérico, da investigação científica fundamental (M. L. Rodrigues, 2015). Em 1993, cria-se a Agência para a Inovação no âmbito do programa comunitário *Science and technology for regional innovation and development* (STRIDE, 1991–1993), um programa que, para além de pretender promover a internacionalização do sistema científico e tecnológico, tinha um forte enfoque no apoio ao desenvolvimento de actividades científicas e tecnológicas pelo tecido empresarial e na criação de parques de ciência e tecnologia. Trata-se, pois, de mais um passo relevante para o crescimento das actividades de I&D pelas empresas e para uma consolidação da cooperação destas com as instituições de ensino superior e de ciência, uma cooperação que tinha por fito a prossecução de actividades científicas e a sua posterior tradução em inovação (Fernandes, 2015).

Ainda no final da década de 1980, tomam forma duas iniciativas em certa medida complementares. Por um lado, é reformulado o anterior estatuto da carreira de investigação, reaproximando as carreiras docentes e de investigação e as funções desempenhadas por docentes e por investigadores (Decreto-Lei n.º 68/1988). Por outro, é aprovado o primeiro estatuto de bolseiro de investigação (Decreto-Lei n.º 437/1989) que permite suplementar o investimento directo nas organizações de ensino superior e de ciência através do Orçamento do Estado com financiamento adicional para o desenvolvimento de actividades de investigação. Este regime de bolsas é particularmente atractivo para as instituições académicas já que, por um lado, permite garantir a realização das actividades de investigação a tempo integral, e assim o cumprimento das funções inscritas nas suas missões, sem necessidade de recorrer a um investimento directo nessas funções; por outro lado, assegura, escudada pela «formação de cientistas e tecnólogos», que estes contratos de bolsa não se traduzem em relações de trabalho subordinado (Castro & Brandão, 2022). Assim, se este regime contratual através de bolsas veio a promover o desenvolvimento de actividades de investigação e, subsequentemente, o crescimento da produção científica, ele também veio desresponsabilizar as instituições pelos investigadores que trabalham no seu seio ao abrigo do regime de bolsas, legitimando uma forma contratação precária para o desenvolvimento de actividades científicas permanentes em instituições que têm a investigação inscrita na sua missão. Sublinhe-se que os contratos de bolsa não atribuem os direitos de um contrato de trabalho aos seus detentores, em particular não permitem o acesso ao subsídio de desemprego, aos subsídios de férias e de Natal ou a uma segurança social condigna. No seu conjunto, esta exclusão do acesso a direitos elementares do trabalho coloca os profissionais da ciência numa situação de grande fragilidade.

Estas transformações legislativas, que favoreceram a precarização das actividades de investigação, estão alinhadas com um contexto global marcado pelo acentuar da liberalização financeira, das privatizações e da deslocalização de empresas, um contexto que terá consequências profundas, seja na destruição de emprego, seja na flexibilização dos vínculos laborais, passando a precarização de condição excepcional a condição permanente. Estas modificações terão profundas consequências sociais, incluindo uma promoção do processo de individualização (Castel, 1998). É neste quadro, simultaneamente pautado por um crescimento e diferenciação do ensino superior e da ciência (que também se traduz na criação, em 1995, do Ministério da Ciência e da Tecnologia e, em 1997, da Fundação para a Ciência e a Tecnologia, FCT, que sucede à JNICT[3]), pelo apoio ao desenvolvimento de I&D pelo sector empresarial[4] (Fernandes, 2015) e pela sedimentação progressiva dos princípios gerencialistas no ensino superior e na ciência, que as instituições deste sector irão recorrer abundantemente ao Estatuto do Bolseiro (entretanto reformulado pelo Decreto-Lei n.º 123/1999 e alterações subsequentes) e apenas pontualmente à integração permanente de investigadores na carreira de investigação científica (entretanto reformulada pelo Decreto-Lei n.º 124/1999). Estas práticas de recrutamento estão completamente alinhadas com as tendências mais gerais de flexibilização da força de trabalho que caracterizam esta época.

Entre o final do século XX e o início do século XXI, a neoliberalização da academia vai ganhando espaço sob os auspícios da nova gestão pública (Hood, 1991). Trata-se de um quadro que, em termos globais, fomenta a replicação do modelo de governação e de gestão empresarial e que, no caso do ensino superior e da ciência, toma forma, por exemplo, numa orientação para uma *quasi-privatização* das práticas desenvolvidas nas organizações deste sector, numa pressão para uma redução de custos, na externalização de alguns serviços prestados, na diversificação das fontes financiamento ou no estabelecimento de mecanismos de prestação de contas (Currie & Newson, 1998). Em Portugal, a inscrição dos princípios da nova gestão pública na lei ocorrerá de forma mais clara em 2007, com a aplicação do regime jurídico das instituições de ensino superior (Lei n.º 62/2007), realçando-se, contudo, que alguns dos princípios da nova gestão

---

[3] Estas transformações irão ser responsáveis pela institucionalização do financiamento plurianual das instituições científicas e pela sedimentação dos princípios de avaliação externa realizada por peritos internacionais. Neste período, são ainda criados organismos especificamente direccionados para a cooperação internacional, o Instituto de cooperação científica e tecnológica internacional, e para a observação, inquirição e análise, o Observatório das ciências e das tecnologias. Entre 1995 e 2002, José Mariano Gago será Ministro da Ciência e Tecnologia, um cargo que voltará a ocupar, agora enquanto Ministro da Ciência, Tecnologia e Ensino Superior, entre 2005 e 2009.

[4] Através de iniciativas como por exemplo o sistema complementar de incentivos fiscais à I&D empresarial, o SIFIDE, Decreto-lei n.º 292/1997 ou como os programas de bolsas de doutoramento em empresas.

pública, como uma aproximação aos modelos de gestão do sector privado ou a fixação de mecanismos de prestação de contas, já se encontram presentes no regime jurídico de instituições que se dedicam à investigação científica e ao desenvolvimento tecnológico, aprovado em 1999 (Decreto-lei n.º 125/1999)[5].

Se o início do século XXI é pautado por um crescimento notável do sistema académico em Portugal que se traduziu, por exemplo, num crescimento do investimento público e do investimento privado em I&D e no ensino superior, que é acompanhado por um crescimento do número de doutoramentos realizados, de investigadores ou da produção científica (Cerdeira, 2009; Cruz Martins & Conceição, 2015; Heitor, 2015; Patrício, 2015; M. L. Rodrigues, 2015), a aprovação do RJIES, em 2007, já irá ocorrer num período conturbado, uma vez que esse ano marca o início da crise financeira internacional, seguida, em 2010, pela crise das dívidas soberanas na Europa e pela intervenção da Troika[6] em Portugal, entre 2011 e 2014. Desta intervenção resulta a implementação de medidas de austeridade que se traduzem num crescimento da liberalização e da flexibilização do mercado de trabalho e na promoção do desmantelamento do estado social (Mamede, 2012; Pedroso, 2014). Vive-se assim um retrocesso face às décadas anteriores, com um aprofundamento da vulnerabilidade social de franjas crescentes da população portuguesa, para quem o sonho de um *futuro mais risonho* é substituído por um eterno presente, marcado pela fragmentação e pela insegurança no trabalho e, dado o papel central deste nas suas vivências e nas suas sobrevivências, com repercussões profundas nas restantes esferas da vida (Carmo & Matias, 2019). Transversalmente, ocorre uma invisibilização do desemprego e da precarização laboral, entendidos enquanto inevitáveis no contexto

[5] Este regime, que tinha como um dos seus objectivos a uniformização das regras aplicáveis às instituições que se dedicam a actividades de investigação científica e de desenvolvimento tecnológico, também reconhece que estas instituições podem assumir diferentes modelos e formas jurídicas, públicas ou privadas, flexibiliza a sua gestão financeira e patrimonial, promove a mobilidade de recursos humanos e a sua formação, inscreve a difusão da cultura científica e tecnológica entre os seus desígnios e, tendo por objectivo explícito a optimização dos recursos humanos e materiais, institui a obrigatoriedade de mecanismos independentes de avaliação científica, técnica e financeira. Também é este diploma que institui a colaboração interinstitucional com base em financiamento público de médio prazo. Entre as instituições reguladas por este regime encontram-se os Laboratórios de Estado, que têm por finalidade a prossecução da política científica e tecnológica, e outras instituições públicas e particulares que desenvolvem actividades de investigação científica. Especial destaque é atribuído à figura de laboratório associado, instituições que poderão assumir natureza pública ou privada, desde que neste último caso sejam Instituições Privadas Sem Fins Lucrativos (IPSFL), com utilidade pública, e que terão por função a prossecução de objectivos específicos inscritos na política científica e tecnológica mediante financiamento público.

[6] A Troika é constituída pelo Fundo Monetário Internacional, pelo Banco Central Europeu e pela Comissão Europeia.

socioeconómico de então, e a mais das vezes apresentados, sentidos e vividos, tal como no caso dos actores do ensino superior e da ciência, enquanto responsabilidade individual. Este contexto, marcado pelo alargamento da influência dos princípios do neoliberalismo e pelas dificuldades financeiras e económicas enfrentadas pelas organizações do sector do ensino superior e da ciência e pelo país, de um modo mais alargado, acaba por favorecer a aceitação dos princípios que subjazem à nova gestão pública. No caso específico do sector do ensino superior e da ciência, as dificuldades de operacionalização do modelo de burocracia profissional e dos processos de decisão colegial num sistema de ensino superior massificado, o declínio do número de alunos e o aumento da competição entre as organizações deste sector favoreceram amplamente a legitimação do gerencialismo e a concomitante instrumentalização do conhecimento (Amaral, Magalhães, & Santiago, 2003; Santiago, Carvalho, Amaral, & Meek, 2006). A próxima secção deter-se-á especificamente sobre o regime jurídico que possibilita estas transformações de uma forma mais alargada.

2.3. A nova gestão pública no ensino superior e na ciência em Portugal

O Regime Jurídico das Instituições de Ensino Superior (RJIES) (Lei n.º 62/2007) é central para a inscrição dos princípios da nova gestão pública nas organizações de ensino superior e de ciência em Portugal. Do ponto de vista do legislador, este novo regime permitiria uma consolidação da autonomia institucional e de uma cultura de prestação de contas, possibilitando, paralelamente, uma flexibilização dos tipos organizacionais, de gestão e de governo dessas mesmas organizações. Globalmente, as transformações inscritas neste quadro legislativo tinham por pretensão declarada promover melhores condições para o desenvolvimento do trabalho académico.

Num alinhamento quase perfeito com os princípios da nova gestão pública anteriormente enunciados, este quadro legislativo começa por alargar o âmbito da missão das organizações deste sector, que deixam de se cingir ao ensino e à investigação, para se dedicarem igualmente à difusão e à transferência de conhecimento, à sua valorização social e à sua valorização económica. Este alargamento, que apresenta como justificação uma aproximação à sociedade civil, estabelece os princípios que legitimam, à partida, a instrumentalização do conhecimento, que deixa de ser apresentado como um valor *per se* para passar a ser um bem ou um serviço transaccionável. Mas para que estas missões e as práticas subjacentes às mesmas se cumprissem, seria necessário alterar, à imagem do sector privado, por um lado, a organização destas instituições, as suas formas de governança e de gestão; e, por outro, seria necessário contribuir directamente para uma modificação das normas e dos valores prevalecentes, inscrevendo a lógica da competitividade no seu âmago.

É assim que as organizações de ensino superior e de ciência são sujeitas a um duplo movimento caracterizado, primeiro, por uma concentração do poder nas suas estruturas governativas, dirigidas por académicos-gestores e, segundo, por uma descentralização e diversificação operacional, promovida por unidades de apoio ao ensino e à investigação que se situam na interface entre os vários actores das organizações académicas e entre estes e organizações do sector empresarial e da sociedade civil, que passariam a ser chamadas a estar directamente envolvidas no desenvolvimento de práticas académicas. Assimilando a narrativa neoliberal, as justificações apresentadas para estas transformações assentavam, por um lado, numa agilização dos processos decisórios, concentrada agora numa elite que controla as decisões estratégicas (Carvalho & Videira, 2019; Musselin, 2013), e, por outro, nas mais-valias associadas a uma diversificação dos tipos organizacionais e de personalidade jurídica das organizações do sistema científico e tecnológico, alegadamente contribuindo para a competitividade das organizações do sistema académico em Portugal. Acontece que estas agilizações e disputas concorrenciais têm outras consequências, muito em particular uma redução da democracia interna e da liberdade académica. Os próximos parágrafos ilustrarão cada um destes pontos e as suas repercussões na precarização de parte considerável dos académicos e no trabalho por esta desenvolvido.

Centrando-nos, primeiro, nos impactos deste quadro legislativo na democracia interna das organizações de ensino superior e de ciência, a extinção do Senado universitário ou a sua redução a órgão meramente consultivo e o fim das eleições directas para os órgãos máximos de decisão, a saber, reitorias e direcções, promove a concentração do poder nas estruturas de topo destas organizações. Substituem-se os processos eleitorais por nomeações por um Conselho Geral ou por um Conselho de Faculdade, ocorrendo, paralelamente um alargamento dos poderes destes mesmos reitores e directores. Nos restantes órgãos, e sobre o epíteto de uma maior abertura à sociedade, introduzem-se novos membros externos cooptados, muitas vezes representantes do mundo empresarial e da banca, mas também da sociedade civil, diminui-se o peso de estudantes e concentra-se uma parte considerável do poder decisório na categoria profissional «docentes e investigadores» — uma categoria que, na prática, revela uma quase total exclusão do corpo de investigadores a tempo inteiro dos órgãos de decisão e, nalguns casos, a sua exclusão dos próprios processos eleitorais. Se a tomada de decisões poderá ter sido agilizada, isso ocorre à custa de uma concentração de poderes e de uma menor participação dos membros destas organizações não só nos órgãos de gestão e de governação, mas também, como foi mostrado recentemente, numa diminuição das taxas de participação de estudantes, de docentes e investigadores e dos restantes trabalhadores da academia nos processos eleitorais, marcas indeléveis de uma claríssima diminuição da democracia na academia (Lima, 2009; Mineiro, 2016, 2022). Verifica-se assim uma reconfiguração das estruturas de governação promotora de uma redefinição das relações de poder nestas organizações.

Mas a democracia interna das instituições de ensino superior públicas é ainda afectada de uma forma particularmente notória pela inscrição legislativa da possibilidade de que estas instituições criem, incorporem ou façam parte de entidades subsidiárias de direito privado, entre as quais se encontram as instituições privadas sem fins lucrativos (IPSFL). Estas IPSFL foram criadas e têm entre os seus associados instituições académicas públicas, dedicando-se maioritariamente ao desenvolvimento de actividades científicas contabilizadas, tanto ao nível do seu financiamento, como dos seus produtos, para as instituições públicas a que pertencem. Paradoxalmente, a par desta contabilização do trabalho e dos produtos do trabalho, os membros das IPSFL, maioritariamente investigadores a tempo inteiro, não são, na generalidade dos casos, reconhecidos enquanto trabalhadores das primeiras e estão muitas vezes excluídos de eleger e de ser eleitos para os órgãos de gestão das instituições para as quais na prática produzem, leia-se, trabalham. Esta exclusão dos membros das IPSFL, criadas no âmbito de instituições académicas públicas, da vida democrática das organizações para as quais trabalham constitui-se assim como um mecanismo de fechamento do acesso à governação das organizações académicas. Não surpreendentemente, este mecanismo exclui maioritariamente uma categoria específica de trabalhadores, os investigadores a tempo inteiro, com um peso crescente nas organizações académicas, mas que assim pode continuar a ser excluída dos processos de decisão estratégica das suas instituições.

A diminuição da democracia no seio das organizações deste sector, seja através da verticalização das estruturas decisórias, seja do relegar de muitos dos seus membros para instituições semiparalelas, permite concentrar o poder nas mãos de um grupo restrito de académicos e excluir os interesses e as preocupações de uma parte considerável da academia dos mais importantes processos decisórios. Excluídos da definição das prioridades do ensino, mas também das agendas da investigação, estes trabalhadores não só estão pelo menos parcialmente excluídos dos processos democráticos das suas instituições, como também têm a sua liberdade académica amputada, ponto sobre o qual este texto se debruçará, após reter-se, brevemente, sobre uma outra consequência da concentração de poder nas organizações académicas. Trata-se da introdução de novas formas de regulação das organizações e dos seus membros. Esta regulação é feita quer através dos mecanismos de financiamento destas instituições quer através de novos mecanismos de acreditação e de avaliação de desempenho (Carvalho & Santiago, 2010; Lima, 2009). Promove-se assim a criação de organizações externas de avaliação, como a Agência de Avaliação e Acreditação do Ensino Superior (A3ES), fundada em 2007, e de gabinetes de gestão interna, dotados de um conjunto de profissionais qualificados, cujas actividades ora promovem uma orientação para os mercados e para a sociedade (por exemplo, através de processos de transferência de tecnologia ou de comunicação de ciência, entre outros), ora apoiam o desenvolvimento de candidaturas a redes ou projectos, ora aferem e validam o desempenho de cada um e da organização como um todo através da quantificação de um conjunto de indicadores padronizados.

Serão precisamente estas tecnologias de governança ou de auditoria (Burrows, 2012; Rushforth & de Rijcke, 2015), institucionalizadoras de uma *ordem meritocrática* assente numa lógica de «quantos tens?» que irão sucessivamente conformar os actores às métricas do campo e impor a competitividade como valor absoluto. Esta competitividade acelera e padroniza os tempos e as formas de fazer ciência e substitui a «lógica da descoberta» por uma «lógica da entrega» (Felt, 2017). Posto isto, a actual cultura meritocrática também tem implicações directas no exercício da liberdade na academia, impossibilitando formas e tempos diversos de conhecer e de produzir conhecimento, definindo de forma estrita o que é conhecimento científico e reconstruindo quem o produz. A um segundo nível, a introdução destes mecanismos de avaliação de desempenho também contribuirá para reconfigurar as relações de poder no interior das organizações académicas, concentrando o poder decisório num grupo restrito de académicos.

Finalmente, a diminuição da liberdade académica é também fruto da conjugação de um favorecimento de práticas académicas orientadas para a aplicação, com a precarização dos trabalhadores da academia. Como ficará patente nos próximos parágrafos, estas transformações têm vindo a ser favorecidas a vários níveis no contexto da academia em Portugal.

O movimento de descentralização e diversificação operacional traduziu-se num reconhecimento de novos tipos organizacionais, alguns dos quais integrando actores públicos e privados, os últimos necessariamente orientados para o desenvolvimento de investigação aplicada e impulsionadores *per se* da transferência da cultura da competitividade para a academia. Exemplos recentes destas organizações híbridas serão os laboratórios colaborativos, regulados no âmbito do novo regime jurídico das instituições que se dedicam à investigação científica e ao desenvolvimento tecnológico (Decreto-lei n.º 63/2019), mas também os menos recentes centros de interface universidade-indústria.

Paralelamente, surgem, no seio das organizações académicas, polos tecnológicos e centros de inovação, diferentes estruturas de incubadoras de empresas nascentes e que fomentam o seu crescimento e a sua consolidação no tecido económico e social. Neste contexto, desenvolvem-se formações e graus académicos, prémios e projectos científicos financiados pelo sector privado, estreitando-se assim as relações entre quem financia as organizações e as actividades académicas e quem define os programas de ensino e de investigação. Paralelamente, emergem actividades de *ciência cidadã* que envolvem os cidadãos no desenho das actividades de investigação ou na recolha, na análise ou na discussão de resultados desses projectos, e surgem ainda actividades de consultoria para a indústria, para organismos (não) governamentais e para outras organizações da sociedade civil. Trata-se, pois, de um conjunto heterogéneo de actores que passa a influir na agenda académica. Este conjunto de actividades, promovidas, como vimos anteriormente, através do desenho e da aplicação de instrumentos legislativos, contribui para a consolidação das relações da universidade com a sociedade e tem vindo a permitir o cumprimento de um novo imperativo académico de *transferência de conhecimento* ou de *inserção nas comunidades de pertença*, mas promove, igualmente, a construção e a sedimentação de um contexto de interesses cruzados, onde cresce uma preocupação com o retorno imediato dos investimentos realizados. Neste contexto, passamos de um paradigma de Investigação e Desenvolvimento (I&D) para outro onde se aliam Investigação, Desenvolvimento e Inovação (ID&I), progressivamente apresentados como motores centrais de desenvolvimento económico e social. Esta transformação encontra-se plasmada de forma particularmente clara ao longo de todo o texto do novo regime jurídico das instituições que se dedicam à investigação científica e ao desenvolvimento tecnológico (Decreto-lei n.º 63/2019), um texto onde a palavra inovação é profusamente utilizada, seja a respeito dos agora denominados «sistemas de ensino superior, ciência, tecnologia e inovação»; dos «programas europeus de investigação e inovação»; do «financiamento público da ciência, tecnologia e inovação»; ou da promoção de «uma cultura responsável de promoção do emprego científico, num contexto organizativo versátil e aberto à inovação»; ou de uma implementação de «mecanismos e meios diversificados de interface que permitam a valorização social e económica do conhecimento e a sua utilização no estímulo à inovação», entre múltiplas outras menções. Uma nota para sublinhar que longe de aqui se questionar a relevância social e económica da inovação, seja esta de âmbito tecnológico ou social, questiona-se, contudo, a subordinação da estrutura organizativa, das práticas e do *ethos* académico a estes processos, uma vez que a conformação a um imperativo de transferência do conhecimento tem implicações no desenvolvimento de outras formas de fazer ciência, em particular no desenvolvimento da ciência fundamental, aquela que, independentemente da área científica em questão, se dedica a construir e a testar empiricamente teorias a partir de grandes questionamentos científicos e cujos resultados, de um modo geral, apenas poderão ter impactos sociais a mais longo trecho. A conformação sucessiva a uma «lógica da entrega», para recapitular a formulação de Ulrike Felt, ou a um paradigma de ID&I, numa linguagem mais próxima dos actuais instrumentos legislativos, faz crescer, sucessivamente, a demanda por uma aplicação imediata do conhecimento produzido na academia para a resolução de problemas específicos definidos por outros sectores. Por conseguinte, limita-se gradualmente o desenvolvimento de actividades de ciência fundamental. As implicações deste caminhar no sentido da aplicabilidade, com uma subordinação a lógicas de curto prazo, aos interesses da comercialização dos produtos do conhecimento ou da utilização estrita do conhecimento enquanto ferramenta de políticas públicas, tendo vindo a ser debatida pela comunidade científica (Feijó, 2017; Godinho, 2016; Neves, 2019; Santiago, Carvalho, & Ferreira, 2013), tem tido eco reduzido na sociedade civil, onde esta aproximação é apresentada como um imperativo categórico. Trata-se, no entanto, de um debate fundamental para a definição do ensino superior e da ciência que queremos e dos vínculos laborais de quem desenvolve estas actividades. Tal como se disse anteriormente, não se trata de colocar em causa a relevância de uma aplicação próxima da produção do conhecimento ou da inovação, trata-se de sublinhar que um favorecimento exclusivo da aplicação contribuirá, a prazo, para o esvaziamento do conhecimento fundamental, que está na base de uma formação crítica e humanística, mas que também poderá estar na base, como veremos em seguida, do desenvolvimento de aplicações futuras.

Um exemplo recente desta situação é-nos conferido pela investigação científica aplicada rapidamente desenvolvida para produzir meios de diagnóstico para o novo coronavírus, o SARS-CoV-2. Se é inquestionável o imenso valor social da investigação aplicada que contribuiu para o seu rápido desenvolvimento, isso só foi possível fruto do trabalho de décadas em investigação fundamental que permitiu, entre múltiplas outras coisas, definir, por exemplo, como realizar uma sequenciação do genoma de um vírus, ou, por exemplo, desenvolver técnicas como o RT-PCR em tempo real[7], que permitiram agora amplificar e identificar rapidamente a presença deste vírus específico. O desenvolvimento

---

[7] O acrónimo RT-PCR significa *Reverse Transcription Polymerase Chain Reaction* (transcrição reversa seguida de reacção em cadeia da polimerase) e refere-se a uma técnica laboratorial que combina a amplificação de pequenos segmentos genómicos, neste caso, do vírus SARS-CoV-2, à sua detecção com sondas específicas após conversão por transcrição reversa do RNA viral em DNA complementar (cDNA). Esta técnica tem sido amplamente utilizada para a detecção do novo coronavírus.

destas ferramentas de diagnóstico teve por base décadas de trabalho de investigação fundamental, centrado em questionamentos teóricos sem uma aplicação social imediata que fosse discernível, mas sem o qual não teria sido possível avançar tão rapidamente. Mesmo de um ponto de vista completamente instrumental, que deixaria de lado a importância do conhecimento em si mesmo, a importância de uma formação humanística e de uma formação para a cidadania, um apoio contínuo ao conhecimento fundamental não pode, pois, ser eliminado face aos interesses de uma imediatez que se consome a si mesma e, nesse percurso, deixa-nos sem um futuro a percorrer.

Mas esta transformação das práticas científicas tem outras implicações que ultrapassam a produção de conhecimento e que são particularmente relevantes no que à precariedade diz respeito. A ciência passa a desenvolver-se sob a forma de projectos curtos e transferíveis que fluem ininterruptamente, traduzindo-se em números crescentes de produtos padronizados e quantificáveis, desenvolvidos por uma massa, também crescente, de trabalhadores tão velozes como os projectos em que estão envolvidos e com vínculos laborais tão duradouros quanto estes (Müller, 2014; Susi *et al.*, 2019; Vostal, 2015; Wellcome Trust, 2020; Woolston, 2020). Trabalhadores precarizados, portanto. Assim, a transformação das práticas científicas no sentido do desenvolvimento de uma ciência aplicada, sob os auspícios de projectos de curta duração, constitui-se como um extraordinário instrumento de precarização do trabalho científico.

Finalmente, o RJIES possibilitou a diversidade de personalidade jurídica das instituições académicas, consagrando na lei, a par das instituições de direito público e das de direito privado, a figura das fundações públicas de direito privado. Tal como muitas das outras transformações que acabaram de ser discutidas, este regime tinha por fito dinamizar estas instituições, agilizar os seus procedimentos burocráticos e aproximá-las das suas comunidades de pertença, conferindo-lhes, para tal, maior autonomia de gestão da propriedade dos activos das instituições universitárias, maior independência na aplicação das normas e das regras da administração pública e maior liberdade na gestão e na contratação de recursos humanos. No entanto, ao permitir a contratação ao abrigo do regime de direito privado no seio de instituições públicas, cria dois regimes contratuais paralelos, com direitos diferenciados, contribuindo assim para aumentar os mecanismos concorrenciais no interior de instituições de ensino superior e de ciência públicas e para o esboroar da coesão organizacional. É também com as fundações públicas de direito privado que surge o Conselho de Curadores, um órgão composto exclusivamente por personalidades externas de reconhecido valor, nomeadas pelo Governo por sugestão das instituições, e que é responsável pela administração das fundações, pela proposta ou autorização de aquisição ou de alienação do seu património imobiliário e de operações de crédito e pela homologação de uma parte considerável das deliberações de Conselhos Gerais colegialmente eleitos, mas que acabam por se ver limitados no exercício das suas competências.

No seu conjunto, as transformações das organizações de ensino superior e de ciência, promovidas pela aplicação do referido regime jurídico e pelos princípios gerencialistas que lhes subjazem, sujeitaram a democracia e a liberdade académicas, agora entendidas como disfunções organizacionais que urge debelar, a mecanismos concorrenciais de tipo mercantil, supostamente capazes de ultrapassar qualquer debilidade como num passe de mágica. Estas transformações, facilitadas pela autonomia institucional e por uma centralização da gestão e da governança destas organizações, inscrevem o ensino superior e a ciência em Portugal num movimento europeu mais alargado de instrumentalização da academia e das suas organizações e afastam-nos, simultaneamente, de um paradigma de ensino e de formação humanística e para a cidadania, de investigação desinteressada, isto é, preocupada com a produção de conhecimento e não com o seu potencial valor de mercado ou social, e distanciam-nos da reflexão crítica. Estas transformações, que também se encontram plasmadas directa ou indirectamente no mais recente regime jurídico das instituições que se dedicam à investigação científica e ao desenvolvimento tecnológico (Decreto-lei n.º 63/2019), são acompanhadas pelo crescimento, pela diferenciação, fragmentação e precarização da força de trabalho, tema que será seguidamente abordado.

2.4. O trabalho na academia em Portugal: diferenciação, fragmentação e precarização

Desde o início do século XXI que vários estudos têm reflectido sobre o trabalho na academia. Pese embora diferenças assinaláveis presentes em diferentes geografias e em diferentes áreas científicas, as profissões académicas têm sido pautadas, por um lado, pela diferenciação e pela fragmentação do trabalho académico e, por outro, pela precarização da força de trabalho (Agostinho *et al.*, 2020; Carvalho, 2017; Santiago & Carvalho, 2008). Hoje, dificilmente se poderá falar de uma comunidade académica relativamente homogénea que desenvolva actividades com características similares num quadro de normas e de valores comuns (Merton, 1973). Deparamo-nos, sim, já não só com uma diferenciação disciplinar, mas com uma crescente diferenciação e uma crescente fragmentação das actividades desenvolvidas, marcada, em particular, por uma estabilização do quadro total de docentes, por um crescimento muito assinalável do contingente de investigadores a tempo inteiro e por um percurso de sedimentação e diferenciação das actividades de gestão de ciência, de transferência de conhecimento e de comunicação de ciência. Paralelamente, assiste-se a uma diversificação dos vínculos laborais, encontrando-se a par de vínculos estáveis, com correspondente integração permanente numa carreira, um crescente número de situações laborais instáveis como os contratos de trabalho a prazo, as bolsas ou os vínculos pontuais. Esta instabilidade laboral, sendo preponderante ao nível da investigação a tempo inteiro, também tem vindo a aumentar entre docentes e está presente entre os profissionais de gestão de ciência, de transferência de conhecimento e de comunicação de ciência (Barbosa *et al.*, 2023; DGEEC, 2022; DGEEC & DSEE, 2013, 2020).

No que diz respeito à profissão docente, verificaram-se várias alterações dos quadros legislativos que vieram sucessivamente a aproximá-los da tendência gerencialista do ensino superior. Em sintonia com os princípios inscritos no RJIES, as funções docentes são alargadas do ensino e da investigação para incluir a criação cultural e o desenvolvimento tecnológico, a extensão académica e a divulgação, a valorização económica e a social do conhecimento e a gestão de instituições de ensino superior. É no quadro destas alterações, que as contratações a prazo de docentes orientadas de início exclusivamente para casos excepcionais de profissionais com competências muito particulares, transformam-se em práticas alargadas, resultando na constituição de uma verdadeira «carreira paralela ou escondida» (Santiago & Carvalho, 2008). Actualmente, muitos destes profissionais precarizados não tem outra profissão fora da academia e realizam as mesmas actividades que os docentes de carreira. Esta situação decorre, pelo menos em parte, da carga horária possível de ser adscrita a docentes convidados ser superior à de docentes de carreira, daqui resultando contratações menos dispendiosas e temporalmente delimitadas, não existindo assim um compromisso institucional de longa duração. Desta forma, em instituições dotadas de autonomia, onde prevalecem os princípios da nova gestão pública e um subfinanciamento público relativamente prolongado (Cabrito, 2004; Cerdeira, 2009; Cerdeira, Cabrito, & Gemelli, 2022), o recurso a estes profissionais tornou-se bastante apetecível. Os números revelam isto mesmo. Se o número total de docentes do ensino superior se manteve estável ao longo das últimas duas décadas, no mesmo período ocorre uma diminuição do número de docentes integrados na carreira (passam de representar 47,3% do total no ano lectivo de 2001/2002 para representar 41,5% em 2018/2019). No mesmo período, ocorre um aumento do número de docentes com vínculos instáveis (que representavam 46,1% do número total de docentes em 2001/2002, para representar 53,8% em 2018/2019) e, muito especificamente, dos docentes a tempo parcial (DGEEC & DSEE, 2013, 2020) (*Figura 1*). Daqui resultam organizações académicas marcadas por estruturas de poder altamente hierarquizadas e com o acesso a lugares permanentes extraordinariamente limitado por *numerus clausus* estreitos e estruturas endogâmicas fortes (Horta & Yudkevich, 2016; Sarrico & Alves, 2016; Tavares *et al.*, 2015). Nestas organizações convivem, lado a lado, docentes permanentes e precarizados, estes últimos com liberdade académica limitada face aos pares que os avaliam e que participam na renegociação individual dos seus contratos temporários. A isto acresce não só a menor legitimidade dos docentes contratados a prazo na estruturação dos curricula ou na admissão de estudantes, mas também as potenciais consequências ao nível da qualidade do ensino ministrado, já que a instabilidade contratual dificultará uma adequada programação das actividades a desenvolver (Cabrito, Cerdeira, Nascimento, & Mucharreira, 2020).

Paralelamente a esta tendência de precarização da profissão docente, os produtos do trabalho docente têm vindo a aumentar. Isto reflecte-se de uma forma particularmente clara ao nível da atribuição de graus e diplomas nos diversos níveis de ensino superior, incluindo no doutoramento. É assim que nos últimos 10 anos assistimos à atribuição mais de 20 000 novos doutoramentos, um número cerca de duas vezes superior ao da década anterior[8]. A par da precarização da profissão docente, crescem os produtos directos do trabalho destes profissionais.

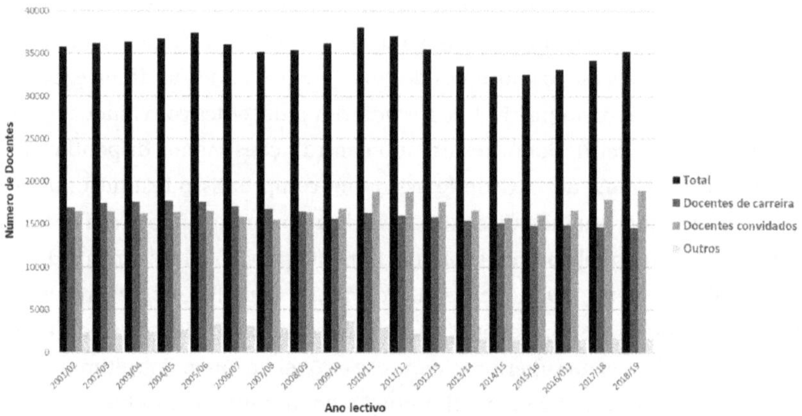

Figura 1. Distribuição de docentes do ensino superior por regime de prestação de serviço (2001/2002 — 2018/2019).

[8] Entre 2001 e 2010 foram atribuídos 10 310 doutoramentos e na década seguinte, 2011 a 2020, foram atribuídos 21 573. Dados acedidos a partir da Direcção-Geral de Estatísticas da Educação e Ciência, disponíveis em https://www.dgeec.mec.pt/np4/EstatDiplomados/ e consultados a 17 de Setembro de 2021. Fonte primária — DGEEC/ME-MCTES, Inquérito ao Registo de Alunos Inscritos e Diplomados do Ensino Superior (RAIDES).

O caso da investigação é algo diverso. Desde o início do século XXI temos assistido a um crescimento acentuado do número de investigadores a tempo integral. Em 2020, o número de investigadores a tempo integral, que inclui docentes (que também realizam actividades de investigação a tempo parcial) e investigadores a tempo inteiro, ultrapassou os 50 000, o que o coloca cerca de três vezes acima do número de investigadores em 2001[9] (*Figura 2*). Esta tendência também está ancorada no aumento da atribuição de graus e diplomas nos diversos níveis de ensino superior, anteriormente referido.

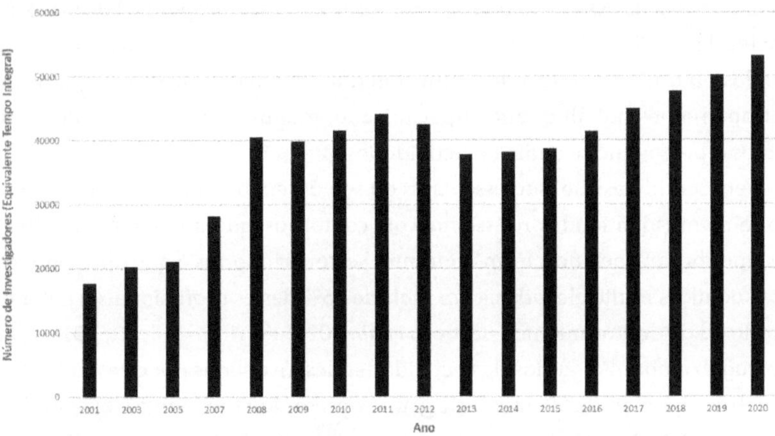

Figura 2. Distribuição de investigadores em equivalente a tempo integral (2001–2020).

Aproximadamente no mesmo período, verifica-se ainda um acréscimo de cerca de seis vezes na produção científica indexada na *Web of Science* em todas as áreas do conhecimento[10]. Tal como no que ao ensino diz respeito, também ao nível da investigação, os produtos destas actividades laborais por trabalhador aumentaram. Neste contexto, prevalece uma contabilização constante, a um nível individual marcada pela aferição

---

[9] Em 2001, encontrávamos 17 725 investigadores a tempo integral em Portugal e, em 2020, 53 174. Dados acedidos a partir da Direcção-Geral de Estatísticas da Educação e Ciência, disponíveis em https://www.dgeec.mec.pt/np4/206/ consultados a 2 de Junho de 2022. Fonte primária — DGEEC/ME-MCTES, Inquérito ao Potencial Científico e Tecnológico Nacional (IPCTN).

[10] Em 2001, encontramos 4893 artigos indexados na *Web of Science* e, em 2019, 28 283 artigos. Dados acedidos a partir da Direcção-Geral de Estatísticas da Educação e Ciência, disponíveis em https://www.dgeec.mec.pt/np4/210/ e consultados a 17 de Setembro de 2021. Fonte primária — plataforma *InCites™* da empresa *Clarivate Analytics*, que disponibiliza dados da *Web of Science, core collection*.

de «quantos *papers*», «com que factor de impacto» e «com quantas citações» e, ao nível organizacional, numa igualmente constante quantificação de indicadores referentes aos números de alunos e de graus atribuídos, à internacionalização, à captação de financiamento, às publicações, à transferência de conhecimento, entre outros. Indicadores agregadores destas informações são, pois, as novas métricas do (in)sucesso, do *mérito* de cada organização e dos seus membros, tecnologias de auditoria que constroem e alimentam a competição e a cultura de performatividade reinante do sector académico (Burrows, 2012; Rushforth & de Rijcke, 2015).

Esta *academia do desempenho* é hoje, necessariamente, inseparável de um conjunto de gabinetes de gestão e de comunicação de ciência, de centros dedicados à angariação de fundos ou à transferência de conhecimento, de núcleos disto e daquilo. Gabinetes onde trabalha pessoal altamente especializado, muitas vezes com vínculos de bolsa ou contratos a prazo, que se dedica a actividades que, não sendo de docência ou de investigação em sentido estrito, são essenciais ao seu desenvolvimento. Estamos perante um grupo com uma identidade profissional com contornos indefinidos que trabalha em diferentes tipos organizacionais e em diferentes sectores laborais e que apresenta qualificações académicas muito elevadas, com mais de 75% destes profissionais a deter o grau de mestrado ou de doutoramento (Barbosa *et al.*, 2023; Kerridge & Scott, 2018; Poli, 2018). Em Portugal, embora algumas das actividades desenvolvidas por estes trabalhadores se desenvolvam há mais de 50 anos, este grupo apresentou um impulso extraordinário nas últimas duas décadas, de alguma forma paralelizando o crescimento e a diferenciação do sector do ensino superior e da ciência de que se tem vindo a falar (Agostinho *et al.*, 2020).

As suas actividades desenvolvem-se genericamente a três níveis. Um primeiro, a montante das actividades académicas em sentido estrito, onde se inclui o apoio à captação de financiamento público e de investimento privado ou à participação na definição de estratégias para o financiamento dessas mesmas actividades. Um segundo, ao nível das actividades académicas, realizando, por exemplo, a gestão de projectos e de unidades de investigação, a gestão de plataformas tecnológicas ou de propriedade intelectual, a quantificação da produção académica e a promoção da formação contínua e graduada. Finalmente, a jusante das actividades académicas, promovendo a ligação à sociedade, através da transferência e da comercialização de conhecimento e tecnologia ou de actividades de extensão e de comunicação científica. As funções deste conjunto de profissionais não são pois enquadráveis nem no trabalho de ensino ou de investigação, nem numa categoria de *trabalho administrativo*, tendo sido proposto que estas actividades se desenvolveriam numa «arena em mudança» (Shelley, 2010), num «terceiro espaço» emergente, na fronteira entre campos (Whitchurch, 2008), ou, apontando uma vez mais para um trabalho entre fronteiras, que este grupo de profissionais fosse agrupado como *profissionais de interface à ciência* (Agostinho *et al.*, 2020), propostas que caracterizam mais finamente o trabalho deste conjunto de profissionais e, simultaneamente, o legitimam.

Estão assim traçados os contornos de uma academia precarizada. Uma academia onde o trabalho docente é garantido, numa parte muito considerável dos casos, por docentes convidados, precarizados (um número que hoje excede o número de docentes de carreira) (DGEEC & DSEE, 2020), e o trabalho de investigação científica, assim como o de gestão de ciência, de transferência de conhecimento e de comunicação de ciência, permanecia, até recentemente, a ser desenvolvido em larguíssima medida ao abrigo de contratos de bolsa, um vínculo que excluía estes trabalhadores dos direitos associados a um vínculo laboral.

Nos últimos seis anos os contornos desta situação vieram a ser alterados pela implementação de duas iniciativas legislativas, a saber, o Programa de Regularização dos Vínculos Precários na Administração Pública (PREVPAP, Lei n.º 112/2017) e o Programa de Estímulo ao Emprego Científico (Decreto-Lei n.º 57/2016; Lei n.º 57/2017 e Decreto Regulamentar n.º 11-A/2017). Estes programas atribuíram direitos laborais a alguns trabalhadores do ensino superior e da ciência e, nalguns casos, permitiram a integração de trabalhadores da academia nas respectivas carreiras. No entanto, mostraram-se incapazes de ultrapassar a crescente precarização deste sector e, de uma forma particularmente gravosa, ao nível da investigação. Os números do Observatório do Emprego Científico e Docente revelam isso mesmo: entre as iniciativas regulares de contratação, estes dois programas e outros regimes transitórios, foram atribuídos 7402 contratos de trabalho a doutorados[11], sendo a maioria destes, 61,6%, contratos a prazo, precários[12].

---

[11] Entre os 7402 contratos estabelecidos encontram-se 518 titulares de mais do que um contrato. Esta situação decorrerá da finalização de um primeiro contrato de trabalho e do início de um segundo. Entre os motivos para a finalização do primeiro contrato encontrar-se-ão, por exemplo, os limites temporais da generalidade destes contratos (na sua grande maioria, a prazo) ou a substituição de um primeiro contrato a prazo numa determinada categoria profissional por um segundo contrato, na generalidade dos casos, igualmente a prazo, mas numa categoria profissional superior.

[12] Dados acedidos a partir do Observatório do Emprego Científico e Docente, disponíveis em https://empregocientificoedocente.dgeec.mec.pt/ e consultados a 2 de Junho de 2022. Uma vez que são detectáveis incoerências pontuais nos dados do Observatório do Emprego Científico e Docente, os valores apresentados deverão ser interpretados como indicativos de padrões globais.

Se a divisão entre contratos de docentes e contratos de investigadores doutorados se realizou de forma relativamente equilibrada (3928 investigadores *versus* 3474 docentes, respectivamente), a grande diferença situa-se, em primeiro lugar, ao nível dos concursos realizados e, em segundo, ao nível da estabilização ou precarização laboral que resulta desses mesmos concursos. Enquanto as posições docentes resultaram num recrutamento muito assinalável para a carreira docente (cerca de 75%), no que às posições de investigação diz respeito, apenas cerca de 5% dos casos resultaram no recrutamento para a carreira de investigação. Os dados revelam ainda que, enquanto o recrutamento para a carreira docente foi realizado na larguíssima maioria dos casos através de processos regulares, o reduzidíssimo recrutamento de investigadores resultou de forma assinalável de iniciativas legislativas que tiveram lugar nos últimos anos. No cômputo geral, entre 3928 posições para a investigação, apenas cerca de duas centenas são posições permanentes (acedidas através de concursos regulares, das diversas tipologias do concurso de estímulo ao emprego científico, do PREVAP, entre outros), estas iniciativas não permitiram ultrapassar a imensa precarização que grassa na investigação, uma situação que ainda é agravada pela inscrição legislativa (Decreto-Lei n.º 57/2016) da categoria de investigador júnior, uma categoria que não só não existe no Estatuto da Carreira de Investigação como corresponde a um salário bruto cerca de 33% inferior ao da primeira categoria da respectiva carreira (investigador auxiliar), como ao da primeira categoria da carreira docente de ensino superior universitário (professor auxiliar)[13]. O mesmo se passa com os docentes convidados, que continuam no limbo dos contratos a prazo[14]. A estes números acrescem os 1214 contratos de bolsas atribuídos a doutorados no mesmo período. Já no caso dos gestores de ciência, dos profissionais envolvidos na transferência de tecnologia

[13] De um modo geral, os investigadores na categoria júnior e equiparados auferem um salário mensal correspondente ao índice 33 da Tabela Remuneratória Única. Este salário mensal poderá ser potencialmente aumentado até ao índice 53 da Tabela Remuneratória Única. Na sua grande maioria, os investigadores auxiliares auferem um salário mensal correspondente ao índice 54 da Tabela Remuneratória Única. O valor do seu salário poderá ser potencialmente aumentado até ao índice 61 da Tabela Remuneratória Única. Os níveis remuneratórios dos investigadores auxiliares paralelizam os níveis remuneratórios dos professores auxiliares.

[14] Desde a implementação do Programa de Estímulo ao Emprego Científico foram contratados 7402 doutorados, 3474 docentes e 3928 investigadores. Dados disponibilizados pelo Observatório do Emprego Científico e Docente, disponíveis em https://empregocientificoedocente.dgeec.mec.pt/ e acedidos a 2 de Junho de 2022. Uma vez que são detectáveis incoerências pontuais nos dados do Observatório do Emprego Científico e Docente, os valores apresentados deverão ser interpretados como indicativos de padrões globais.

e dos comunicadores de ciência que se candidataram ao PREVPAP, só cerca de metade conseguiram ser regularizados. Se a sua regularização é um excelente sinal do combate à precarização na academia e para a profissionalização deste grupo, não deixa de ser surpreende que a gestão de ciência e que outras actividades desenvolvidas por estes profissionais sejam reconhecidas como uma necessidade permanente das instituições de ensino superior e de ciência, que o são, mas que o desenvolvimento de actividades de investigação não o seja. Uma possível razão para esta maior integração decorrerá da posição charneira que estes profissionais ocupam nas suas organizações: por um lado, posicionando-se entre académicos-gestores e restantes docentes e investigadores e, por outro, estabelecendo ligações entre as organizações académicas e diversas organizações da sociedade civil.

Pese embora a recente integração permanente de uma parte considerável dos gestores de ciência, dos profissionais envolvidos na transferência de tecnologia e dos comunicadores de ciência, no cômputo geral pode afirmar-se que o sector do ensino superior e da ciência tem sido pautado pelo crescimento, pela diversificação e pela precarização dos seus trabalhadores. É precisamente neste contexto que se visibilizam tensões entre actores localizados em diferentes posições do campo académico. De um lado, posicionam-se decisores governamentais e institucionais, genericamente em sintonia com as actuais políticas científicas e a afirmar que «a missão das universidades pressupõe uma rotação elevada dos seus investigadores e bolseiros» (Comunicado do Conselho de Reitores das Universidades Portuguesas, 6 Março de 2018); ou que «As bolsas são o melhor instrumento que se pode dar a um jovem, sobretudo a um jovem, para poder ter uma total liberdade de acção, de pensamento e de exploração de novas ideias» (Manuel Heitor, Ministro da Ciência Tecnologia e Ensino Superior, Antena Aberta, Antena 1, 16 de Abril de 2019). Afirmações que, não sendo transversais a todos os decisores institucionais, têm vindo a multiplicar-se nos mais variados *fora* e às quais subjaz uma visão de trabalho com vínculos precários como pré-condição para a prossecução do trabalho científico e garantia de liberdade académica. A condição académica precária surge aqui ressignificada enquanto garantia de liberdade.

Do outro lado, posicionam-se os movimentos activistas, associativos e sindicais que olham para a precariedade como uma forma de exploração dos trabalhadores e garantia da manutenção das estruturas de poder. Esta posição, que interpreta a precarização laboral enquanto instrumento de exploração, encontra-se traduzida em enunciados como «Bolsas de investigação = liberdade de exploração» ou ainda «Academia não é monarquia, abaixo a hierarquia» (*Figura 3*).

Figura 3. Associação de Bolseiros de Investigação Científica no desfile do 25 de Abril. (Foto tirada na Avenida da Liberdade, em Lisboa, a 25 de Abril de 2022; fonte própria)

Apesar do reconhecimento destas transformações e destas tensões entre diferentes actores do sector do ensino superior e da ciência em Portugal, permanece por caracterizar a actual precarização académica e por abordar a forma como os académicos precarizados interpretam o seu trabalho e as suas vivências subjectivas das suas situações laborais. Do mesmo modo, a forma como estas interpretações se traduzem em acções alinhadas com as estruturas de poder ou com projectos de resistência e de transformação da academia também permanece por explorar. Neste sentido, o próximo capítulo estabelecerá os contornos teóricos da abordagem à acção social de que parte o presente trabalho. Será precisamente a partir destes contributos que se estabelecerá o modelo de análise às práticas de académicos precarizados que será mobilizado neste trabalho de investigação.

3
PENSAR A ACÇÃO, A REPRODUÇÃO E A MUDANÇA SOCIAL

O questionamento do que é que leva os indivíduos a agir de determinada maneira em contexto social e, subsequentemente, de que forma ou formas é que essas acções influem na sociedade como um todo, conduzindo à sua continuação ou à sua transformação, é um dos temas centrais da sociologia. Não se pretendendo resumir os principais contributos das teorias sociológicas para uma compreensão da acção social, isto é, a forma como os indivíduos agem reflexivamente e/ou pré-reflexivamente por relação a outras pessoas[1], convém referir, contudo, que estes contributos têm vindo a revelar uma valorização ora das estruturas sociais, aqui conceptualizadas enquanto sistema de relações entre posições sociais associadas a uma distribuição desigual de poder e de recursos (Porpora, 1987), ora das escolhas dos indivíduos, determinadas por uma maximização das suas oportunidades (uma maximização inicialmente tida por eminentemente racionalizada, mas actualmente entendida como enquadrada pelos limites da memória, por componentes intuitivos e por componentes emotivos), ora da situação concreta em que essas mesmas acções tomariam lugar.

O presente trabalho integra estes vários elementos, assumindo a sua interdependência, mas atribuindo-lhes, como se verificará em seguida, papéis e importâncias diferenciadas.

---

[1] Recapitulando, a acção social é constrangida e potenciada de um modo não linear pelo passado, pelas expectativas de futuro, assim como pelas contingências do momento presente e as suas possibilidades de (re)construção ou (re)leitura do que passou e do que está potencialmente para vir. Assim, a acção social pode envolver componentes habituais ou rotineiros, mas também componentes normativos, ritualísticos, pragmáticos, estratégicos, interpretativos, entre outros (Ferreira, 2023b). Neste sentido, o conceito de acção inclui, mas não se cinge, o conceito de agência. Em comum, a agência, tal como a acção social, estabelece uma ligação não linear entre diferentes temporalidades e é orientada por outros indivíduos. No entanto, o conceito de agência é aqui especificamente mobilizado para dar conta das potencialidades criativas dos indivíduos que, face aos constrangimentos e às possibilidades inscritas nos seus enquadramentos sociais mais amplos e nos seus contextos mais restritos, podem delinear e (re)configurar os seus cursos de acção, agindo de forma consciente, independentemente das consequências intencionais e não intencionais da concretização dessas acções.

Parte-se genericamente do quadro teórico do realismo crítico e, mais especificamente, da proposta de precedência temporal e ontológica das estruturas sobre a acção social, desenvolvida por Margaret Archer, que será articulada, a diferentes níveis, com propostas de outros autores. De um modo muito sucinto, Archer indica que os indivíduos agem em enquadramentos estruturais pré-existentes que têm o poder de promover, de restringir e de motivar, mas não têm o poder de determinar, a acção social (M. Archer, 1995). Subsequentemente, a acção social poderá resultar numa reprodução das estruturas pré-existentes, na sua transformação e/ou na transformação dos indivíduos que agem. De acordo com a autora, o poder das estruturas sobre os indivíduos faz sentir-se no decurso dos processos de reflexividade individual, os processos através dos quais os actores reflectem acerca de si mesmos, das suas histórias e dos seus projectos, equacionando opções e delimitando cursos de acção, tendo em conta os contextos em que estão inseridos.

Na linha do realismo crítico de Roy Bhaskar (Bhaskar, 1998), reconhece-se que a realidade social é entrelaçada, simultaneamente construindo e sendo construída por outros componentes do real, nomeadamente, e no que diz respeito ao objecto de estudo deste trabalho, por componentes psicológicos, que serão aqui parcialmente abordados, e por outros como os neurofisiológicos, que não serão abordados no presente momento[2]. Seguindo a terminologia do realismo crítico, a realidade apresenta uma estrutura laminar, não hierárquica. A este respeito, importa sublinhar dois pontos. Primeiro, o realismo crítico reconhece que os níveis mais amplos, no caso presente, o social, requerem os níveis mais confinados, no caso presente, o neurofisiológico. No entanto, o realismo crítico afasta-se de um entendimento segundo o qual os níveis mais amplos possam ser reduzidos aos níveis mais confinados. Concretizando: embora o decurso dos processos de reflexividade individual e subsequente acção social, a ser analisados no presente trabalho, impliquem obrigatoriamente a activação de determinadas estruturas e de determinados mecanismos neurofisiológicos, estes não se reduzem às estruturas e aos mecanismos internos do nosso corpo e podem ser instanciados, por exemplo, por componentes socioculturais que também nos são externos e que têm uma existência para além da sua apreensão e do seu armazenamento em memórias ou em esquemas de percepção da realidade, internalizados ao longo das nossas trajectórias de vida, e que terão uma tradução nas nossas estruturas e nos mecanismos neurofisiológicos. Neste sentido, o papel de cada componente e das suas intersecções no desenrolar da acção social deve ser alvo de questionamento e de análise empírica.

---

[2] Reconhece-se aqui a existência de muitos outros componentes da realidade, como por exemplo o físico ou o ecológico, no entanto estes não serão abordados no presente trabalho.

Assumindo esta estrutura laminar, segundo a qual os diversos componentes não apresentam uma estrutura hierárquica, o presente trabalho tem, no entanto, um objectivo bastante mais circunscrito uma vez que parte da, e tem como foco a, dimensão social da acção. Neste sentido, a segunda nota a ser apresentada sublinha que os componentes psicológicos serão abordados directamente apenas a respeito da presença de *stress* e fadiga no trabalho, *i.e.*, *burnout* profissional, e serão objecto de uma reflexão sobre as suas imbricações com a componente social da acção. O motivo para esta abordagem ao *burnout* profissional radica na observação da sua assinalável presença e prevalência nos mais diversos contextos laborais, incluindo no contexto académico (Barkhuizen, Rothmann, & van de Vijver, 2014; Daumiller & Dresel, 2020; Eurofound, 2018; Ferreira, 2023c; Maslach & Leiter, 1997; Padilla & Thompson, 2016; M. Pereira, 2021; Perumalswami *et al.*, 2020; Watts & Robertson, 2011). A sua relação com a precarização na academia em Portugal será aqui objecto de avaliação empírica. Como se verificará de forma particularmente clara no Capítulo 8 «*Burnout* profissional: correr por gosto também cansa!», estes encadeamentos e justaposições serão revelados através do cruzamento dos resultados da aplicação de um instrumento psicométrico que avalia a presença *burnout* profissional com os discursos dos inquiridos a respeito dos impactos da precarização, em particular, aqueles relativos aos impactos da precariedade na sua saúde física e mental[3]. Os componentes neurofisiológicos, pese embora o reconhecimento do seu papel nestes processos, não serão alvo de investigação empírica. Esta abordagem, não menosprezando a estrutura laminar da realidade e dando conta, em pontos específicos, de algumas das suas intersecções e justaposições, não permite aceder à extensão dessa estrutura[4].

Na próxima secção deste capítulo desenvolver-se-á a perspectiva teórica aqui sumariamente apresentada e que será mobilizada, subsequentemente, enquanto guia de questionamento do que leva os académicos precarizados a desenvolver determinadas práticas e de que forma, ou formas, elas poderão conduzir à reprodução, à resistência e à eventual transformação da academia neoliberalizada ou dos indivíduos que agem. Este questionamento será realizado a partir do modelo de análise cuja apresentação encerra este capítulo.

---

[3] A análise que se desenvolve ao longo deste trabalho recorre a instrumentos psicométricos amplamente utilizados em trabalhos de investigação científica. No entanto, não se trata de uma avaliação clínica, apenas concretizável por profissionais da saúde.

[4] Uma nota a este respeito. Como se verificará na secção seguinte deste capítulo, de acordo com o realismo crítico, só é possível aceder directamente ao domínio empírico e não a toda a extensão do domínio real.

3.1. Abordagem à realidade social a partir do realismo crítico

O realismo crítico tem como um dos seus princípios que o mundo existe para além do nosso pensamento sobre esse mesmo mundo e que apenas conseguimos aceder, seja através dos nossos sentidos, seja através da conjugação destes com diferentes tipos de tecnologias, a uma parte desse mundo que existe (Bhaskar, 1998). Apesar desta existência real, o mundo também é socialmente construído e, consequentemente, a forma como lemos e pensamos o mundo e o nosso lugar nele é mediada pelo conhecimento que reunimos ao longo das nossas vidas e pelas estruturas e mecanismos de codificação, de armazenamento e de acesso a esse mesmo conhecimento. A conjugação destas premissas permite simultaneamente superar a posição positivista de que é possível aceder a uma compreensão objectiva do mundo e o princípio relativista de que o mundo é exclusivamente construído nas nossas mentes. Por forma a dar conta destas premissas, o realismo crítico propõe uma visão tripartida da realidade.

A um primeiro nível, teríamos o *domínio empírico*, onde se situam as características apreensíveis da realidade (aquilo a que acedemos, seja através dos nossos sentidos, seja através da conjugação destes com determinadas tecnologias). Este domínio estaria contido no *domínio actual*, que acrescenta às características e aos processos apreensíveis do mundo o que efectivamente teve lugar, mesmo não tendo sido apreendido, fruto de limitações dos nossos sentidos e das tecnologias que os auxiliam ou das formas subjectivas como percepcionamos e como interpretamos o que aconteceu. O *domínio actual* estaria por sua vez contido no *domínio real* que, para além de incluir o que observámos e o que aconteceu e não foi observado, inclui as estruturas, os mecanismos e os poderes que instanciaram o que ocorreu (e o que não ocorreu) (*Figura 4*). De acordo com esta perspectiva, a ciência teria por objectivo ir para além do *domínio empírico* e do *domínio actual*, descortinando os poderes e os mecanismos que instanciam, promovendo ou constrangendo, o desenvolvimento de um determinado acontecimento ou de um determinado curso de acção.

O presente trabalho encontra-se alinhado com estes princípios. Assim, partir-se-á de uma descrição das trajectórias laborais, das práticas e dos processos de reflexividade individual dos académicos precarizados, para equacionar o que terá conduzido ao desenvolvimento dessas mesmas práticas e dessas mesmas trajectórias. Para esse empreendimento, partir-se-á da proposta que se desenvolve a seguir.

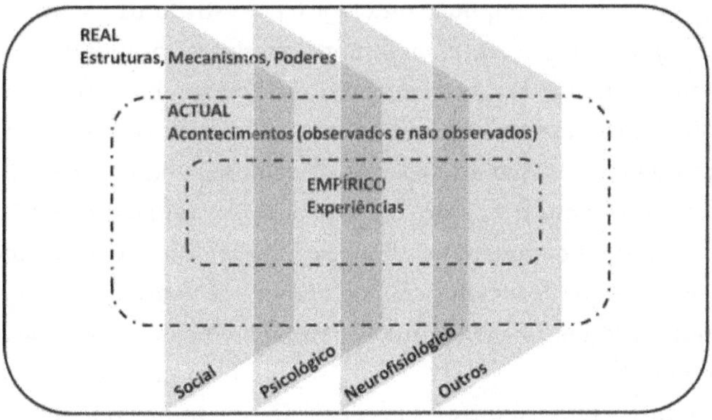

Figura 4. Estrutura laminar da realidade social.

3.2. Neoliberalização, reflexividade e acção social

Partindo dos princípios do realismo crítico, Margaret Archer propõe que a acção social decorre em contextos estruturais pré-existentes que têm o poder de promover, limitar e motivar a acção, mas não de a determinar. Focando-se este trabalho de investigação na precarização académica, quando se fala do poder das estruturas sobre a acção em contexto social, alude-se às formas como a distribuição desigual de poder e de recursos decorrente do processo neoliberalizador, traduzido ao nível do sector do ensino superior e da ciência numa tríade — empresarialização da academia, instrumentalização do conhecimento e transversalidade de um *ethos* performativo que define práticas académicas legítimas e quem as desenvolve — promove, limita e motiva as práticas dos académicos precarizados. Este poder de instanciação, mas não de determinação, da acção em contexto social decorreria de os diferentes cursos de acção serem alvo de processos de reflexividade individuais, aqui entendidos como o mecanismo de influência estrutural sobre a acção. Dos processos de reflexividade poderá então resultar a reprodução das estruturas pré-existentes (ciclo morfoestático) ou a transformação das estruturas pré-existentes e a emergência de novas propriedades estruturais (compondo assim um ciclo morfogenético) e/ou a transformação dos indivíduos que agem. Neste sentido, a acção pode reproduzir ou pode transformar as estruturas sociais que a precedem, constrangem e capacitam e, simultaneamente, pode reproduzir ou pode transformar quem age. Em todo o caso, as estruturas transformadas ou reproduzidas constituir-se-ão como os enquadramentos estruturais de decorrência de acções futuras, revelando-se assim o carácter cíclico destes processos.

No entanto, o primado temporal e ontológico das estruturas não implica, como será defendido em seguida, que estas sejam sempre exteriores aos indivíduos. Este trabalho parte de um entendimento de que as estruturas sociais também vão sendo internalizadas ao longo da vida enquanto disposições para a acção, isto é, como esquemas de percepção e leitura do mundo que estabelecem os contornos da participação de cada um na vida social e que orientam a acção. Estas disposições para a acção, interiorizadas ao longo da vida de cada um, podem ser (Bourdieu, 2002), ou não, convergentes (Lahire, 2003), já que os processos de socialização são múltiplos e nem sempre congruentes. Estas divergências disposicionais possibilitam o desenvolvimento de acções não alinhadas com as lógicas dominantes no campo de acção. Isto também implica que, complementarmente ao que indica Archer, a influência causal das estruturas não se faça só sentir por via externa, no decurso dos processos de reflexividade, mas que também se possa fazer sentir, isoladamente ou em conjugação, por via interna e de forma pré-reflexiva (Akram & Hogan, 2015; Caetano, 2016, 2019; Mouzelis, 2008; Stones, 2001).

Concretizando, este trabalho parte da premissa que a articulação da fragilidade dos vínculos laborais destes académicos, promotora de uma insegurança ontológica, com a percepção de que alguns colegas conseguem ser plenamente integrados, impulsionadora de uma esperança de uma futura integração plena na academia, conduziria a que os académicos precarizados, em larga medida, legitimassem a academia performativa através das suas práticas laborais diárias. Esta legitimação processar-se-á tanto de forma pré-reflexiva, sem que os actores equacionem as suas trajectórias e práticas, como de forma reflexiva. Neste segundo caso, situando o seu passado por referência às suas circunstanciais sociais e ponderando as suas acções. Presos entre o medo de desperdiçar o que já construíram ao longo do seu percurso e um «optimismo cruel» que os faz perseguir o seu sonho laboral suspendendo, no presente, práticas académicas mais autónomas e de maior duração temporal (Berlant, 2011), os académicos precarizados reproduziriam os modos dominantes de fazer, de pensar e de sentir.

No entanto, o confronto entre o imaginário da academia enquanto espaço de autonomia, de liberdade académica e de pensamento crítico e as suas condições laborais concretas, pautadas por insegurança, dependência e pouca liberdade, conduziria a um sentimento de desilusão que encerra um potencial de agência transformadora (Vatansever, 2020). Propõe-se aqui que esta agência transformadora poderá apresentar moldes muito diversos que vão desde um nível individual a um colectivo. Por um lado, alguns académicos experienciariam processos de individualização da desilusão e, imbuídos do espírito meritocrático, trabalhariam ainda mais horas e participariam em toda uma panóplia de acções de formação capazes de contribuir para melhorar os seus desempenhos, tornando-os mais rápidos e mais eficazes (Gill, 2014; Pereira, 2016), na esperança de que essas melhorias poderiam futuramente conduzi-los à posição ambicionada. Estes mesmos processos de individualização da desilusão poderão resultar ainda em alterações das trajectórias de vida destes profissionais, através do abandono da academia, ou numa transformação das suas trajectórias laborais, por exemplo, através de processos migratórios (Araújo, 2007; Delicado, 2008; Hasanefendic, 2017; Precários Inflexíveis, 2014). Por alternativa a estes processos de transformação individual, a experiência partilhada de desilusão através de redes de solidariedade poderá conduzir a uma compreensão das raízes estruturais da precarização a que estão sujeitos e, através desta, ao desenvolvimento de processos de resistência à e de transformação da academia neoliberalizada (Vatansever, 2020). Esta seria também a base de construção do sujeito colectivo «precariado académico», entendido enquanto um segmento da classe em formação, o precariado, passível de ser construído a um nível estratégico (através da criação de um espaço de debate e de mobilização); a um nível organizacional (através da participação em movimentos contra a precariedade); e a um nível individual (através da sobreposição entre objectivos individuais e dos movimentos sociais) (Vatansever, 2022).

3.3. Modelo de análise

Partindo do anteriormente exposto, as acções dos académicos precarizados poderão processar-se reflexivamente — neste caso, os indivíduos, sozinhos ou acompanhados, fariam sentido das suas trajectórias e das suas práticas e elaborariam projectos para o futuro — e/ou processar-se pré-reflexivamente — fruto de disposições estruturadas pelas histórias de vida dos indivíduos e interiorizadas enquanto esquemas de percepção e de interpretação que predispõem, mas não impõem, para o desenvolvimento de determinados cursos de acção (*Figura 5*). Reconhece-se, desde já, que se o desenvolvimento da acção em contexto social não implica, necessariamente, uma avaliação reflexiva das opções disponíveis, podendo decorrer exclusivamente de forma pré-reflexiva, já os processos de reflexividade individual terão sempre na sua base as formas como percebemos e como lemos o mundo e estas são estruturadas pelos referidos esquemas de percepção e de interpretação que interiorizámos ao longo das nossas vidas (disposições).

Subsequentemente, as práticas académicas e os discursos acerca dessas mesmas práticas podem conduzir à reprodução das estruturas que os instanciam (*Figura 5*, seta 1), podem conduzir a uma eventual transformação estrutural (*Figura 5*, seta 2) ou ainda conduzir a uma transformação dos indivíduos que agem (*Figura 5*, seta 3).

Concretizando, uma primeira alternativa possível seria que as práticas académicas e os discursos acerca delas são enquadrados por esquemas de percepção e de interpretação da realidade social. Dito de outro modo, a forma como os indivíduos lêem e participam no mundo que os rodeia, estas estruturas interiorizadas, traduzir-se-iam em práticas como a submissão de projectos científicos ou a escrita de artigos, alinhadas com as regras, as normas e os valores vigentes na academia, isto é, alinhados com uma competitividade assente numa produção incessante. A realização destas práticas reprodutoras das estruturas dominantes resultaria ainda numa legitimação das estruturas anteriormente interiorizadas pelos próprios académicos precarizados.

Uma segunda alternativa possível parte do desencadear de processos de reflexividade individual. Tal pode dever-se à heterogeneidade disposicional dos académicos precarizados que, ao longo das suas trajectórias biográficas, serão sujeitos não a um único processo de socialização uniforme, mas a múltiplos, nem sempre convergentes (socialização familiar, socialização académica, entre outras). Também o reconhecimento de divergências entre as condições sociais de incorporação das disposições para a acção e as condições sociais concretas dos indivíduos pode ter o mesmo efeito, fruto, por exemplo, de transformações no sector do ensino superior e da ciência e traduzidas em incongruências entre a imagem que os académicos têm da academia como local de excepção, de autonomia e de agência, e a permanência numa condição objectiva precária, caracterizada por uma imensa susceptibilidade e por uma dificuldade efectiva de desenvolvimento de trabalho autónomo. Estas dissonâncias desencadeariam assim processos de reflexividade individual, através dos quais os académicos precarizados se pensarão a si mesmos, às suas trajectórias laborais e biográficas, às práticas laborais e extralaborais que concretizam ou deixam de concretizar, para fazer sentido do que são no mundo. Em todos os casos, estes processos de reflexividade seriam instanciados em enquadramentos sociais pré-existentes que constrangem, possibilitam e motivam as acções dos indivíduos. De acordo com esta proposta, o poder das estruturas sobre a acção seria mediado pelos processos de reflexividade individual em conjugação com as disposições para a acção.

Estes processos reflexivos — que podem decorrer tanto internamente (conversas internas em que os actores se equacionam e se projectam), como externamente, em contextos específicos de interacção interindividual — resultarão no desenvolvimento de práticas que podem ser reprodutoras das estruturas que as instanciam (*Figura 5*, seta 1). No entanto, estes processos de reflexividade também podem conduzir à concretização de práticas transformadoras (ou de resistência) das (às) estruturas que as motivaram (*Figura 5*, seta 2) e/ou dos indivíduos que agiram (*Figura 5*, seta 3). Em qualquer dos casos, a reflexividade constituir-se-ia como um mecanismo mediador do poder das estruturas sobre os indivíduos, podendo conduzir à reprodução das estruturas sociais ou, alternativamente, como mecanismo mediador do poder dos indivíduos sobre essas estruturas, possibilitando processos de transformação ou, seguindo a conceptualização de Archer, de «elaboração estrutural». A concretização destes processos no caso específico de académicos precarizados será realizada ao longo dos próximos parágrafos.

Uma possibilidade, decorrente de uma avaliação reflexiva das várias possibilidades em jogo, consistiria na continuação do desenvolvimento de práticas alinhadas com a presente academia. Estaríamos perante indivíduos que reconhecem as práticas e a cultura meritocrática como o caminho que pretendem trilhar ou de outros que, reconhecendo impactos nefastos do desenvolvimento dessas práticas, não conseguem imaginar possibilidades de acção não convergentes com as demandas da academia neoliberalizada (*Figura 5*, seta 1). Estes últimos, sentir-se-iam presos num círculo vicioso de que não conseguem sair.

Uma segunda alternativa seria o desenvolvimento de práticas de resistência activa, potencialmente transformadoras das estruturas e da cultura que as instanciam. Entre estas, encontrar-se-á a *ciência lenta*; o envolvimento em movimentos sindicais ou associativos, participando directamente em lutas colectivas pela transformação da academia; ou uma participação desenquadrada destes movimentos na discussão pública das condições de produção de conhecimento, visibilizando uma face da ciência muitas vezes ausente das discussões académicas e da esfera pública (*Figura 5*, seta 2).

Uma terceira alternativa possivelmente desencadeada por processos de reflexividade resultaria numa mudança nas trajectórias laborais ou de vida dos académicos precarizados, por exemplo, através de uma procura de emprego em outros sectores de actividade ou da concretização de uma trajectória de mobilidade para um enquadramento num sistema académico de outro país (*Figura 5*, seta 3). Nestes casos, a transformação decorre ao nível dos indivíduos e não das estruturas que instanciam a acção, que, teoricamente, se poderiam manter relativamente incólumes a estas alterações.

Complementarmente ao que foi dito nos parágrafos anteriores, sugere-se ainda que a diversidade de caminhos trilhados pelos académicos precarizados é constrangida, possibilitada e motivada pelas suas histórias de vida, pelos diferentes recursos a que têm acesso, por assimetrias como as de género e outras, pela fragilidade e duração dos vínculos laborais que detêm, por um grau diferenciado de incorporação da identidade académica e da cultura da competitividade, pelos imaginários da academia que transportam, pelas expectativas que foram construindo ou pelas situações específicas em que se desenrolam as suas práticas. Neste sentido, a reprodução ou a transformação da academia neoliberalizada ou dos académicos seriam instanciadas pela posse de recursos, por exemplo, económicos ou sociais capazes de aplacar fases de ausência de rendimentos potenciadas pela transitoriedade dos vínculos laborais e por uma oferta de trabalhadores que excede a procura; pela duração das trajectórias de precariedade; pelos seus posicionamentos no campo académico; por um maior ou menor grau de assimilação da cultura de competitividade reinante na academia; e por uma maior ou menor incorporação da identidade académica e de valores como a autonomia e o pensamento crítico.

No conjunto, teríamos então práticas académicas em larga medida motivadas por componentes disposicionalistas e práticas que conjugariam estes componentes com componentes interpretativos.

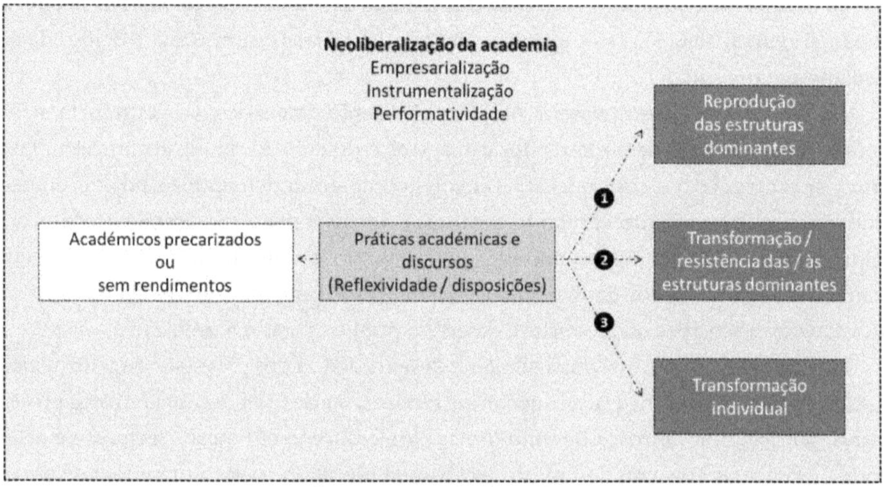

Figura 5. Modelo de análise.

Partindo da contextualização da precarização na ciência realizada e do modelo de análise aqui proposto, o próximo capítulo apresentará o instrumento de análise e as técnicas mobilizadas e traçará um primeiro retrato global da precarização na academia em Portugal.

4

CONTORNOS DA PRECARIZAÇÃO NA ACADEMIA EM PORTUGAL: UM PRIMEIRO QUADRO GERAL

Por forma a cumprir os objectivos expostos, foi realizado um inquérito anónimo por questionário com aplicação *online* a trabalhadores académicos precarizados. Este inquérito foi realizado entre 1 de Dezembro de 2019 e 28 de Fevereiro de 2020, isto é, imediatamente antes do período pandémico, não sendo os resultados aqui apresentados afectados pela pandemia. Os contactos foram inicialmente estabelecidos através das listas de *e-mails* de sindicatos, de associações científicas, de redes, de plataformas e de núcleos de trabalhadores académicos. Estes contactos foram completados com recurso a *e-mails* institucionais disponíveis livremente *online*. Recolheram-se 4362 respostas, tendo sindo excluídas todas aquelas que correspondiam a questionários não concluídos na data final de recolha (n=1415). Foram igualmente excluídas todas as respostas de trabalhadores com contratos permanentes na academia (n=153); com contratos precários fora de Portugal (n=24) e com contratos permanentes fora da academia (n=22). Finalmente, não foram consideradas respostas que não incluíam a indicação da tipologia contratual (n=13); as respostas inconsistentes (n=9) e as de trabalhadores académicos aposentados (n=2). No total, foram validadas 2726 respostas ao questionário que serão analisadas ao longo do presente texto.

Uma primeira nota recai sobre o número muito considerável de respostas válidas, 2726, ainda assim longe das 4362 respostas recolhidas. A disparidade entre estes números deve-se, em larga medida, ao elevado número de questionários não concluídos, uma situação consistente com o formato de aplicação *online* e com o tamanho considerável do instrumento de inquirição. Em menor grau, esta disparidade deve-se a uma não correspondência entre as características da população a analisar, os trabalhadores académicos precarizados, e as características de alguns respondentes (trabalhadores com vínculos permanentes, aposentados, entre outros). Estas respostas foram excluídas da análise aqui apresentada e discutida.

O instrumento de inquirição integrava maioritariamente perguntas fechadas e, pontualmente, abertas. As questões foram estruturadas em torno de oito grandes eixos, a saber: enquadramento laboral; qualificações académicas; trajectórias laborais; práticas académicas; vivências subjectivas do trabalho; vivências subjectivas da situação perante o trabalho; *burnout* profissional e aspirações laborais (*Tabela 1*). Estes eixos foram complementados por uma caracterização sociobiográfica[1]. Na *Tabela 1* podem encontrar-se as dimensões, as variáveis e as categorias mobilizadas na análise.

Tabela 1. Dimensões, variáveis e categorias de análise.

Dimensões	Variáveis	Categorias
Enquadramento laboral	Contrato de bolsa	Bolsa de doutoramento Bolsa pós-doutoral[1] Outras bolsas de investigação[2] Bolsa de gestão de ciência e tecnologia[3]
	Contrato de trabalho a termo	Investigação[4] Docência[5] Gestão e comunicação de ciência; transferência de conhecimento e tecnologia[6]
	Actividades académicas ao abrigo de vínculo pontual (recibos verdes, actos únicos, outros)	Sim. Quais? Não
	Actividades académicas sem rendimento associadas	Sim. Quais? Não
	Sindicalização	Sim Não. Porquê?
Qualificações académicas	Conclusão de licenciatura	Ano
	Conclusão de mestrado	Ano
	Conclusão de doutoramento	Ano
Trajectórias laborais	Número de anos com bolsas	Até 5 anos Mais de 5 e até 10 anos Mais de 10 anos
	Número de anos com contratos de trabalho a prazo	Até 5 anos Mais de 5 e até 10 anos Mais de 10 anos
	Data de finalização do contrato	Até 2022 2023-2024 2025-2026

[1] Apenas as questões referentes às quatro primeiras variáveis do «enquadramento laboral» são de resposta obrigatória. Todas as restantes são de resposta facultativa.

Dimensões	Variáveis	Categorias
Práticas académicas	Área de actividade científica	Ciências naturais Engenharia e tecnologia Ciências médicas e da saúde Ciências agrícolas e veterinárias Ciências sociais Humanidades e artes Outra
	Horas semanais de trabalho	Até 20 Mais de 20 e até 30 Mais de 30 e até 40 Mais de 40 e até 50 Mais de 50
	Produtos: número de artigos indexados na *Web of Science* ou na *Scopus* em 2019	Nenhum 1 a 4 5 ou mais
	Produtos: número de outros artigos não indexados na *Web of Science* ou na *Scopus* em 2019	Nenhum 1 a 4 5 ou mais
	Produtos: número de livros publicados em 2019	Nenhum 1 2 ou mais
	Produtos: número de capítulos de livros publicados em 2019	Nenhum 1 a 4 5 ou mais
	Projectos	Sim Não
Vivências subjectivas da precariedade	Incerteza no futuro	Sim Não
	Procura constante de trabalho	Sim Não
	Falta de estabilidade para desenvolver projectos pessoais	Sim Não
	Desmotivação com o trabalho	Sim Não
	Menos tempo para desenvolver actividades académicas	Sim Não
	Jornadas de trabalho mais longas	Sim Não
	Falta de participação nos órgãos de gestão e tomada de decisão	Sim Não

Dimensões	Variáveis	Categorias
Vivências subjectivas da precariedade *(cont.)*	Intenção de emigrar	Sim Não
	Pressão de superiores hierárquicos	Sim Não
	Autonomia nas actividades académicas	Sim Não
	Flexibilidade nas trajectórias laborais	Sim Não
	Sem impactos	Sim Não
	Outros impactos	Quais?
Vivências subjectivas do trabalho e da vida	Grau de satisfação com o trabalho	0 (extremamente insatisfeito) a 10 (extremamente satisfeito)
	Grau de satisfação com o vínculo laboral	0 (extremamente insatisfeito) a 10 (extremamente satisfeito)
	Grau de satisfação com a categoria profissional	0 (extremamente insatisfeito) a 10 (extremamente satisfeito)
	Grau de satisfação com o número de horas de trabalho	0 (extremamente insatisfeito) a 10 (extremamente satisfeito)
	Grau de satisfação com o horário	0 (extremamente insatisfeito) a 10 (extremamente satisfeito)
	Grau de satisfação com o salário	0 (extremamente insatisfeito) a 10 (extremamente satisfeito)
	Grau de satisfação com os benefícios sociais	0 (extremamente insatisfeito) a 10 (extremamente satisfeito)
	Grau de satisfação com a segurança no emprego	0 (extremamente insatisfeito) a 10 (extremamente satisfeito)
	Grau de satisfação com a localização do emprego	0 (extremamente insatisfeito) a 10 (extremamente satisfeito)
	Grau de satisfação com as condições de trabalho	0 (extremamente insatisfeito) a 10 (extremamente satisfeito)
	Grau de satisfação com as oportunidades de progressão	0 (extremamente insatisfeito) a 10 (extremamente satisfeito)
	Grau de satisfação com o desafio intelectual	0 (extremamente insatisfeito) a 10 (extremamente satisfeito)
	Grau de satisfação com o nível de responsabilidade	0 (extremamente insatisfeito) a 10 (extremamente satisfeito)
	Grau de satisfação com o grau de autonomia	0 (extremamente insatisfeito) a 10 (extremamente satisfeito)

Dimensões	Variáveis	Categorias
Vivências subjectivas do trabalho e da vida *(cont.)*	Grau de satisfação com o contributo para a sociedade	0 (extremamente insatisfeito) a 10 (extremamente satisfeito)
	Grau de satisfação com o estatuto social	0 (extremamente insatisfeito) a 10 (extremamente satisfeito)
	Grau de satisfação com a vida em geral	0 (extremamente insatisfeito) a 10 (extremamente satisfeito)
	Grau de felicidade global	0 (extremamente infeliz) a 10 (extremamente feliz)
Burnout	**Exaustão** 1. Sinto-me emocionalmente esgotado/a com o meu trabalho 2. Sinto-me exausto/a no final de um dia de trabalho 3. Sinto-me fatigado/a quando me levanto e penso no dia de trabalho que tenho pela frente 4. Trabalhar o dia todo é realmente motivo de tensão 5. Sinto-me acabado/a por causa do meu trabalho 6. Só desejo fazer o meu trabalho e não ser incomodado/a	Nunca Quase nunca Algumas vezes Regularmente Bastantes vezes Quase sempre Sempre
	Cepticismo 1. Sou menos interessado/a no meu trabalho desde que assumi a minha actual função 2. Sou menos entusiasmado/a com o meu trabalho desde que assumi a minha actual função 3. Sou mais descrente da contribuição do meu trabalho para algo desde que assumi a minha actual função 4. Duvido da importância do meu trabalho	Nunca Quase nunca Algumas vezes Regularmente Bastantes vezes Quase sempre Sempre
	Realização profissional 1. Sinto-me entusiasmado/a quando concretizo algo no meu trabalho 2. Tenho concretizado muitas coisas com valor no meu trabalho 3. Posso efectivamente solucionar problemas que surgem no meu trabalho 4. Sinto que dou um contributo efectivo para a minha organização 5. Na minha opinião, sou bom/boa no que faço 6. No meu trabalho, sinto-me confiante de que sou eficiente e capaz de fazer com que as coisas aconteçam	Nunca Quase nunca Algumas vezes Regularmente Bastantes vezes Quase sempre Sempre

Dimensões	Variáveis	Categorias
Aspirações laborais	Procura de emprego	Sim. Porquê? Não
	Actividades que gostaria de desenvolver	Investigação na academia Docência Investigação ou docência na academia Investigação fora da academia Outras Não está decidido
Enquadramento social	Sexo	Homem Mulher Outro
	Idade	Anos
	Número de filhos	Não tem 1 2 3 ou mais
	Número de dependentes	Não tem 1 2 3 ou mais
	Rendimento líquido mensal	Euros
	Alojamento	Proprietário, alojamento pago Proprietário, alojamento a ser pago Alojamento cedido gratuitamente, arrendatário ou subarrendatário Outros
	Gestão das despesas	Com grande facilidade Com facilidade Com alguma facilidade Com alguma dificuldade Com dificuldade Com grande dificuldade

Nota: 1. Entre as bolsas doutorais encontram-se as bolsas de pós-doutoramento e as bolsas de cientista convidado. 2. Outras bolsas de investigação incluem bolsas de investigação para licenciados, bolsas de investigação para mestres e bolsas de iniciação científica. 3. As bolsas de gestão de ciência e tecnologia incluem as bolsas para os detentores de todos os graus de ensino superior. 4. Os contratos de investigação incluem os contratos celebrados ao abrigo da TRU 33 (investigador dito «júnior» ou equiparado) e os contratos de investigador auxiliar, de investigador principal e de investigador coordenador. 5. Os contratos de docência incluem todos contratos de docentes convidados nas seguintes categorias: auxiliar; associado; catedrático; assistentes; adjunto; coordenador e leitores. 6. Os contratos para exercício de funções de gestão e de comunicação de ciência ou de transferência de conhecimento e tecnologia incluem contratos realizados ao abrigo da Norma Transitória ou das carreiras técnicas.

A análise destas variáveis recorreu a um conjunto alargado de procedimentos estatísticos realizados com o programa IBM SPSS Statistics, versão 26[2].

O questionário integrava ainda uma pergunta aberta que possibilitava que os inquiridos discorressem livremente sobre qualquer tema tratado no questionário ou outro. As respostas a esta questão possibilitaram aceder às formas como os académicos se pensam e se projectam de um ponto de vista laboral, tendo por referência as suas circunstâncias sociais. Foram recolhidas 1328 respostas[3], tendo a sua codificação partido do quadro teórico apresentado, dos objectivos da investigação e das interpretações dos académicos precarizados relativas às dimensões em análise, a saber: o enquadramento laboral; as qualificações académicas; as trajectórias laborais; as práticas académicas; as vivências subjectivas do trabalho; as vivências subjectivas da situação perante o trabalho; o *burnout* profissional e as aspirações laborais. Num segundo momento, procedeu-se à análise de categorias que, tendo emergido nos discursos dos inquiridos, não foram inicialmente equacionadas. As transcrições que estão incluídas no presente texto recorrem à utilização de pseudónimos para facilitar a leitura das mesmas. Sempre que se julgou ser necessário, eliminaram-se quaisquer dados relativos às instituições de pertença dos inquiridos, idade ou outros por forma a garantir o anonimato dos inquiridos.

---

[2] No caso de variáveis contínuas, recorreu-se ao teste t à igualdade de médias para avaliar diferenças estatisticamente significativas entre dois grupos. No caso de variáveis ordinais, recorreu-se ao teste Mann-Whitney para avaliar diferenças médias entre dois grupos e ao teste Kruskal-Wallis para aferir diferenças estatisticamente significativas entre mais de dois grupos. No caso de variáveis categoriais, recorreu-se ao teste do qui-quadrado para testar associações estatisticamente significativas entre grupos, procedendo-se ainda à análise dos resíduos estandardizados e ajustados para verificar que categorias contribuem para as associações encontradas.

A análise do *burnout* profissional parte de 16 questões que avaliam as seguintes dimensões de *burnout* profissional: exaustão emocional; cepticismo e realização profissional (Maslach & Leiter, 1997). A presença destas três dimensões foi confirmada em cada categoria de académicos através da realização de uma análise factorial de componentes principais.

[3] Estas respostas não incluem 11 respostas adicionais em que os inquiridos agradeciam a realização do questionário ou realizavam comentários ao instrumento de recolha. Estes comentários, que se agradecem, sendo relevantes para o delinear de futuros projectos, não serão aqui objecto de análise. Foram consideradas todas as respostas que, para além de incluir um agradecimento ou comentários ao questionário, incidiam sobre o tema a ser explorado no presente trabalho.

4.1. Quem são os trabalhadores académicos precarizados em Portugal

Este trabalho debruça-se sobre trabalhadores académicos que desenvolvem as suas actividades sem vínculo laboral estável ou que, apesar de não apresentarem no momento da inquirição quaisquer rendimentos, continuam a desenvolver actividades na academia, encontrando-se associados a unidades de investigação. Entre os inquiridos, encontram-se maioritariamente trabalhadores académicos que desenvolvem as suas actividades ao abrigo de contratos de trabalho a termo certo (n=1354), desempenhando actividades de investigação científica; de docência; de gestão de ciência; ou de transferência de tecnologia e de comunicação de ciência. Um segundo grupo é composto por trabalhadores contratados ao abrigo do regime de bolsas (n=1099), tanto bolsas de investigação, como de gestão de ciência e tecnologia, abrangendo todas os níveis de qualificações académicas. Com menores frequências encontram-se 102 indivíduos que desenvolvem as suas actividades laborais através de vínculos pontuais de prestação de serviços (recibos verdes; actos únicos ou outros) e 171 que realizam actividades académicas sem qualquer rendimento associado a esse trabalho (*Figura 6, Painel A*). Entre estes últimos, 91% não tem acesso ao subsídio de desemprego[4], uma situação que decorre da grande fragilidade laboral em que a generalidade se encontrou ao longo das suas trajectórias. Todas as áreas científicas encontram-se representadas (*Figura 6, Painel B*).

[4] As categorias mobilizadas nesta análise são excludentes. No caso de os inquiridos apresentarem mais do que um tipo de vínculo, a categorização é realizada a partir do vínculo a tempo inteiro (contratos de bolsa e contratos de trabalho). Assim, no caso da presente análise, os trabalhadores com bolsa (ou com contrato de trabalho a prazo) que realizaram actividades académicas remuneradas ao abrigo de vínculos pontuais, foram categorizados como apresentando um contrato de bolsa (ou um contrato de trabalho). O mesmo se passa em relação aos contratados com bolsa que desenvolveram actividades académicas ao abrigo de contratos de trabalho a tempo parcial, sendo neste caso a situação mais comum o desenvolvimento de actividades docentes até cerca de 25% de carga lectiva (que genericamente corresponde ao número de horas lectivas permitas por lei, a saber, a quatro horas semanais de serviço lectivo, não excedendo, em média, as três horas semanais). Na categoria «trabalhadores sem rendimentos associados» incluem-se apenas os que no período analisado não apresentaram contrato de bolsa, contrato de trabalho e que também não apresentaram qualquer vínculo pontual decorrente das actividades académicas que continuam a desenvolver.

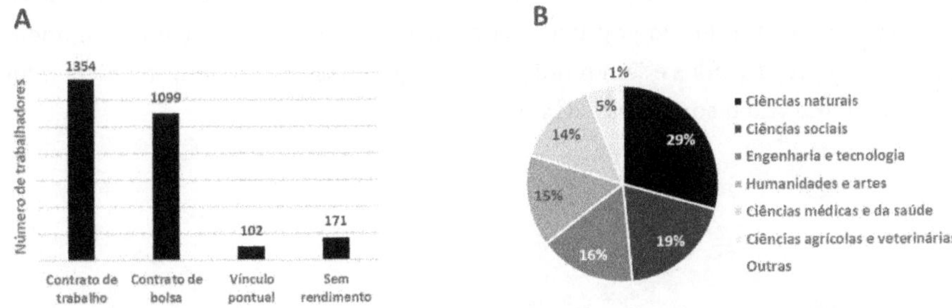

Figura 6. Trabalhadores académicos precarizados. Vínculos laborais (A) e áreas científicas (B).

No seu conjunto, o trabalho académico desenvolvido precariamente revela uma elevada taxa de feminização: 64% dos inquiridos são mulheres por comparação a 49% de mulheres empregadas na população activa em 2019 (*Figura 7, Painel A*). Adicionalmente, os inquiridos têm uma idade média de 38 anos, oscilando entre os 21 e os 68 anos de idade, o que sugere, desde logo, que a situação de precariedade se prolonga, ou se pode prolongar, ao longo de toda a vida activa dos inquiridos (*Figura 7, Painel B*). Finalmente, 49% de todos os inquiridos têm dependentes a seu cargo e 46% têm filhos (*Figura 7, Painel C*).

O número médio de filhos por mulher entre os 15 e os 49 anos de idade (isto é, o índice sintético de fecundidade, ISF) apresenta um valor de 0,70, o que equivale a menos de metade do valor encontrado na globalidade da população em Portugal (1,42 em 2019)[5]. Em termos genéricos, a presença de um valor do ISF inferior ao da globalidade da população em Portugal tem correspondência com os valores de ISF de mulheres com formação superior em Portugal e em muitos outros países. Este padrão resultará de um conjunto alargado de motivos entre os quais se encontrarão a falta de estabilidade laboral, motivos financeiros ou dificuldades de conjugação entre a vida académica e a vida privada (Esping-Andersen, 2009; Valente Rosa, 2021). Nestas condições, a parentalidade será adiada para idades mais avançadas, o que terá repercussões num menor número médio de filhos por mulher em idade fértil, uma tendência presente entre pessoas com níveis de escolaridade elevados (Brazão Freitas, Maciel, & Mendes, 2021; Cunha, 2016).

[5] Dados acedidos a partir da Pordata, Estatísticas sobre Portugal e Europa, disponíveis em https://www.pordata.pt/Portugal/Indicadores+de+fecundidade+%C3%8Dndice+sint%C3%A9tico+de+fecundidade+e+taxa+bruta+de+reprodu%C3%A7%C3%A3o-416 e consultados a 1 de Agosto de 2022. Fonte: Instituto Nacional de Estatística.

No seu conjunto, esta caracterização revela um agravamento de características presentes em outras franjas da população com elevadas qualificações e que a imagem dos académicos precarizados e sem rendimentos enquanto *eternos jovens*, sem dependentes, não tem aderência à concretude das suas vidas.

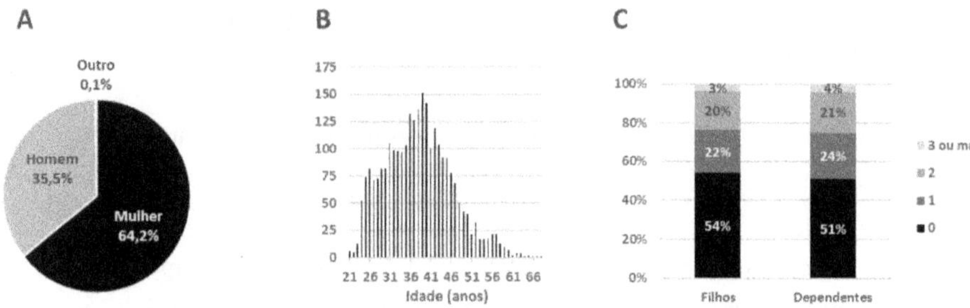

Figura 7. Perfil sociobiográfico de académicos precarizados.

No que diz respeito aos rendimentos do trabalho, verifica-se que os longos percursos académicos destes profissionais, para além de não se traduzirem numa estabilização dos seus vínculos laborais, também não conduzem a valorizações consideráveis dos seus rendimentos líquidos mensais provenientes do trabalho. O rendimento líquido mensal médio entre os académicos contratados a prazo é de 1565 euros[6]. É de notar que se estes rendimentos médios são superiores à média do rendimento líquido mensal em Portugal, que se situava nos 912 euros em 2019, e cerca de duas vezes o salário mínimo nacional no mesmo ano, 600 euros[7], também se pode afirmar que os ganhos salariais por ano de formação pós-graduada são limitados[8].

Esta situação alcança contornos mais gravosos no caso dos trabalhadores com bolsa, já que os seus rendimentos médios mensais são inferiores aos dos colegas com contratos

[6] O rendimento líquido mensal equivale a 1651 Euros entre investigadores contratados a prazo, entre docentes convidados é de 1238 Euros, entre leitores é de 1345 Euros e entre os trabalhadores com funções técnicas é de 1262 Euros.

[7] Dados acedidos a partir da Pordata, Estatísticas sobre Portugal e Europa, disponíveis em https://www.pordata.pt/Portugal/Sal%c3%a1rio+m%c3%adnimo+nacional-74 e consultados a 1 de Agosto de 2022. Fonte: Direcção-Geral do Emprego e das Relações de Trabalho, Ministério do Trabalho, Solidariedade e Segurança Social.

[8] Centrando-nos, por exemplo, nos rendimentos do trabalho de investigadores contratados, 1651 Euros, que são todos doutorados.

de trabalho a prazo, situando-se nos 1163 euros[9]. Acresce que estes trabalhadores não têm acesso nem à generalidade dos apoios sociais (como o subsídio de férias ou o subsídio de Natal, por exemplo), nem aos mecanismos de protecção social acessíveis à generalidade dos trabalhadores. Entre estes, destaca-se a privação do acesso ao subsídio de desemprego e a falta de acesso efectivo a uma segurança social proporcional aos seus rendimentos. Uma vez que estas pessoas podem permanecer em situação precária ao longo de períodos muito consideráveis das suas vidas, ou mesmo em toda a extensão da sua vida laboral, a falta de acesso a estes mecanismos representa uma enorme pressão sobre elas, já que, e entre outros exemplos possíveis, uma vez finalizada a bolsa, os seus rendimentos do trabalho são inexistentes e, uma vez finalizada a sua vida laboral, as suas reformas serão afectadas pelos descontos diminutos que realizaram ao longo das suas vidas de trabalho.

No que ao alojamento diz respeito, estes trabalhadores são na sua maioria (sub) arrendatários (39%) ou proprietários a pagar o seu alojamento através de empréstimos (34%). Destacam-se ainda os que são proprietários com alojamento pago (17%) e as pessoas a residir em alojamento cedido gratuitamente (9%) (*Figura 8, Painel A*). Finalmente, a relação que estes trabalhadores têm com a gestão das suas despesas correntes revela uma imagem bipartida, com pouco mais de metade dos inquiridos a indicar ter dificuldade em gerir as suas despesas (52%) e outra metade a indicar ter facilidade (48%) (*Figura 8, Painel B*). Mais se verifica que a percepção da gestão das despesas destes trabalhadores não é independente nem do salário que auferem[10], com os trabalhadores com salários mais elevados a ter, como seria de esperar, uma maior facilidade de gestão de despesas; nem do tipo de vínculo apresentado pelos académicos[11]. No que a esta última relação diz respeito, existe uma maior probabilidade de se ter dificuldade com a gestão das despesas e não se ter rendimentos sendo-se trabalhador com vínculo pontual ou investigador ou gestor de ciência e tecnologia com bolsa[12]. No extremo oposto, encontram-se os investigadores com contrato de trabalho, que apresentam uma maior probabilidade de ter facilidade na gestão das suas despesas[13]. Esta análise acrescenta à expectável relação entre os rendimentos dos académicos e a gestão das suas despesas uma associação entre

---

[9] 1162 Euros e 1167 Euros, entre investigadores com bolsa e trabalhadores com funções técnicas com bolsa, respectivamente.

[10] Teste t à igualdade de médias: $t_{(2616)}=118{,}280$; $p<0{,}001$.

[11] Teste do qui-quadrado: $\chi^2_{(7)}=179{,}456$; $p<0{,}001$.

[12] Resíduos estandardizados ajustados equivalentes a 8,4; 4,1; 3,5 e 2,2; respectivamente, para um intervalo de confiança de 95%: $|Z|>1{,}96$.

[13] Resíduos estandardizados ajustados= 11,4; intervalo de confiança de 95%: $|Z|>1{,}96$.

a fragilidade contratual e a referida gestão de despesas, com os trabalhadores com vínculos mais frágeis a revelarem mais dificuldades e os trabalhadores com vínculos que, apesar de precários, são menos frágeis a revelarem maiores facilidades neste quesito.

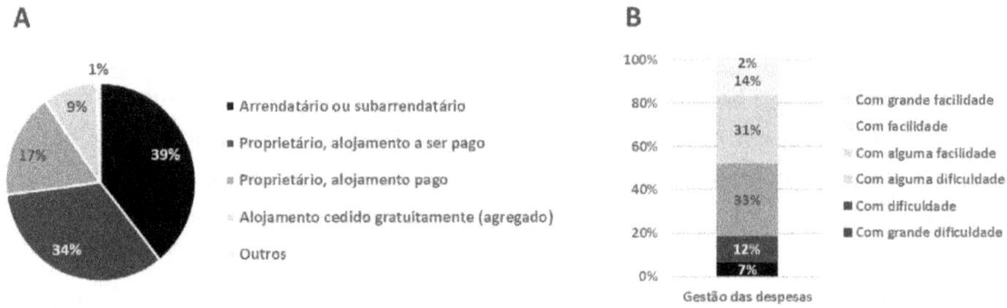

Figura 8. Alojamento e gestão de despesas.

Uma vez estabelecidos os contornos gerais da população de académicos precarizados a trabalhar em Portugal, desenhar-se-ão, na próxima subsecção do presente capítulo, breves retratos de cada um dos grupos de académicos sobre os quais incidirá a reflexão a ser desenvolvida nos próximos capítulos.

4.2. Retratos da precariedade na academia em Portugal

Os académicos precarizados desenvolvem um conjunto alargado de actividades que incluem a investigação científica, a docência, a gestão de ciência, a transferência de tecnologia e a comunicação de ciência. As suas relações laborais são diversificadas, apresentando contratos de trabalho a prazo nos casos mais vantajosos. Entre os académicos precarizados encontramos ainda os que trabalham ao abrigo de vínculos de bolsa, ao abrigo de vínculos pontuais e os que continuam a trabalhar sem qualquer rendimento. Cada um destes segmentos da população de académicos será caracterizado ao longo desta secção do texto.

Investigadores com contratos de trabalho a prazo e com contratos de bolsa

Entre as diferentes categorias de académicos precarizados caracterizados no presente estudo, os investigadores contratados a prazo (n=1053) serão entre todos os inquiridos os que apresentam a situação perante o trabalho mais favorável. Esta situação decorre de estes investigadores terem acesso a um contrato de trabalho (e não a uma bolsa ou a um vínculo pontual), com acesso ao conjunto de direitos associados, e de esse contrato apresentar limites temporais, na maioria dos casos, superiores (seis anos, no máximo) aos dos contratos de trabalho dos restantes académicos, como é o caso dos docentes convidados, que geralmente têm contratos semestrais ou anuais.

Uma primeira caracterização dos investigadores contratados a prazo revela que todas as áreas científicas se encontram representadas e que a distribuição por categorias de investigador (investigador júnior ou equiparado, n=716; investigador auxiliar, n=219; investigador principal, n=66 e investigador coordenador, n=2), replica, em linhas gerais, a distribuição por categorias de investigadores plasmada nos dados expressos no Observatório do Emprego Científico e Docente[14]. Sublinha-se que a categoria mais amplamente representada, investigador júnior ou equiparado, regulada pelo Decreto-Lei n.º 57/2016, não tem correspondência no estatuto da carreira de investigação e que a sua introdução através da referida legislação estabeleceu, pela primeira vez, uma divergência entre as categorias de investigadores e as de docentes do ensino superior universitário. Esta divergência corresponde não só a uma desvalorização salarial (a saber, TRU 33 *versus* TRU 54), mas também a uma desvalorização de estatuto, já que a simples nomeação dos investigadores enquanto «júnior» é, em si mesma, infantilizadora dos investigadores desta categoria que, após um percurso de licenciatura, mestrado, doutoramento e de pós-doutoramento(s), continuam entre os «novatos» das suas instituições.

Numa situação mais difícil em termos de segurança laboral, encontram-se os investigadores com bolsa, contratados através daquele que foi o regime preferencial de contratação de trabalhadores científicos com diferentes qualificações académicas desde a publicação do Estatuto do Bolseiro de Investigação (Decreto-Lei n.º 437/89). A preferência por este regime de contratação radicaria, em parte, nos menores custos que estas contratações comportam, bastando para isso lembrar que os investigadores com bolsa apenas têm direito a 12 meses de «subsídio de manutenção mensal», que estes investigadores se

[14] No presente inquérito, 68,0% dos investigadores estão com um contrato na categoria investigador júnior ou equiparado; 20,8% com contratos de investigador auxiliar; 6,3% com contratos de investigador principal e 0,2% com contratos de investigador coordenador. De acordo com o Observatório para o Emprego Científico e Docente, 70,0% dos investigadores encontram-se incluídos na categoria investigador júnior; 22,0% na categoria investigador auxiliar; 5,4% na categoria investigador principal e 1,1% na categoria investigador coordenador. Os dados do Observatório estão disponíveis em https://empregocientificoedocente.dgeec.mec.pt/ e incluem ainda a categoria de investigador especialista (1,7%). Dados acedidos a 2 de Junho de 2022. Uma vez que são detectáveis incoerências pontuais nos dados do Observatório do Emprego Científico e Docente, os valores apresentados deverão ser interpretados como indicativos de padrões globais.

encontram na generalidade dos casos enquadrados no regime de seguro social voluntário, não descontando para o regime geral de segurança social e que não nem têm acesso ao subsídio de desemprego. Outros factores importantes para a preferência das instituições por este regime radicariam, por um lado, na facilidade de iniciação e de término dos contratos de bolsa e, por outro, no facto destes contratos serem muitas vezes financiados pela FCT, tanto ao abrigo de concursos públicos individuais como de concursos públicos no âmbito de Projectos de Investigação, no âmbito do financiamento das Unidades de Investigação, entre outros. Este regime permite que as instituições de ensino superior e de ciência acolham investigadores que na generalidade dos casos não financiam e sobre os quais têm obrigações contratuais muito limitadas (Araújo & Sousa, 2008).

Ao longo das últimas décadas, este estatuto sofreu um conjunto de alterações que foram sucessivamente alargando a sua aplicação aos vários graus de qualificações académicas (desde as bolsas de iniciação à investigação, direccionadas a indivíduos que não têm a licenciatura completa, às de pós-doutoramento) e a funções que extravasam a investigação científica em sentido estrito, como é o caso das actividades de gestão de ciência, de transferência de tecnologia e de comunicação de ciência. Mais recentemente (Decreto-Lei n.º 123/2019), foi instituído um conjunto de regras que pretendiam restringir a utilização destas bolsas a actividades de investigação associadas à obtenção de graus académicos[15]. No entanto, se no que diz respeito ao desenvolvimento de funções tanto de gestão e comunicação de ciência como de transferência de tecnologia, parece existir espaço para encontrar um consenso relativo à não utilização, a prazo, de bolsas para a contratação dos profissionais que desenvolvem estas funções, no que concerne às actividades de investigação, as instituições do sistema científico e tecnológico apressaram-se a criar novos ciclos de estudo de pós-doutoramento e novas formações académicas por forma a possibilitar a manutenção da utilização do regime de bolsas de um modo relativamente alargado[16].

---

[15] Tal como dito anteriormente, ao longo do tempo, os contratos de bolsa acabaram por ser utilizados para um conjunto de funções entre as quais as de gestão de ciência e de tecnologia, funções técnicas e outras dificilmente enquadráveis em actividades científicas ou de extensão científica. Esta última alteração legislativa impossibilita a contratação destes profissionais ao abrigo do Estatuto do Bolseiro de Investigação. Do mesmo modo, o Decreto-Lei n.º 123/2019 também impossibilita a integração de investigadores em projectos sem obtenção de grau académico e limita as bolsas de pós-doutoramento aos três primeiros anos após o doutoramento.

[16] A título de exemplo, poderão consultar-se as páginas de candidaturas aos estudos e pesquisas de pós-doutoramento disponíveis na página da Universidade da Beira Interior, acessível em https://www.ubi.pt/Pagina/pos_doc e consultada a 1 de Agosto de 2022; ou a página de candidatura a cursos de pós-doutoramento da Faculdade de Direito da Universidade de Lisboa, acessível em https://www.fd.ulisboa.pt/cursos/pos-doutoramentos/ e consultada a 1 de Agosto de 2022.

A continuidade do recurso a bolsas de investigação para todos os estágios de desenvolvimento das trajectórias académicas, claramente documentada nos dados actualmente publicados pelo Observatório do Emprego Científico e Docente[17], também é revelada pelas frequências de investigadores com bolsas em cada um dos grupos analisados no presente inquérito: investigadores com bolsas para doutorados (englobando bolsas de pós-doutoramento e de cientista convidado, n=275), investigadores com bolsas de doutoramento (n=425) e investigadores com outras bolsas (n=325[18]).

Cabe uma nota para sublinhar que, neste trabalho, os investigadores com bolsa de doutoramento serão considerados trabalhadores académicos, já que *trabalho* é entendido como uma actividade produtiva, independente da posse de uma determinada qualificação académica. Nesse sentido, entende-se que se os produtos das actividades académicas dos investigadores em doutoramento (por exemplo, os artigos, os projectos ou a participação em redes) são contabilizados para o trabalho desenvolvido pelas suas unidades de investigação e pelas correspondentes instituições de ensino superior e de ciência, então os investigadores a realizar o doutoramento têm de ser considerados trabalhadores. O argumento, muitas vezes mobilizado, de que estes investigadores se encontram num período de formação, sendo correcto, é extensível a todos os trabalhadores académicos, logo não permite distinguir esta categoria das restantes. Em todo o caso, os resultados para cada uma das categorias de investigadores com bolsa serão apresentados discriminadamente, o que permite distinguir muito facilmente cada categoria analisada.

Docentes com contratos a prazo

Um outro pilar das actividades do sector do ensino superior e de ciência são as actividades de ensino. Com se verificou anteriormente, tanto o subsector do ensino superior universitário como subsector do ensino superior politécnico apresentaram, nas últimas décadas, um crescimento do número de docentes convidados que correspondem a docentes com

[17] Referir, a título de exemplo, que de acordo com este Observatório teriam sido atribuídas 618 bolsas a investigadores doutorados após o início do programa de estímulo ao emprego científico. Resultados acessíveis em https://empregocientificoedocente.dgeec.mec.pt/ e consultados a 8 de Junho de 2022. Uma vez que são detectáveis incoerências pontuais nos dados do Observatório do Emprego Científico e Docente, os valores apresentados deverão ser interpretados como indicativos de padrões globais.

[18] A categoria «Outras bolsas de investigação» inclui bolsas de investigação para licenciados e mestres, n=308; bolsas de iniciação à investigação científica, n=3; e bolsas de técnicos de investigação, n=14. É de notar ainda que, entre os 325 investigadores com outras bolsas, temos 294 com mestrado concluído (90%) e 68 com o doutoramento concluído (21%). Estes resultados revelam uma considerável ausência de reconhecimento das qualificações académicas também no sector que atribui essas mesmas qualificações.

contratos a prazo. Estas contratações, estando inscritas na lei tendo por fito a contratação de especialistas que desenvolvem as suas actividades laborais principais em outros sectores de actividade, e sendo essenciais para suprir necessidades temporárias das instituições, são dificilmente justificáveis no caso de docentes convidados cujas actividades laborais decorrem exclusivamente no sector do ensino superior e da ciência e que, ano após ano, são contratados para a realização dos mesmos exercícios. É precisamente sobre estes docentes precarizados (n=231, que correspondem a 121 docentes do sector do ensino superior universitário e 110 do ensino superior politécnico[19]), sem funções permanentes em outros sectores de actividade e sem outro tipo de vínculo neste[20], que incide o presente estudo. Entre os docentes do ensino superior, cerca de um terço trabalha em Ciências Sociais e outro terço em Artes e Humanidades, revelando uma sobre-representação destas áreas científicas entre os inquiridos pertencentes a estas categorias de académicos precarizados.

Ainda ao nível das actividades de ensino realizadas por profissionais precarizados, o questionário foi respondido por 37 leitores, profissionais que têm por função o ensino de línguas vivas no ensino superior. Até à publicação do Decreto-Lei n.º 122/2019, que permitiu a contratação permanente enquanto professores auxiliares de uma parte destes profissionais que cumpria um conjunto de requisitos, entre os quais a conclusão do doutoramento, o recrutamento destes docentes realizava-se por convite, maioritariamente convites realizados a falantes nativos do idioma a ser leccionado. Apesar deste novo regime legal, os inquéritos recolhidos indicam, desde logo, que uma parte considerável destes académicos permanece por ser integrada na carreira docente.

Profissionais de gestão de ciência, de transferência de tecnologia e de comunicação de ciência com contratos a prazo ou com contratos de bolsa

O terceiro grupo de actividades cobertas pelo presente estudo são as actividades de gestão de ciência, de transferência de tecnologia e de comunicação de ciência. Estas actividades são desenvolvidas por um conjunto de profissionais altamente qualificados, que trabalha ao abrigo de contratos de trabalho a termo (n=33), e entre os quais se encontram alguns trabalhadores doutorados ao abrigo da Norma Transitória do Decreto-Lei n.º 57/2016 e da Lei n.º 57/2017. Estas actividades também são desenvolvidas por outros profissionais que

---

[19] Ao nível do ensino superior universitário, encontramos 20 assistentes, 99 professores auxiliar e dois professores associados entre os inquiridos. Já ao nível do ensino superior politécnico, 34 assistentes, 75 professores adjuntos e um professor coordenador responderam ao questionário de que parte o presente texto.

[20] Deste grupo foram excluídos os docentes convidados que indicaram ter concomitantemente um contrato de bolsa (14 respostas no total).

trabalham com vínculos de bolsa de gestão de ciência e tecnologia (n=88). Mais recentemente, este último grupo terá vindo a diminuir a sua prevalência no conjunto dos profissionais da gestão de ciência e funções similares, fruto de alterações ao Estatuto do Bolseiro de Investigação que, tal como anteriormente referido, deixou de prever a atribuição de novas bolsas de gestão de ciência e tecnologia (Decreto-Lei n.º 123/2019).

Vínculos pontuais de trabalho: docentes, investigadores e consultores científicos

Contudo, para além das actividades cobertas por contratos a prazo e por contratos de bolsa, o ensino superior e a ciência, tal como muitos outros sectores de actividade económica, apresenta ainda um conjunto de profissionais que desenvolve as mais diversas actividades ao abrigo de recibos verdes, actos únicos e outras formas de pagamento. Estes trabalhadores distribuem-se por todas as áreas científicas com maior prevalência nas ciências sociais (33%). Entre as actividades que desenvolvem, encontram-se as de investigação (38%), as de consultoria científica (26%) e as docência (25%). Para efeitos da presente análise, só foram considerados trabalhadores que não acumulavam os vínculos pontuais com contratos de trabalho ou com contratos de bolsa neste sector[21].

Trabalhadores sem rendimentos do trabalho académico: docentes, investigadores e consultores científicos

O último grupo que será caracterizado é composto académicos que, estando inseridos no contexto de unidades de investigação de instituições de ensino superior e de ciência e desenvolvendo um conjunto alargado de actividades, não auferiram de quaisquer rendimentos pelo trabalho académico que realizaram ao longo de 2019 (n=171). Neste grupo não são incluídos académicos que, apesar de desenvolverem actividades laborais pelas quais não são remunerados, são detentores ou de contratos de trabalho na academia ou de contratos de bolsa ou ainda aqueles que apresentaram vínculos pontuais na academia durante 2019[22]. Uma nota, contudo, apenas para referir que o grupo de académicos

[21] Cabe referir, no entanto, que entre os inquiridos do presente estudo se encontram 32 trabalhadores com contratos de bolsa e 58 com contratos de trabalho a prazo no sector do ensino superior e da ciência e que acumulam as suas actividades principais com actividades extraordinárias desenvolvidas na academia ao abrigo de vínculos pontuais. As actividades desenvolvidas eram, na maioria dos casos, actividades docentes.

[22] Entre os 748 inquiridos que indicam desenvolver actividades académicas ou científicas que não são remuneradas, 106 têm contrato de bolsa, 399 contrato de trabalho, 72 desenvolvem actividades reconhecidas através de vínculos pontuais. 171 desenvolvem actividades académicas sem qualquer rendimento associado. Isto significa que uma grande fatia das actividades não remuneradas é desenvolvida por

que reconhece desenvolver actividades não remuneradas nas suas instituições apesar de ter vínculos pagos com essas mesmas instituições é bastante mais extenso, incluindo um total de 577 respondentes ao presente inquérito. Entre estes, destaca-se, por grande margem, o desenvolvimento de actividades docentes a título gracioso (n=483, 84%). Neste ponto, será importante recordar que, se a articulação entre actividades de ensino e de investigação é salutar, o Decreto-Lei n.º 57/2016, que legisla o recrutamento da generalidade dos investigadores precarizados em Portugal, indica no ponto 1 do 2º Artigo que o

> regime aprovado pelo presente decreto-lei aplica-se à contratação a termo resolutivo de doutorados para o exercício de actividades de investigação científica, de desenvolvimento tecnológico, de gestão e de comunicação de ciência e tecnologia em instituições do SCTN, tendo em vista o desenvolvimento estratégico das mesmas e o reforço do investimento em ciência e tecnologia.

Sendo que não se incluem aqui as actividades docentes. No ponto 1 do Artigo 7º do mesmo Decreto-Lei define-se que «O exercício de funções em instituições públicas pelos doutorados é efectuado, em regra, em regime de dedicação exclusiva, podendo, por opção do doutorado, realizar-se em regime de tempo integral.» No seu ponto 4, alínea e), clarifica-se que

> Não prejudica o exercício de funções em regime de dedicação exclusiva a perceção de remunerações decorrentes de: (...) Atividades de docência em instituições do ensino superior, com a concordância do próprio, a autorização prévia da instituição contratante e, se aplicável da unidade de investigação de acolhimento, e sem prejuízo do contrato, desde que não excedam um máximo de quatro horas por semana e um valor médio anual de três horas semanais por semestre, não podendo ainda abranger a responsabilidade exclusiva por cursos ou unidades curriculares.

No seu conjunto, estes artigos indicam que as funções lectivas não estão inscritas nas dos contratados ao abrigo deste quadro legal, mas que essas funções podem

---

trabalhadores que desenvolvem outras actividades académicas ou científicas, mas que não incluem as aqui referenciadas. Encontramos assim a docência como uma grande fatia de actividades não remuneradas (62% dos casos), seguindo-se as actividades de investigação (28%) e as de consultoria científica (7%). A sublinhar é também a transversalidade do trabalho não remunerado a todas as áreas científicas. Finalmente, os motivos que estes trabalhadores elencam para o desenvolvimento destas actividades passam de forma particularmente expressiva por tentativas de «Melhorar o CV» (55,9%), por um «Convite para leccionar sem pagamento associado» (49,6%) ou por aguardarem a «Abertura de concursos» (19,4%).

ser realizadas remuneradamente uma vez cumpridos os requisitos acima enunciados. Os articulados que podem encontrar-se tanto no Estatuto do Bolseiro de Investigação (Artigo 1º e Artigo 5º, ponto 2 e ponto 2, alínea h)) como no Estatuto da Carreira de Investigação Científica (Artigo 2º, Artigo 52ª, ponto 2 e ponto 2, alínea k)) são muito similares ao acima transcrito. Apesar da clareza legislativa, os números acima apresentados indicam que um conjunto muito alargado de académicos desenvolve trabalho lectivo *pro bono* para além das actividades adscritas ao seu vínculo laboral precário. Do ponto de vista dos investigadores, esta situação poderá decorrer de um gosto destes profissionais pelas actividades lectivas ou de uma esperança de que o exercício dessas actividades a título gracioso possa facilitar futuramente o acesso à carreira docente do ensino superior, motivações essas que se sobrepõem à inexistência de rendimentos pelo trabalho realizado. Tal como se verificará através dos testemunhos recolhidos, o desenvolvimento destas actividades também poderá ser decorrente de formas mais ou menos subtis de pressão por parte de superiores hierárquicos.

O panorama é um pouco diverso entre os 171 respondentes sem quaisquer rendimentos do trabalho que desenvolvem em todas as áreas científicas. Entre estes prevalece o desenvolvimento de actividades de investigação (89%), seguindo-se actividades docentes (25%) e de consultoria científica (20%). Estes resultados apontam para que a docência não remunerada seja principalmente desenvolvida por trabalhadores que, tendo outros vínculos às suas instituições, leccionam a título gracioso. Por outro lado, é relativamente comum encontrar investigadores que trabalham sem qualquer rendimento do trabalho que desenvolvem.

Igualmente revelador dos impactos das vinculações precárias dos trabalhadores deste sector é verificar que, entre os 171 trabalhadores sem rendimentos e que continuaram a desenvolver actividades académicas, 91% não tem acesso ao subsídio de desemprego. Quando inquiridos relativamente às suas razões para desenvolverem actividades não remuneradas sobressai uma necessidade sentida de melhorar os seus *curricula* (45%) ou situações em que os inquiridos se encontram a aguardar pela abertura de concursos (41%) ou a pela publicação de resultados de concursos (25%). A todos estes motivos subjaz uma esperança de manutenção na academia. Essa esperança é acompanhada, nos seus discursos, por uma naturalização da sua situação laboral, o que num quadro geral do trabalho em todos os sectores de actividades económicas aparenta ser pouco comum:

> *Estou há um mês sem bolsa, apesar de continuar a desenvolver trabalho para o projecto com que colaborei, com outros colegas e com vista a aproveitar este tempo para publicar.* (Íris, 36 anos, sem rendimentos do trabalho académico)

> *Não estava nesta instituição quando o meu contrato terminou, estava noutra. A actual instituição/grupo acolheu-me de muito boa vontade e estou grata por me darem a possibilidade de continuar a desenvolver investigação lá, mesmo sem contrato, pois assim posso continuar a publicar e a melhorar o meu CV, para ter mais chances em futuros concursos. Não sou obrigada a fazer nada lá, só vou quando quero e quando preciso. Só não tenho contrato nem salário presentemente.* (Manuela, 48 anos, sem rendimentos do trabalho académico)

Uma vez estabelecidos os contornos dos tipos vínculos dos inquiridos e das actividades desenvolvidas, procede-se agora a uma análise dos perfis sociobiográficos dos diferentes grupos. A um primeiro nível, esta análise revela que a elevada feminização do trabalho precário na academia é ainda mais acentuada entre os trabalhadores com bolsa ou, no caso dos investigadores contratados a prazo, apresenta maior incidência na categoria mais baixa (investigador júnior ou equiparado). Mais especificamente, é interessante notar que se encontra uma sobre-representação das mulheres na categoria «investigador júnior ou equiparado»[23] e que as mulheres se encontram sub-representadas nas categorias «investigador auxiliar» e «investigador principal»[24]. Num grupo que, como um todo, é composto maioritariamente por mulheres, estas diferenças são reveladoras de desigualdades de género no acesso às categorias com estatuto e salário superiores. Vale a pena referir ainda que é entre as actividades de gestão de ciência, de transferência de tecnologia e de comunicação de ciência, muitas vezes descritas como actividades de apoio à investigação, que se encontram as taxas de feminização mais elevadas, o que também é revelador de desigualdades de género na academia (*Figura 9*).

No que concerne às idades dos inquiridos, verifica-se que os diferentes grupos apresentam idades médias relativamente avançadas, variando entre os 31 anos no caso dos investigadores com bolsa de doutoramento, que na generalidade dos casos se encontram numa fase inicial dos seus percursos académicos, e entre os 41 e os 49 anos nos grupos de trabalhadores com contratos de trabalho — investigadores e docentes (*Figura 9*). Estes resultados sugerem que a precarização está presente ao longo de todo o percurso académico, mas apresenta formas mais gravosas num momento mais inicial. Uma vez que as idades médias dos grupos com vínculos pontuais e sem rendimentos apresentam valores intermédios, sugere-se que os académicos precarizados se podem encontrar numa situação ainda mais instável a qualquer momento das suas trajectórias laborais.

---

[23] Resíduo estandardizado ajustado de 3,7.

[24] Resíduos estandardizados ajustados de 2,2 para a categoria investigador auxiliar e 3,0 para a categoria investigador principal.

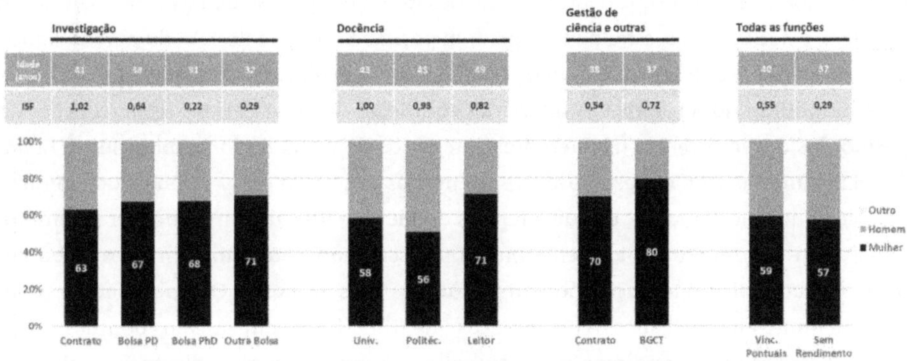

Figura 9. Perfis sociobiográficos de trabalhadores académicos precarizados por função e por vínculo institucional.

Nota: Gestão de ciência e outras: actividades de gestão de ciência, de transferência de tecnologia ou de comunicação de ciência. ISF: índice sintético de fecundidade (número médio de filhos por mulher entre os 15 e os 49 anos de idade). Bolsa PD: bolsa pós-doutoral. Bolsa PhD: bolsa de doutoramento. Univ: universidade. Politéc.: instituto politécnico. BGCT: bolsa de gestão de ciência e tecnologia. Vínc. pontuais: vínculos pontuais.

No que ao número médio de filhos por mulheres em idade reprodutiva diz respeito, os valores mais elevados encontram-se entre trabalhadoras com contratos de trabalho a prazo, a saber, 1,02 no caso dos investigadores com contrato de trabalho a prazo. Ainda assim, trata-se de um valor extraordinariamente baixo tendo em conta que o valor presente na população portuguesa em geral se situa em 1,34, em 2019, e que este valor global se encontra entre os valores mais baixos na Europa em 2019[25]. Como ficará mais claro no Capítulo 7, «As vidas adiadas dos académicos precarizados», os impactos da instabilidade dos percursos laborais destes académicos nas perspectivas de parentalidade são dos que surgem mais destacados nos discursos recolhidos em todas as categorias analisadas. Tal como indiciado em estudos anteriores entre investigadores com bolsa em Portugal (Araújo & Sousa, 2008), sugere-se que estes valores traduzirão, pelo menos em parte, os longos percursos no ensino e a baixa estabilidade laboral, que poderão conduzir ao adiar dos planos de parentalidade. Entre todos os segmentos de académicos precarizados, o grupo de investigadores com bolsa de doutoramento, com uma média de idades de 31 anos, é aquele em que o ISF é mais baixo

[25] Dados disponíveis na Pordata, Estatísticas sobre Portugal e Europa, disponíveis em https://www.pordata.pt/Europa/%c3%8dndice+sint%c3%a9tico+de+fecundidade-1251 e consultados a 1 de Agosto de 2022. Fonte: Eurostat a partir de dados de Institutos Nacionais de Estatística.

(valor de 0,22). Sabendo que a idade média das mulheres quando têm o primeiro filho, em Portugal, é de 30,5 anos, estes dados apontam para um adiar da decisão da parentalidade entre académicos precarizados quando comparados com a média da população.

Uma última nota relativa às diferentes condições de alojamento e às percepções da gestão das despesas entre as diferentes categorias de trabalhadores inquiridos (*Figura 10*). Em sintonia com os resultados apresentados anteriormente, serão os académicos com contratos de trabalho, os que em mais de metade dos casos indicam ser proprietários do seu alojamento (totalmente pago ou a ser pago). São também estes trabalhadores os que indicam ter facilidade na gestão das suas despesas. Os trabalhadores com bolsa, e muito em particular os académicos que trabalham com vínculos pontuais ou os que não apresentam rendimentos do trabalho, são os que mais indicam ter dificuldades na gestão de despesas.

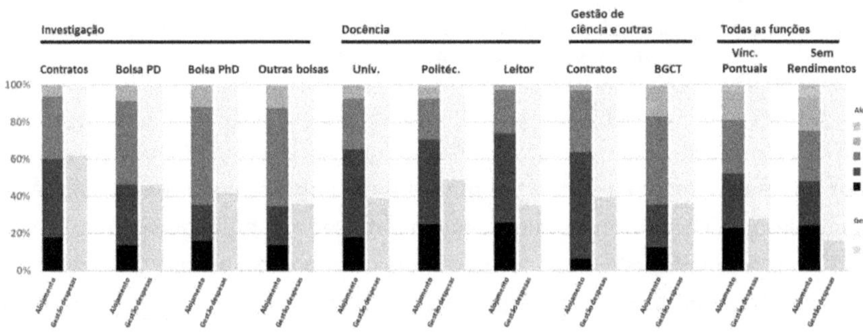

Figura 10. Alojamento e gestão de despesas de trabalhadores académicos precarizados por função e por vínculo institucional.

Nota: Gestão de ciência e outras: actividades de gestão de ciência, de transferência de tecnologia ou de comunicação de ciência. Bolsa PD: bolsa pós-doutoral. Bolsa PhD: bolsa de doutoramento. Univ: universidade. Politéc.: instituto politécnico. BGCT: bolsa de gestão de ciência e tecnologia. Vínc. pontuais: vínculos pontuais.

4.3. Em jeito de síntese

Um primeiro resultado revelado pelo presente trabalho aponta para a diversidade de vínculos laborais dos académicos precarizados e para a presença de trabalho não pago na academia, uma situação que os próprios respondentes representam como transitória e que teria por objectivo reunir as credenciais necessárias para o sucesso numa próxima candidatura. Um segundo resultado aponta para que os académicos precarizados sejam maioritariamente mulheres, com a sua presença concentrada nas categorias profissionais de base. Estes resultados revelam, desde já, que as desigualdades de género, presentes em outras franjas da população trabalhadora em Portugal, também se expressam ao nível da academia, um espaço laboral onde o *mérito*, apresentado como a moeda do campo, não aparenta conseguir ultrapassar desigualdades estruturais. Em terceiro lugar, verifica-se que em termos etários, as idades dos inquiridos se encontram entre os 21 e os 68 anos de idade com uma concentração dos mais jovens entre as categorias de base. Estes resultados revelam que a situação de precariedade não é na generalidade dos casos uma situação transitória, mas uma condição que se prolonga por toda a vida activa. Adicionalmente, quase metade dos inquiridos tem dependentes a seu cargo e o ISF, situando-se nos 0,70, encontra-se associado ao tipo de vínculos laborais e à etapa da trajectória académica dos inquiridos. Assim, este valor é mais baixo nos grupos com vínculos mais frágeis e entre os investigadores a realizar o doutoramento. Finalmente, os longos percursos académicos destes trabalhadores não se traduzem em valorizações consideráveis dos seus rendimentos líquidos mensais provenientes do trabalho, encontrando-se aqueles com vínculos laborais mais frágeis numa situação mais delicada e revelando ter dificuldade na gestão das suas despesas.

Este trabalho contribui assim para desconstruir a imagem da precarização na academia como uma situação transitória e dos académicos precarizados como eternos *jovens bolseiros* que não tendo dependentes a seu cargo, nem outras responsabilidades, teriam a oportunidade de, num período temporalmente circunscrito das suas vidas, desenvolver o trabalho com que sonharam.

Uma vez estabelecidos os contornos gerais destas categorias de trabalhadores precarizados, o próximo capítulo deter-se-á numa análise detalhada das suas trajectórias de precariedade (Capítulo 5).

5
AS LONGAS TRAJECTÓRIAS DE PRECARIEDADE NA ACADEMIA

Este capítulo debruça-se sobre as trajectórias laborais de académicos precarizados que trabalham em Portugal. A análise e a discussão serão dirigidas não apenas para os períodos em que estes académicos apresentaram diferentes tipos de vínculos precários para o exercício de funções de investigação, de docência, de gestão de ciência, de transferência de tecnologia ou de comunicação de ciência[1] ou para as datas finais dos seus contratos, mas também passará por aprofundar, a partir dos testemunhos dos inquiridos, as visões que transportam acerca das suas trajectórias laborais, as suas leituras da volatilidade dos seus vínculos no contexto do sistema científico e tecnológico em Portugal e as (im)possibilidades que estas trajectórias comportam.

5.1. Trajectórias em carrocel na academia

Pese embora as singularidades dos diferentes grupos inquiridos, reflexo, pelo menos em parte, de percursos académicos mais ou menos longos e das diferentes actividades que estes profissionais vão desempenhando na academia, duas primeiras características assaltam-nos quando analisamos transversalmente as trajectórias laborais destes académicos. Por um lado, destacam-se os longos períodos em que estes trabalhadores se encontram em condições laborais instáveis e, por outro, a variedade de vínculos que vão detendo ao longo dos seus percursos laborais: muitas vezes, vínculos de bolsa; muito menos vezes, e na generalidade dos casos, num período mais recente, contratos de trabalho a prazo; algumas vezes, vínculos pontuais e, outras vezes ainda, não auferem de

[1] Por forma a simplificar o discurso e uma vez que não existe uma nomenclatura consensualizada para este grupo de trabalhadores da academia, os trabalhadores académicos que desenvolvem actividades de gestão de ciência, de transferência de tecnologia ou de comunicação de ciência serão designados por profissionais de «gestão de ciência e de outras actividades próximas».

quaisquer rendimentos do trabalho académico que desenvolvem. Esta situação é passível de ser ilustrada tanto através de discursos, como os que se transcrevem a seguir, como de uma análise quantitativa dos períodos em que os inquiridos trabalharam ao abrigo de contratos de bolsa de vários tipos (*Figura 11*) ou de contratos de trabalho a prazo para diferentes funções (*Figura 12* e *Figura 13*).

> *Neste momento encontro-me com um contrato de bolsa nível mestre de apenas quatro meses (mesmo sendo doutorada) mas posso considerar-me sortuda porque desde que a minha bolsa de doutoramento terminou (em Outubro 2018) até ao início desta bolsa (em Setembro 2019) estive a trabalhar* pro bono (Paula, 33 anos, investigadora com outra bolsa).

> *A precaridade dos investigadores entre os 40 e os 60 anos atingiu um nível impensável. É o meu caso, em que só quando estive como investigadora na Universidade X (fora de Portugal) é que tive um contrato. De resto, estou desde 1998 a viver com bolsas (...). A bolsa de cientista convidada terminou em Novembro 2019 (proveniente de um projecto FCT em que sou investigadora principal)* (Mafalda, 44 anos, sem rendimentos do trabalho académico).

Mais do que uma excepção, este saltitar entre diferentes tipos de vínculos precários e períodos sem remuneração do trabalho, que dificulta ou impossibilita uma progressão laboral, parece ser relativamente comum. Esta situação também se encontra ilustrada nas figuras que se apresentam em seguida.

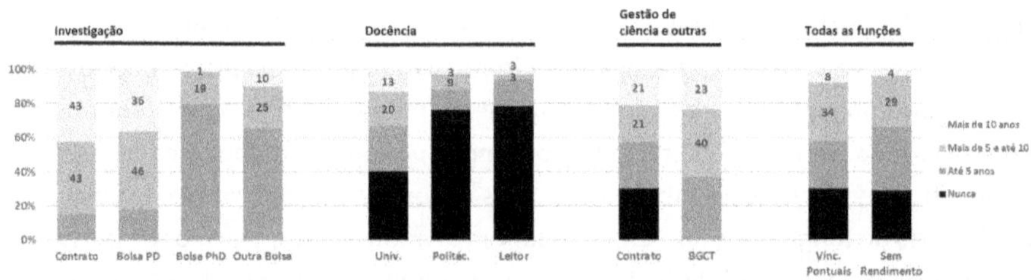

Figura 11. Trajectórias de precariedade na academia: Período total com contratos de bolsa por função e por vínculo institucional.

Nota: Gestão de ciência e outras: actividades de gestão de ciência, de transferência de tecnologia ou de comunicação de ciência. Bolsa PD: bolsa pós-doutoral. Bolsa PhD: bolsa de doutoramento. Univ: universidade. Politéc.: instituto politécnico. BGCT: bolsa de gestão de ciência e tecnologia. Vínc. pontuais: vínculos pontuais.

Esta primeira figura (*Figura 11*) revela que, entre os inquiridos, todos os investigadores, todos os profissionais de gestão de ciência e outras actividades próximas com bolsa, assim como cerca de 75% dos gestores de ciência e tecnologia com contrato de trabalho e 75% dos académicos com vínculos pontuais e sem rendimentos, indicam ter trabalhado ao abrigo do vínculo de bolsa durante longos períodos. Entre estes, destaca-se o grupo dos investigadores com contrato de trabalho ou o dos investigadores com bolsa pós-doutoral, que reportam períodos extremamente longos com bolsa, com cerca de 80% dos inquiridos a apresentar este tipo de vínculo por períodos superiores a cinco anos e cerca de 40% por períodos de 10 ou mais anos. Na situação oposta encontram-se os académicos com contrato de trabalho para o exercício de funções docentes. Entre estes, encontra-se uma prevalência mais baixa deste tipo de vínculo precário, contrato de bolsa, e, quando o apresentaram, indicam ter mantido essa situação laboral por períodos inferiores aos dos restantes grupos. Ainda assim, cerca de 60% dos docentes universitários convidados indica ter tido bolsas e 13% deles por períodos superiores a 10 anos[2].

Relativamente aos períodos com contrato de trabalho a prazo para desenvolver actividades de investigação, a imagem apresentada na *Figura 12* é muito diversa da anterior revelando, desde logo, que a grande maioria dos trabalhadores académicos precarizados dos diferentes grupos reporta nunca ter acedido a este tipo de vínculo ao longo das suas trajectórias. Neste caso, a excepção são os investigadores com contrato de trabalho a prazo que, ainda assim, indicam encontrar-se no seu primeiro contrato em 75% dos casos. Estes resultados em grande parte decorrerão da recente implementação do Programa de Estímulo ao Emprego Científico que, de acordo com os dados do Observatório do Emprego Científico e Docente, permitiu estabelecer 3928 contratos para o desenvolvimento de actividades de investigação desde o início da sua implementação em 2017[3]. Os resultados expressos na *Figura 12* traduzem ainda a exiguidade dos contratos de trabalho para funções de investigação no momento anterior à aplicação deste programa.

---

[2] Estas diferenças traduzem-se em diferenças significativas entre os períodos com bolsas nos vários grupos de inquiridos (H_{10}=684,500; p<0,001).

[3] Desde a implementação do Programa de Estímulo ao Emprego Científico foram contratados 3928 investigadores. Dados disponibilizados pelo Observatório do Emprego Científico e Docente, disponíveis em https://empregocientificoedocente.dgeec.mec.pt/ e acedidos a 2 de Junho de 2022. Uma vez que são detectáveis incoerências pontuais nos dados do Observatório do Emprego Científico e Docente, os valores apresentados deverão ser interpretados como indicativos de padrões globais.

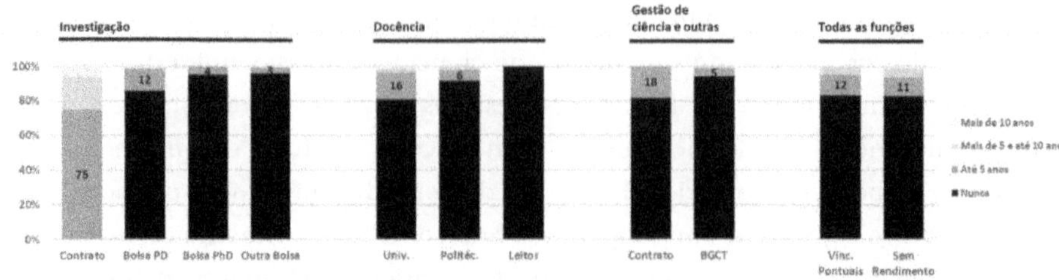

Figura 12. Trajectórias de precariedade na academia: período total com contratos de investigação a prazo por função e por vínculo institucional.

Nota: Gestão de ciência e outras: actividades de gestão de ciência, de transferência de tecnologia ou de comunicação de ciência. Bolsa PD: bolsa pós-doutoral. Bolsa PhD: bolsa de doutoramento. Univ: universidade. Politéc.: instituto politécnico. BGCT: bolsa de gestão de ciência e tecnologia. Vínc. pontuais: vínculos pontuais.

No que à contratação para o exercício de actividades docentes diz respeito, verifica-se que, entre todos os grupos analisados, encontramos académicos precarizados que em algum momento dos seus percursos laborais desempenharam estas funções (*Figura 13*). Embora 80% dos investigadores contratados a prazo indique que desempenha ou desempenhou funções docentes, é entre os docentes que se encontra quem reporte que há mais tempo permanece a realizar estas actividades ao abrigo de contratos a termo. Cerca de 50% dos leitores, 30% dos docentes dos institutos politécnicos e 20% dos docentes universitários inquiridos indicam ter desenvolvido actividades docentes por períodos superiores a 10 anos[4]. Estes resultados mostram que os académicos que desempenhavam, no momento da inquirição, actividades docentes ao abrigo de contratos a prazo apresentam, tal como os restantes grupos de inquiridos, longas trajectórias de precariedade pautadas por períodos com bolsas. Ainda assim, revelam menor prevalência deste tipo de vínculos que os restantes grupos. As suas trajectórias são ainda marcadas por contratos a prazo para desenvolver actividades docentes, neste caso, com maior prevalência do que as dos restantes grupos. Sendo as trajectórias e os tipos de vinculação diversas, a precarização de longa duração também marca os percursos laborais deste grupo de académicos.

No seu conjunto, estes resultados sugerem que apesar dos inquiridos se encontrarem em diferentes estágios das suas trajectórias e de apresentarem formas diversas de precarização, as longas trajectórias de precariedade são transversais às várias categorias de académicos aqui analisadas. Esta transversalidade e esta longa duração sublinham

---

[4] Os períodos em que os diferentes grupos de inquiridos desempenharam actividades docentes são significativamente diferentes (H_{10}=87,880; $p<0,001$).

também que as pessoas aqui retratadas não estão, na generalidade dos casos, a dar os primeiros passos em actividades do sector do ensino superior e da ciência. Estamos sim, perante académicos que permanecem ao abrigo de contratos precários ano após ano. Ao longo desses períodos, por vezes trabalham sem receber qualquer rendimento desse trabalho e outras vezes, mesmo tendo acesso a um vínculo laboral e ao respectivo vencimento, não têm as suas qualificações académicas reconhecidas, o que tem implicações directas no valor que auferem. Este é o caso de todos os inquiridos com grau de doutoramento e de uma parte considerável daqueles com grau de mestrado que compõem o grupo de investigadores com outras bolsas de investigação[5]. Não deixa de ser sintomático das falências do sector do ensino superior e da ciência que precisamente o sector que atribui as qualificações académicas legitime, através das suas práticas de contratação, que essas mesmas qualificações não sejam reconhecidas.

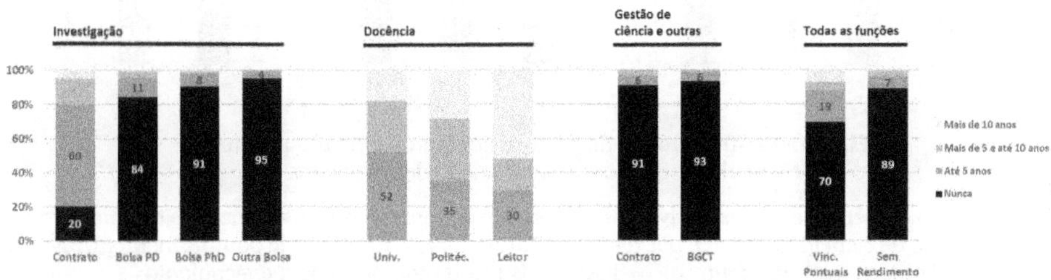

Figura 13. Trajectórias de precariedade na academia: período total com contratos de docência a prazo por função e por vínculo institucional.

Nota: Gestão de ciência e outras: actividades de gestão de ciência, de transferência de tecnologia ou de comunicação de ciência. Bolsa PD: bolsa pós-doutoral. Bolsa PhD: bolsa de doutoramento. Univ: universidade. Politéc.: instituto politécnico. BGCT: bolsa de gestão de ciência e tecnologia. Vínc. pontuais: vínculos pontuais.

Se a longa duração desta trajectórias de precariedade é motivo de reflexão sobre que ciência e que ensino é possível desenvolver ao abrigo de uma sucessão de vínculos precários, tema que será discutido no Capítulo 6, «Reproduzindo práticas neoliberalizadas e construindo resistências», uma análise das datas de conclusão dos actuais contratos revela, de forma particularmente clara, a pressão constante em que estes trabalhadores se encontram.

---

[5] A este respeito ver, por exemplo, fala transcrita na página 98 (Paula, 33 anos, investigadora com outra bolsa).

Entre os docentes, mais de 90% terminariam os contratos até ao final de 2022; entre os investigadores com bolsa, mais de 80% veriam os seus vínculos findarem no mesmo período (*Figura 14*). Finalmente, entre os profissionais da gestão de ciência e actividades próximas, mais de 60% encontra-se na mesma situação. A este nível, o quadro menos negativo é o dos investigadores com contrato de trabalho, com 25% a terminar os seus contratos até ao final de 2022, outros 25% nos dois anos seguintes e os restantes no período que medeia entre 2025 e 2026[6].

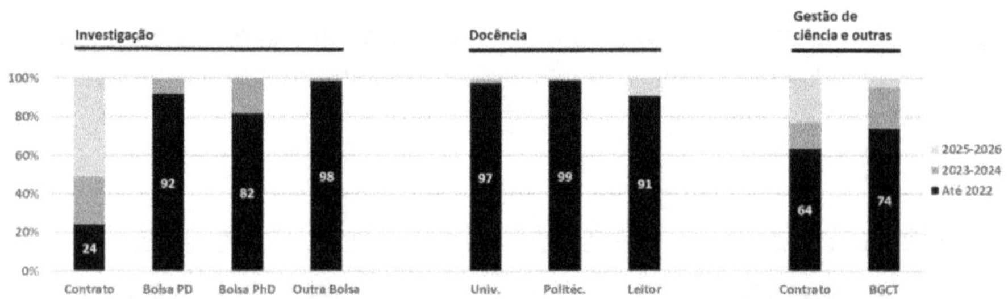

Figura 14. Trajectórias de precariedade na academia por função e por vínculo institucional: finalização dos contratos actuais.

Nota: Gestão de ciência e outras: actividades de gestão de ciência, de transferência de tecnologia ou de comunicação de ciência. Bolsa PD: bolsa pós-doutoral. Bolsa PhD: bolsa de doutoramento. Univ: universidade. Politéc.: instituto politécnico. BGCT: bolsa de gestão de ciência e tecnologia.

Apesar de ser entre o grupo dos investigadores com contrato de trabalho a prazo que se encontram mais académicos com vínculo assegurado por um período mais longo, a preocupação permanente com os riscos associados às suas trajectórias de incerteza e à finalização mais ou menos próxima dos seus contratos de trabalho está muito presente nos seus testemunhos. Esta preocupação é agravada pelo reconhecimento de que, a manterem-se as actuais políticas de contratação e os actuais números de posições a concurso nas diferentes versões do Concurso de Estímulo ao Emprego Científico, as instituições de ensino superior e de ciência não terão capacidade de reter os trabalhadores agora contratados. É neste contexto que estes investigadores reflectem sobre as taxas de sucesso irrisórias das sucessivas rondas de concursos individuais da FCT, concursos que

[6] O ano final de contrato dos diferentes grupos de inquiridos é significativamente diferente (H_9=1188,035; $p<0,001$).

atribuem contratos idênticos, precários, aos que actualmente detêm. É também neste contexto que estes investigadores questionam as possibilidades efectivas de um futuro na academia e que apontam para a urgência de uma estabilização laboral:

> *Apesar de ter CEEC para os próximos seis anos, está visto que se nada mudar, não me posso sujeitar a outro risco gigantesco como este de ficar sem emprego.* (Filipe, 38 anos, investigador com contrato de trabalho)

> *Sinto que o país não vai absorver todos os doutorados e que o mérito não é um factor importante. Não quero estar dependente da sorte.* (Isabel, 36 anos, investigadora com contrato de trabalho)

> *O problema maior não é a situação actual em que me encontro, mas a falta de perspectivas futuras de perpetuar o árduo trabalho que tenho feito, uma vez que a taxa de sucesso do último concurso de emprego científico é baixíssima e a frequência de abertura de concursos é mínima. Não estou a perceber como é que a FCT e o governo português pretendem aproveitar a massa crítica de cientistas em Portugal e perpetuar o investimento neles (e por eles) feito até agora em termos científicos, cuja qualidade é reconhecida internacionalmente!* (Margarida, 42 anos, investigadora com contrato de trabalho).

> *A ciência precisa de uma carreira estruturada, com avaliações, mas estável. Uma carreira em que nós saibamos claramente se conseguimos subir ou se temos de procurar alternativas* (Mariana, 37 anos, investigadora com contrato de trabalho).

O caso dos trabalhadores com vínculo de bolsa é ainda mais penoso. Para estes académicos, as longas trajectórias de precariedade, os longos tempos de espera pelo início dos contratos e o regime de exclusividade que genericamente os impede de desenvolver outras actividades não académicas, características também presentes nas restantes categorias de investigadores precarizados, conjugam-se, aqui, com a falta de acesso a um subsídio de desemprego, ao regime geral de segurança social e aos subsídios de férias e de Natal. Esta situação é comum tanto aos investigadores em doutoramento, como aos investigadores com bolsa pós-doutoral e aos investigadores não doutorados com contratos de bolsa para desenvolver funções específicas em projectos de investigação. O mesmo se passa(va) com os bolseiros de gestão de ciência e tecnologia, uma tipologia de bolsa que foi abolida na última revisão do Estatuto do Bolseiro de Investigação, mas que ainda se encontra presente nas instituições de ensino superior e de ciência

(Decreto-Lei n.º 123/2019). Encontramo-nos assim perante trabalhadores extraordinariamente pressionados pela debilidade dos seus vínculos actuais e pela necessidade de encontrar rapidamente uma saída para o seu futuro próximo, já que, uma vez findo o seu vínculo, não têm acesso a qualquer mecanismo de protecção. Esta situação de instabilidade agravada encontra-se plasmada nas transcrições que se apresentam em seguida. Testemunhos que apontam para os baixos valores das bolsas, que explicitam os diminutos direitos laborais, que assinalam uma dificuldade de ter acesso efectivo aos poucos direitos que o Estatuto do Bolseiro consigna. Falas que revelam um receio de uma potencial situação de ausência de rendimentos:

> *Concorri a uma bolsa e fui aceite. Entre a data de notificação da decisão e a data de início do contrato, passaram três meses. Como estava apenas à espera do contrato, acabei por estar desempregada nesse período, achando sempre que iria arrancar em breve, e sabendo que teria de estar disponível com exclusividade. Acho que este período foi o pior, pois não sabia que seria tão longo. Três meses de desemprego para uma bolsa de seis meses.* (Susana, 33 anos, investigadora com outra bolsa)

> *Depender de uma bolsa de investigação implica um regime de exclusividade, que não nos permite auferir mais rendimentos. Isto significa que, no caso da bolsa de doutoramento, teremos de contar com apenas 12 000€ por ano, sem qualquer apoio seja a nível de saúde, segurança social, seja de subsídio de alimentação, férias ou Natal. Acrescendo a isto não ter nenhuma segurança do que vai acontecer quando acabar a bolsa. Vai haver um projecto, vai haver uma outra bolsa, um contrato. A desvalorização e precariedade do trabalho de investigação faz com que só se mantenha a fazê-lo quem tem uma grande motivação interna por aquilo que faz e não tem dependentes/despesas fora do indispensável. Quando uma destas coisas muda acabamos por ter de sair, apesar de sermos altamente competentes e gostarmos daquilo que fazemos. Neste momento estou a meio do meu doutoramento, quando terminar serei altamente qualificada, mas não sei se não vou preferir trabalhar onde estas qualificações sejam valorizadas e não tenha de esperar uma bolsa/contrato que não se sabe se chegará, como acontece agora com os meus colegas.* (Anabela, 28 anos, investigadora com bolsa de doutoramento)

> *O meu companheiro é estudante de doutoramento e tem de pagar as propinas da sua bolsa (~250€/ por mês, correspondendo a 1/4 do seu salário). Não descontamos para a segurança social nem temos direito a qualquer subsídio de Natal ou Verão e o que nos espera é o desemprego, mais uma vez. Empresas monstras como a EDP não pagam impostos de milhões*

e ninguém quer saber, mas depois não há dinheiro para a ciência (e tantas outras coisas fundamentais) e todos acham normal porque somos um país pobre... Uma taxa de sucesso de ~8% (quando bolsas extremamente prestigiosas como a Marie Curie ~15% ou uma ERC ~12%) num país onde não há sequer condições para se fazer ciência é uma anedota! Para não falar nas escalas de tempo da FCT... Tenho um problema de saúde grave e a qualquer momento posso ter uma hemorragia cerebral fatal. Só queria poder fazer o que mais gosto no meu país, junto de quem mais amo. Contudo esse desejo (perfeitamente normal para qualquer outra profissão) não passa de uma realidade virtual. Para continuar a fazer o que gosto terei de deixar o meu país e se algo acontecer sei que não poderei dizer adeus a quem amo. Depois de tantos anos a estudar é isto que nos espera. (Paula, 33 anos, investigadora com outra bolsa)

Gostava que houvesse maior facilidade para a constituição de família. Quando estive de licença de parentalidade, recebi uma miséria através da segurança social, que não corresponde de todo aos 100% do valor mensal da bolsa. Este ponto devia ser rectificado de alguma maneira. (Francisca, 28 anos, investigadora com outra bolsa)

Quem protege o «bolseiro»? Por três vezes me foi negada baixa por doença, quando é um direito do seguro social voluntário. Há uma enorme dificuldade em fazer valer os nossos direitos. É extremamente desgastante não ter vínculo. (Ana, 40 anos, investigadora com bolsa de doutoramento)

A precariedade da ciência em Portugal fez com que ingressasse num novo curso universitário aos 29 anos. Vi-me grávida e sem direito a licença de maternidade como qualquer trabalhador considerado normal. Somos dos mais graduados, dos que passam a vida a estudar e a tentar evoluir num país que em nada valoriza quem traz conhecimento e desenvolvimento científico. No final da bolsa a incerteza de conseguir outro contrato e sem direitos a subsídio de desemprego faz com que a ciência em Portugal seja das áreas mais precárias e mais incertas. Afinal de que vale um doutoramento neste país? (Paula, 32 anos, investigadora com bolsa pós-doutoral)

Baixa remuneração e com exclusividade, que obriga a ter poucos rendimentos. Ausência de direitos laborais, fiscais e fraquíssima proteção na doença. (Rita, 38 anos, investigadora com bolsa pós-doutoral)

Entre os académicos que desenvolvem actividades docentes predominam problemas similares, associados a uma instabilidade de longa duração intercalada com períodos sem rendimentos. Os baixos salários que muitos destes docentes auferem, fruto da falta de integração na carreira docente e de cargas lectivas formalmente parciais, são outros dos problemas apontados. A estas situações acresce que muitos docentes contratados a prazo apontam para discrepâncias, em seu prejuízo, entre o número de horas contratadas e o de horas efectivamente leccionadas. Os seus discursos são ainda marcados por um sentimento de injustiça relativo às diferenças entre os horários completos dos docentes contratados permanentemente (entre seis a nove horas) e os horários completos dos docentes contratados a prazo (entre 12 e 18 horas).

> *A Universidade X abusa descaradamente dos docentes convidados (assistentes e professores auxiliares), não só pelos contratos de nove meses a que os sujeita como também pela aplicação de o dobro da carga horária presente no ECDU (está instituído que 100% equivale 18 horas semanais de leccionação). É uma discriminação inconstitucional e inadmissível num serviço público. E embora isso possa não afectar outras áreas dos domínios pessoais, é triste e injusto sentir estas diferenças (a privação de vencimento em dois/três meses do ano, o medo e a insegurança sobre a nova contratação no início do ano lectivo seguinte, a obrigatoriedade de estar presente em serviço de exames mesmo que decorram durante período fora do contrato, até o evitar ir ao médico no verão pois mesmo a ADSE é retirada).* (Paulo, 38 anos, docente do ensino superior universitário)

> *Contrato a 60%, número de horas a dobrar, salário de 60%.* (Anabela, 58 anos, docente do ensino superior universitário)

> *Estou há 10 anos com contrato de 1 de outubro a 31 de julho a ganhar 550€ e sem perspectivas de vínculo com a instituição. Só este ano é que me regularizaram o horário com oito horas, pois tive sempre um pouco mais.* (Maria João, 40 anos, docente convidada no ensino superior politécnico)

> *Os contratos a tempo parcial dos leitores que dão muito mais aulas do que quaisquer outros docentes é a maior injustiça (e a maioria é de origem estrangeira). Ter um contrato a tempo parcial é a maior injustiça para o número de aulas que dou (o dobro do previsto na lei), tenho um contrato de 80% e lecciono o dobro. Contrato parcial injusto e mal pago.* (Sara, 54 anos, leitora)

Já os gestores de ciência e profissionais com funções próximas reflectem sobre a falta de reconhecimento efectivo do seu trabalho, sobre a inexistência de uma profissionalização das suas funções e o receio de períodos sem rendimentos.

Entre os quadros de apoio (mais ou menos técnicos), predominam as situações precárias e em que o trabalho desenvolvido justifica e imporia um efectivo contrato de trabalho, dado o carácter permanente do trabalho que desenvolvem, independente da efemeridade dos projectos científicos. Parece-me, contudo, que por estes quadros terem sido «contratados» ao abrigo dum regime altamente flexível que foi criado para servir a efemeridade dos projectos científicos, estão também agora a «sofrer» com a «desflexibilização» desse regime e que, na impossibilidade de serem contratados novamente ao abrigo de bolsas, ficarão inevitavelmente sem um trabalho. (Manuel, 32 anos, gestor de ciência e tecnologia com bolsa)

Ainda que, de momento, o rendimento familiar seja aceitável, a verdade é que a situação pode mudar de um ano para o outro, dados os vínculos precários do casal, na medida em que o meu vínculo é de bolsa e o contrato do meu marido como investigador também é a termo certo (com alguns rendimentos extra incertos que provêm de consultorias). Tenho demasiado trabalho atribuído, ao qual dou resposta de forma competente de acordo com a instituição, contudo esse reconhecimento não se traduz numa melhoria das condições de trabalho oferecidas. Pelo contrário, cada vez me atribuem mais tarefas. (Joana, 38 anos, gestora de ciência e tecnologia com bolsa)

Impossibilidade de progressão na carreira e correspondente melhoria salarial (José, 36 anos, gestor com contrato)

De um ponto de vista global, estes profissionais apontam para o desgaste decorrente das suas trajectórias de precariedade, para as dificuldades de fazer cumprir direitos consagrados na legislação e para a possibilidade de se encontrarem, a qualquer momento, numa situação de ainda maior vulnerabilidade. As próximas secções deste capítulo debruçar-se-ão precisamente sobre formas colectivas (sindicalização) ou individualizadas (através das suas redes sociais) a que os académicos precarizados recorrem para enfrentar a precarização de longa duração a que estão sujeitos e o risco associado de situações de vulnerabilidade acrescida.

5.2. Das baixas taxas de sindicalização

Um primeiro olhar sobre as taxas de sindicalização reportadas pelos académicos precarizados inquiridos revela uma frequência global baixa (15%) e significativamente diferente entre os vários segmentos de trabalhadores precarizados, existindo uma maior probabilidade dos investigadores e dos docentes com contrato de trabalho indicarem estar sindicalizados[7] (*Figura 15*).

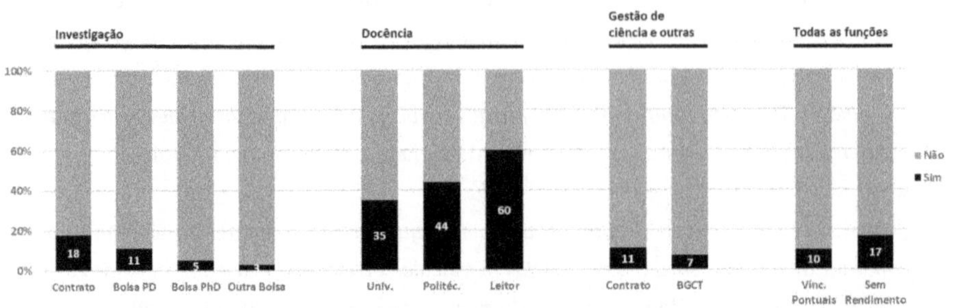

Figura 15. Sindicalização entre académicos precarizados por função e por vínculo institucional.

Nota: Gestão de ciência e outras: actividades de gestão de ciência, de transferência de tecnologia ou de comunicação de ciência. Bolsa PD: bolsa pós-doutoral. Bolsa PhD: bolsa de doutoramento. Univ: universidade. Politéc.: instituto politécnico. BGCT: bolsa de gestão de ciência e tecnologia. Vínc. pontuais: vínculos pontuais.

O valor global encontrado (15%), sendo baixo, é idêntico ao reportado para a taxa global de sindicalização em Portugal, em 2016, uma taxa que tem apresentado decréscimos muito acentuados nos últimos 50 anos (cerca de 45%)[8]. Vários autores têm estudado esta tendência tendo sugerido que, na sua origem, se encontrarão transformações ao nível do contexto socioeconómico e político ou transformações específicas na legislação laboral, como as abordadas ao longo do Capítulo 2. Entre os factores que terão influenciado esta tendência de diminuição, encontrar-se-ão alguns como o poder efectivo dos sindicatos no desenho de políticas públicas; a existência de uma maior coordenação ou de uma maior fragmentação sindical nos processos de concertação social; a existência

---

[7] Teste do qui-quadrado: $\chi^2_{(20)}$=231,907; p<0,001. Resíduos estandardizados ajustados equivalentes a 3,1 (investigadores com contrato de trabalho); 5,8 (docentes ensino superior universitário); 8,2 (docentes ensino superior politécnico); 4,5 (leitores), para um intervalo de confiança de 95%: |Z|>1,96.

[8] De acordo com os últimos dados publicados pela OCDE, a taxa de sindicalização em Portugal decresceu de 60,8%, em 1978, para 21,4%, em 2000, e, finalmente, para 15,3% em 2016. O decréscimo encontrado em Portugal, sendo transversal aos países analisados, apresenta o segundo maior valor reportado. Dados acedidos na página da Organização para a Cooperação e o Desenvolvimento Económicos, acessível em https://stats.oecd.org/Index.aspx?DataSetCode=TUD e consultados a 13 de Agosto de 2022.

de conflitos laborais ou a capacidade de adaptação dos sindicatos às transformações das relações laborais e às transformações do perfil de trabalhadores, transformações que se verificaram de forma particularmente intensa no sector do ensino superior e da ciência (Costa, 2018).

Se muito do que foi anteriormente referido poderá ser transversal a vários sectores de actividade económica e vários contextos nacionais, também existirão certamente especificidades do sector em análise que foram directamente abordadas neste inquérito. Os motivos que os académicos precarizados apresentam para não se encontrarem sindicalizados foram agrupados e categorizados e podem encontrar-se na *Figura 16*.

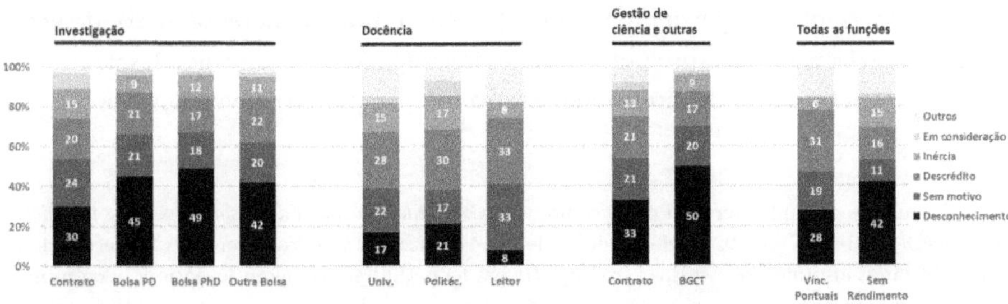

Figura 16. Motivos para a não sindicalização por função e por vínculo institucional.

Nota: Gestão de ciência e outras: actividades de gestão de ciência, de transferência de tecnologia ou de comunicação de ciência. Bolsa PD: bolsa pós-doutoral. Bolsa PhD: bolsa de doutoramento. Univ: universidade. Politéc.: instituto politécnico. BGCT: bolsa de gestão de ciência e tecnologia. Vínc. pontuais: vínculos pontuais.

O motivo mais vezes invocado pelo conjunto dos trabalhadores precarizados como justificação para não se encontrarem sindicalizados radica no desconhecimento dessa possibilidade. A excepção encontra-se entre as várias categorias de docentes precarizados, cuja natureza das suas actividades laborais os terá confrontado mais directamente com a presença e com o trabalho dos sindicatos. Em todo o caso, não deixa de ser surpreendente que, sendo a estabilização profissional dos jovens e a precaridade de um modo global as duas principais prioridades declaradas de intervenção das organizações sindicais em Portugal (Rego, Espírito-Santo, Nunes, & Costa, 2021), a população alvo dessa intervenção neste sector em específico refira desconhecer o trabalho sindical. A este respeito, e especificamente ao nível do sector do ensino superior e da ciência, refere-se ainda que estes temas também têm sido abordados por actores sindicais e associativos numa multiplicidade de formatos (em conferências, *workshops* ou seminários;

em números de revistas organizados pelas organizações sindicais ou associativas representantes dos trabalhadores do sector; em artigos publicados pelos seus dirigentes nos meios de comunicação social, entre outros)[9].

A um segundo nível, um número considerável de inquiridos (a rondar os 20% na maioria dos grupos) indica não ter qualquer motivo para não se ter sindicalizado e outra parte significativa de inquiridos refere não confiar no trabalho dos sindicatos, sendo esta fatia maior no caso dos docentes convidados (a rondar os 30% entre os docentes, por oposição aos cerca de 20% nos restantes grupos).

Se o quadro de recentes alterações legislativas, ao causar instabilidade, poderá contribuir para o afastamento destes trabalhadores das organizações sindicais, os motivos que foram especificados pelos académicos não serão indiferentes a uma comunicação do trabalho dos sindicatos que aparenta não alcançar os trabalhadores do sector do ensino superior e da ciência e, no caso particular dos investigadores, às dificuldades de reconhecimento das actividades científicas que desenvolvem enquanto actividades laborais.

---

[9] A título de exemplo, ver iniciativas como a *4.ª Conferência nacional do ensino superior e investigação da FENPROF*, realizada em 2020 e dedicada ao tema «Valorizar as carreiras, combater a precariedade e democratizar as instituições» (acessível em https://www.fenprof.pt/4-a-conferencia-nacional-do-ensino-superior-e-investigacao-valorizar-as-carreiras-combater-a-precariedade-e-democratizar-as-instituicoes) ou a iniciativa *Fórum Ensino Superior e Ciência* dedicado ao tema «Liberdade e democracia no ensino superior e ciência», realizada em 2022 (acessível em https://www.snesup.pt/2022/05/13/forum-ensino-superior-e-ciencia-3/) e promovida pelo SNESup. A este respeito ver ainda o Dossier «Precariedade no ensino superior e na ciência» publicado no número 307 do Jornal da FENPROF de Dezembro de 2021 (acessível em https://www.fenprof.pt/media/download/43720CE3999DAD1CDCA55FF65596BCD5/JF-Sup_Dezembro_2021.pdf) ou os n.º 66 e 67 da revista Ensino Superior do SNESup, publicados em 2019, dedicados ao tema «Ao desconcerto (do mundo) das carreiras e do emprego científico» (acessíveis em https://www.snesup.pt/2022/07/13/nos-66-e-67/). Para além dos sindicatos, as organizações e associações que representam profissionais deste sector ou trabalhadores precarizados de um modo transversal também têm tido intervenções muito relevantes a este nível. Estas intervenções podem de ser encontradas no *site* da ABIC (https://abic-online.org/), no da ANICT (https://anict.wordpress.com/), no da OTC (https://otc.pt/wp/) ou no dos Precários Inflexíveis (http://www.precarios.net/). Os dirigentes sindicais e associativos também têm uma presença constante no espaço público publicado. A este respeito, ver por exemplo os artigos publicados no jornal *Público* por André Carmo «O quê, o PREVPAP ainda não acabou?!», a 26 de Novembro de 2021, (acessível em https://www.publico.pt/2021/11/26/opiniao/opiniao/prevpap-nao-acabou-1986417), por Mariana Gaio Alves «As emoções dos investigadores», a 28 de Junho de 2021, (acessível em https://www.publico.pt/2021/06/28/opiniao/opiniao/emocoes-investigadores-1967973), por Maria João Antunes «Pela ciência se vê a bolha a rebentar», a 23 de Junho de 2021 (acessível em https://www.publico.pt/2021/06/23/p3/cronica/ciencia-ve-rebentar-bolha-1967262), ou por Nuno Cerca «O financiamento do emprego científico em Portugal ao longo das últimas décadas», a 7 de Maio de 2022 (acessível em https://www.publico.pt/2022/05/07/ciencia/opiniao/financiamento-emprego-cientifico-portugal-longo-ultimas-decadas-2004870). Todos os *links* foram acedidos a 17 de Agosto de 2022.

Globalmente, estes resultados apontam para uma reduzida implantação dos sindicatos deste sector entre os trabalhadores precarizados e para uma falta de reconhecimento dos sindicatos enquanto actores críticos para combater as más condições laborais com que estes trabalhadores se vão confrontando ao longo das suas trajectórias. Estes resultados podem sugerir dificuldades de mobilização dos e das visadas para uma luta por melhores condições de trabalho.

5.3. Trajectórias de precariedade como reprodutoras de desigualdades sociais

A caracterização das trajectórias de precariedade entre os vários grupos de inquiridos permitiu assinalar a longa duração das mesmas, as confluências entre os vários tipos de actividades académicas e a pressão que a finalização dos vínculos comporta nestes académicos. Mas os discursos dos inquiridos revelam ainda que as suas trajectórias, sendo pautadas por um risco iminente de ausência de rendimentos, são, em larga medida, reprodutoras de desigualdades sociais que extravasam a academia. Só fica na academia quem pode ficar, e os próximos testemunhos são particularmente cristalinos a esse respeito. Nestes discursos é directamente sugerido que os percursos laborais altamente qualificados que estes académicos apresentam só foram possíveis fruto de redes sociais que permitem aplacar fases de rendimentos insuficientes ou de ausência efectiva de rendimentos.

> *Desde 2015 tenho saltado de local e tipo de trabalho tendo perdido alguma autonomia e capacidade de resolução de problemas. De 2015 a 2019 tive um contrato de três anos (...). Estive desempregada de Abril a Setembro de 2019. De momento estou contratada por uma bolsa de pós-doutoramento e fui uma das felizes contempladas no concurso de estímulo ao emprego científico. Gosto muito do que faço e mesmo tendo estado toda a vida numa situação de precariedade nunca procurei nada fora deste ambiente. Embora tenha dois filhos, felizmente o meu marido sempre teve uma situação estável o que também me permitiu fazer a escolha que fiz até hoje.* (Maria, 50 anos, investigadora com bolsa pós-doutoral)

> *O trabalho é bastante precário, dependemos de bolsas para viver e temos progressão quase nula. Dependi de diversos projectos para sobreviver, quando estava um para acabar tinha que arranjar outro o mais rapidamente possível. Com a bolsa da FCT consigo um pouco mais de estabilidade e viabilizar meu doutoramento, mas a demora em iniciar os pagamentos*

> *obrigou-me a pedir empréstimo com familiares para viver os últimos meses. Se isto não é precariedade, não sei o que é.* (Nuno, 29 anos, investigador com bolsa de doutoramento)

> *Importa referir três aspetos importantes a acrescentar a este questionário. Em primeiro lugar, a precariedade na ciência obriga a que um dos membros do agregado familiar suporte a maioria das despesas, não se podendo dar ao luxo de perder o vínculo laboral nem por motivo de doença. Implica também que o investigador não se possa privar desta relação, nem adquirir casa em nome próprio de acordo com a natureza financeira das bolsas.* (Íris, 36 anos, sem rendimento do trabalho académico)

> *A finalização do meu doutoramento não seria possível sem o apoio do meu marido. Não me agrada ter essa dependência financeira, mas como no passado já tivemos essa situação inversa e deu frutos (permitiu-lhe obter um melhor emprego com uma remuneração muito superior), decidimos que poderia ser um bom investimento.* (Elisa, 47 anos, outro tipo de remuneração)

> *Longos períodos de desemprego não cobertos por qualquer forma de apoio social; dependência económica de terceiros; baixa auto-estima.* (João, 58 anos, outro tipo de remuneração)

Entre o limbo em que se encontram e as garantias de (sobre)vivências que lhes são asseguradas por outros, estes trabalhadores experienciam um misto de sentimentos de injustiça e de vergonha pela situação de dependência em que se encontram:

> *Pela primeira vez e após o Concurso de Estímulo ao Emprego Científico 2018 sinto-me desanimada e desesperada com a minha opção profissional. É triste que o mérito do nosso trabalho seja reconhecido, mas deixado fora de financiamento por limitações orçamentais. Foi assim que foi avaliado o meu projecto. O pior é achar que o projecto é de facto importante. Penso muitas vezes, só espero que alguém o faça se eu não conseguir financiamento. Lamento ter escolhido a profissão que segui. Tenho 42 anos. Tenho dois filhos. Para poder dar um futuro aos meus filhos pondero emigrar ou mudar de profissão. Sinto-me envergonhada junto da minha família por estar sempre em risco de ficar ou ficar efectivamente desempregada. E sei que como eu talvez sejam pelo menos os mais de 3000 investigadores que ficaram de fora dos contratos individuais.* (Inês, 42 anos, investigadora com bolsa pós-doutoral)

Estes discursos sugerem que as trajectórias académicas precárias são reprodutoras de desigualdades sociais e que os académicos precarizados sentem vergonha por as suas elevadas qualificações académicas serem insuficientes para assegurar as suas vivências e as suas sobrevivências. Acresce que a desilusão que experienciam desencadeia processos de reflexividade em que os académicos equacionam possibilidades de mudança de trajectória.

5.4. Em jeito de síntese

Os resultados apresentados e discutidos ao longo deste capítulo permitiram confirmar a transversalidade da precarização a todas as funções académicas. Estes resultados exemplificam ainda de forma particularmente clara a longa duração das trajectórias de precariedade e as suas repercussões numa reprodução de desigualdades sociais mais amplas. No entanto, apesar dos inquiridos apontarem para problemas concretos decorrentes da fragilidade dos seus vínculos, esse reconhecimento não se traduz numa taxa de sindicalização expressiva. De forma algo surpreendente, o desconhecimento é o motivo mais vezes reportado pelos inquiridos como explicativo para não terem aderido aos sindicatos.

6
REPRODUZINDO PRÁTICAS NEOLIBERALIZADAS E CONSTRUINDO RESISTÊNCIAS

O capítulo anterior acompanhou as longas trajectórias de precarização de académicos com vínculos instáveis, trajectórias que, em muitos casos, se desenvolvem ao longo de décadas, atravessando vários tipos de vínculos, de locais de trabalho e de funções desempenhadas. Já o presente capítulo partirá de um recorte temporal bastante mais limitado para aprofundar uma caracterização das actividades académicas que estes trabalhadores desempenhavam na altura da inquirição. Esta caracterização partirá de um retrato das suas jornadas laborais, contabilizando-se a sua duração e procedendo-se a uma descrição de alguns produtos desse mesmo trabalho. Esta caracterização parte do reconhecimento de que contextos académicos onde coexistem competitividade e incerteza laboral favorecem o desenvolvimento de jornadas de trabalho longas e ritmos laborais intensos (Müller, 2014; Susi *et al.*, 2019; Vostal, 2015; Wellcome Trust, 2020; Woolston, 2020). A presente investigação permitirá verificar se esse é também o caso dos académicos precarizados em Portugal. Em função desse objectivo, aceder-se-á a um conjunto alargado de indicadores de produção académica, tendo particular atenção àqueles que são hoje reconhecidos pelas agências de financiamento e de avaliação de ciência como *os produtos do campo académico*, a saber, os artigos indexados nas bases *Web of Science* e/ou *Scopus*. Convém sublinhar, contudo, que o recurso a este indicador é mobilizado exclusivamente para aferir a proximidade ou a distância que medeia entre as práticas desenvolvidas por académicos precarizados e aquelas que são valorizadas no seu campo de actuação laboral. Não se trata, pois, de aferir o *mérito* dos trabalhadores precarizados ou de utilizar estes indicadores como reflexos directos da qualidade académica. Tal como exposto no Capítulo 1, essa utilização quando realizada no abstracto é, em si mesma, incapaz de dar conta dos contributos dos académicos para o conhecimento científico. O que se pretende verificar, em termos gerais, é a aproximação destes académicos às práticas e às métricas reconhecidas no campo.

Num segundo momento, este capítulo debruçar-se-á sobre os efeitos da precariedade nas práticas desenvolvidas por estes profissionais, aferindo-se se a assimilação da cultura da competitividade, marca primeira da academia neoliberalizada, é realizada acriticamente ou se, pelo contrário, os sentidos atribuídos pelos inquiridos às suas práticas laborais em algum momento contestam a organização; as formas de participação na vida institucional; as relações que estabelecem entre académicos com posicionamentos distintos no campo ou as normas e os valores vigentes na academia.

Este capítulo revelará dissonâncias entre práticas académicas que se encontram alinhadas com a cultura da meritocracia e as leituras subjectivas dessas mesmas práticas. Através dos testemunhos dos inquiridos acompanhar-se-á a construção de pequenos espaços e de pequenos tempos de resistência e/ou sobrevivência às normas e aos valores vigentes na academia neoliberalizada. Esta construção, sendo mais prevalecente nos discursos recolhidos, não é, como verificará ao longo deste capítulo, transversal a todos os inquiridos.

6.1. Muitas horas de trabalho e muita produção no trabalho

A primeira figura deste capítulo (*Figura 17*) apresenta o tempo médio que os académicos precarizados afirmam despender semanalmente nas suas práticas. Verifica-se que, entre os investigadores, pelo menos metade indica ter jornadas de trabalho superiores a 40 horas, verificando-se que são os investigadores doutorados, com contrato de trabalho ou com bolsa pós-doutoral, os que reportam as mais longas jornadas de trabalho: 17% dos investigadores com contrato de trabalho e 11% dos que têm bolsa pós-doutoral indicam trabalhar, em média, mais de 50 horas por semana. Estes resultados revelam que as maiores qualificações académicas não aparentam traduzir-se em semanas de trabalho mais curtas entre este grupo profissional.

O número de horas de trabalho que os docentes precarizados indicam desenvolver poderão ser, em sintonia com o caso dos investigadores, muito longas (12% e 11% dos docentes do ensino superior universitário e politécnico, respectivamente, a indicar que em média trabalham mais de 50 horas por semana). No entanto, estas situações são concomitantes a outros docentes que indicam desenvolver semanas de trabalho com menos de 20 horas, o que muito provavelmente advirá de contratos a tempo parcial (19% e 25% dos casos, respectivamente).

Os profissionais que desenvolvem actividades de gestão de ciência, de transferência de tecnologia ou de comunicação de ciência são os que reportam jornadas de trabalho mais alinhadas com o número regular de horas de trabalho em outros sectores de actividade em Portugal, com 69% e 67% a assinalar que as suas semanas de trabalho em média apresentam uma duração máxima de 40 horas. Finalmente, mesmo entre os trabalhadores com vínculos pontuais ou sem rendimentos do trabalho, 21% e 23% dos inquiridos, respectivamente, indicam trabalhar mais de 40 horas e até 50 horas em média por semana e 8% (nos dois casos) diz trabalhar mais de 50 horas. Dada a imensa fragilidade dos seus vínculos ou ligações institucionais, não deixa de ser absolutamente surpreendente o grande número de horas reportado. Estas jornadas parecem apontar para uma estratégia de acréscimo de horas laborais como caminho imaginado para alcançar uma futura vinculação na academia[1].

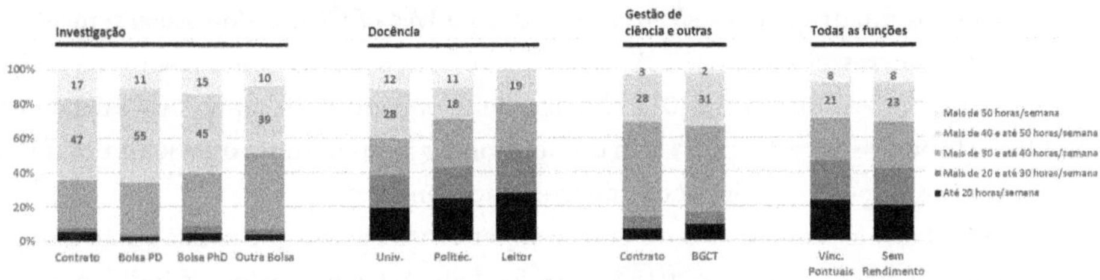

Figura 17. Jornadas semanais de trabalho de académicos precarizados por função e por vínculo institucional.

Nota: Gestão de ciência e outras: actividades de gestão de ciência, de transferência de tecnologia ou de comunicação de ciência. Bolsa PD: bolsa pós-doutoral. Bolsa PhD: bolsa de doutoramento. Univ: universidade. Politéc.: instituto politécnico. BGCT: bolsa de gestão de ciência e tecnologia. Vínc. pontuais: vínculos pontuais.

Mas a duração das jornadas de trabalho não tem necessariamente implicações directas nos produtos do trabalho desenvolvido por estes profissionais nem obrigatoriamente no seu maior ou menor alinhamento com a cultura prevalecente no campo. Por forma a aferir se as longas jornadas de trabalho dos académicos precarizados terão tradução numa produção dos indicadores mais valorizados no sector do ensino superior e da ciência, procedeu-se a uma análise quantitativa do número de publicações indexadas que os académicos reportam ter desenvolvido em 2019. Esta análise não abarcará o caso dos gestores de ciência e profissionais com actividades próximas, cujos trabalhos, podendo traduzir-se em publicações, revertem, na generalidade das vezes, em outro tipo de produtos. Esta análise pode encontrar-se na *Figura 18*, verificando-se que a imensa maioria dos académicos precarizados indica ter produzido entre um a quatro artigos indexados durante o ano de 2019.

---

[1] A média de horas de trabalho dos diferentes grupos de inquiridos é significativamente diferente (H_{10}=278,913; $p<0{,}001$).

Uma vez mais, é entre os investigadores com contratos de trabalho e com bolsas pós--doutorais que se encontram os que indicam ter uma produção mais acentuada, com 26% e 14%, respectivamente, a reportar ter produzido cinco ou mais artigos no ano referido. Do mesmo modo, estes investigadores indicam ainda produzir outro tipo de publicações e de que são exemplo livros (17% nos dois casos), capítulos de livros (64% e 58%, respectivamente) e outros artigos científicos (43% e 53%, respectivamente). Do mesmo modo que os seus colegas doutorados, também os doutorandos declaram produzir números muito consideráveis de produtos científicos, com 78% a reportar publicar pelo menos um artigo em revistas indexadas na *Web of Science* e/ou *Scopus* em 2019. A estes artigos acrescerá ainda a publicação de pelo menos um capítulo de livro (42%); outros artigos (46%) ou livros (10%). Apesar de se encontrarem numa fase inicial das suas trajectórias, os investigadores em doutoramento já aparentam apresentar aqueles que são os produtos mais valorizados do trabalho científico.

Entre os docentes convidados do ensino superior verifica-se que as suas actividades não se cingem efectivamente a actividades lectivas. Estes profissionais indicam uma produção assinalável de publicações científicas. Nessa situação encontram-se 89% dos docentes do ensino universitário e 78% dos docentes do ensino politécnico que reportam ter publicado pelo menos um artigo científico indexado na *Web of Science* ou na *Scopus* em 2019.

Um último olhar será dirigido à produção absolutamente surpreendente dos académicos com vínculos pontuais ou sem rendimentos do trabalho. Entre estes, 11% e 12% indica ter publicado cinco ou mais artigos em revistas indexadas[2]. Estes resultados estão alinhados com os seus discursos quando referem que estão a dedicar ou a «aproveitar» os seus tempos de grande instabilidade laboral para aumentar os seus níveis de produção académica. Apesar do reconhecimento dos múltiplos vícios do sector, esta parece ser mesmo uma estratégia para um potenciar o acesso futuro a um vínculo, ainda que precário, na academia.

No cômputo geral, os vínculos precários destes trabalhadores encontram-se associados a discursos que assinalam um elevado número de horas de trabalho e a um alinhamento efectivo das actividades laborais desenvolvidas com as normas e os valores do campo académico. Esta análise permite, pois, concluir que, ao nível das suas práticas laborais, os académicos precarizados reproduzem, fielmente, a cultura quantitativista e meritocrática do campo académico.

---

[2] O número de artigos publicados, em 2019, em revistas indexadas na *Web of Science* ou na *Scopus* dos diferentes grupos de inquiridos é significativamente diferente (H_{10}=245,598; p<0,001).

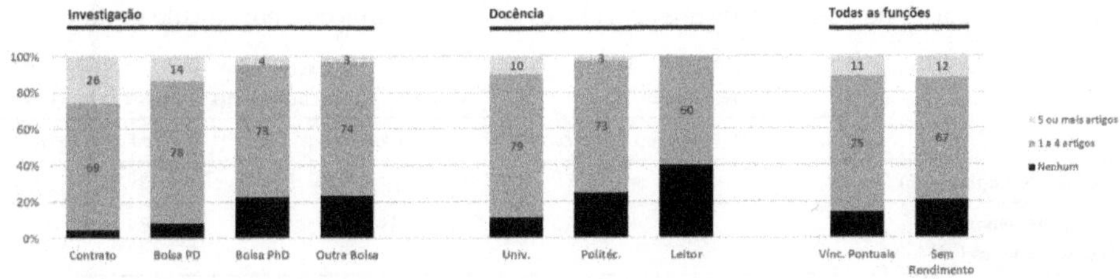

Figura 18. Artigos publicados em 2019 em revistas indexadas na *Web of Science* ou na *Scopus* por função e por vínculo institucional.

Nota: Bolsa PD: bolsa pós-doutoral. Bolsa PhD: bolsa de doutoramento. Univ: universidade. Politéc.: instituto politécnico. BGCT: bolsa de gestão de ciência e tecnologia. Vínc. pontuais: vínculos pontuais.

Mas de que forma é que estes académicos percepcionam o impacto da precariedade nas actividades académicas que desenvolvem e nas trajectórias que têm vindo a percorrer? E na sua relação com os seus superiores hierárquicos e na participação nos órgãos de decisão das instituições a que se encontram vinculados? Terão os seus vínculos instáveis algum impacto? Permitirão esses vínculos uma maior flexibilidade nas suas trajectórias ou limitarão o tempo para actividades académicas, fruto da necessidade de assegurar um novo vínculo? As próximas secções abordam especificamente estas questões.

6.2. Reproduzindo e resistindo à neoliberalização da academia

A *Tabela 2* resume os resultados das percepções dos impactos da precariedade nas práticas dos académicos precarizados. A um primeiro nível, verifica-se que cerca de dois terços dos inquiridos indicam que a precariedade os impele a procurar um novo emprego, atingindo níveis particularmente elevados entre os trabalhadores com vínculos mais frágeis (com bolsa, com vínculos pontuais ou sem rendimentos). A um segundo nível, cerca de metade dos inquiridos aponta para os impactos da precariedade no tempo disponível para se dedicarem exclusivamente a actividades académicas, seja fruto do tempo que redireccionam para a busca de um novo emprego, seja através da necessidade de iniciar novos procedimentos a cada novo vínculo laboral ou outros motivos. A um terceiro nível, cerca de um terço dos inquiridos revela que a precariedade tem implicações num aumento do número de horas dedicado ao trabalho.

Tabela 2. Impactos da precariedade nas actividades laborais por função e por vínculo institucional.

	Investigação				Docência			Gestão de ciência e outras		Todas as funções	
	Contrato	*Bolsa PD*	*Bolsa PhD*	*Outra bolsa*	*Univ.*	*Politéc.*	*Leitor*	*Contrato*	*BGCT*	*Vinc. pontuais*	*Sem rend.*
Procura de emprego (%)	67	81	47	73	53	44	27	39	60	73	74
Limitação tempo para act. académicas (%)	47	51	23	35	61	57	43	24	32	53	44
Aumento de horas de trabalho (%)	35	35	28	22	44	30	35	21	27	30	20

Nota: Gestão de ciência e outras: actividades de gestão de ciência, de transferência de tecnologia ou de comunicação de ciência. Bolsa PD: bolsa pós-doutoral. Bolsa PhD: bolsa de doutoramento. Univ: universidade. Politéc.: instituto politécnico. BGCT: bolsa de gestão de ciência e tecnologia. Vínc. pontuais: vínculos pontuais. Sem rend.: sem rendimento. Act.: actividades.

Os discursos dos académicos precarizados adensam os impactos da precariedade no trabalho que desenvolvem. Através destes discursos, os inquiridos sublinham as dissonâncias entre as suas práticas, amplamente reprodutoras da estrutura performativa da academia, e as suas leituras subjectivas dessas mesmas práticas, não só apontando para os impactos perversos da precariedade em várias dimensões do trabalho, como chegando mesmo a questionar o *mérito* dessas mesmas práticas e os seus contributos efectivos para a construção e para a partilha de conhecimento.

> *Vivemos num sistema em que o que importa é quanto se publica e não o que se publica, o que privilegia a mediocridade, sendo profundamente castrador para quem quer começar algo de novo, algo de diferente. Até porque as avaliações nunca são feitas tendo em conta o contexto em que o CV é feito (a produtividade da área, a dedicação à gestão de equipamentos, o ter mudado de sítio e de projecto, etc.). Aliás, eu gostaria que alguém me explicasse porque é que quando se concorre a uma posição de docente, é o CV que conta 70% e não o projecto? Não serão as ideias mais importantes? Hoje em dia vemos concursos para professores auxiliares em que o candidato tem mais de 100 artigos obtidos em 10 anos. Será que ninguém se pergunta qual a contribuição efectiva dessa pessoa nessas publicações? Porque é que esses concursos nunca têm uma entrevista em que os candidatos têm que defender as suas ideias perante o corpo docente?* (Cristina, 46 anos, investigadora com contrato)

> *Limitação de independência intelectual; limitação no desenvolvimento projectos mais inovadores que requerem tempo e maturação de ideias; pressão de publicar o que reduz qualidade científica.* (Lurdes, 51 anos, investigadora com contrato)

> *Dificuldades de planeamento de trabalho a médio e longo prazo; dificuldade de estabelecimento de equipa própria.* (Maria, 41 anos, investigadora com contrato)

> *Dúvidas sobre importância do que faço.* (Teresa, 44 anos, investigadora com contrato)

> *A procura constante de trabalho mais estável faz com que haja uma diminuição significativa na concentração, dedicação, empenho e aumenta o descrédito na instituição.* (Sofia, 35 anos, investigadora com bolsa pós-doutoral)

> *Trabalho volante e discricionário.* (Gonçalo, 35 anos, investigador com outra bolsa)

> *A situação de precário desestabiliza todas as dimensões da vida das pessoas: na auto-estima; no empenho no trabalho; na perda de tempo constante na procura de trabalho e na articulação com vários trabalhos, resultando na sobreposição de tarefas ou repetição das mesmas e das diligências administrativas que se repetem a cada ano, factos que subtraem muito tempo e energia que devia ser usada com o próprio trabalho.* (Carla, 56 anos, docente do ensino superior universitário)

> *Inemprego. Mediocridade de condições e de chefias. Projectos* «dead end». (Isabel, 33 anos, vínculo pontual)

> *Impactos negativos: na rapidez com que se produz; na magnitude do que se pode concretizar.* (Hugo, 43 anos, sem remuneração do trabalho académico)

> *A precariedade e o produtivismo académico alteraram minha percepção sobre o conhecimento que se tem produzido na academia e a circulação da pesquisa. Esta situação torna as colaborações mais difíceis na medida em que aumenta a competitividade. Há menos ética no ambiente académico. As relações deterioram-se quando se percebe que há aqueles que se beneficiam da precariedade e que não se importam com as condições de trabalho dos seus colegas.* (Daniela, 50 anos, sem remuneração do trabalho académico)

Mas as consequências da precariedade ainda se fazem sentir a outros níveis com implicações directas nas práticas passíveis de ser realizadas pelos inquiridos e nas trajectórias que, a partir dessas práticas, são por eles equacionadas. Por um lado, encontram-se os que reportam pressões de superiores hierárquicos e a falta de participação na vida democrática das suas instituições. Por outro, os que associam a precariedade a uma maior autonomia e flexibilidade na construção das suas trajectórias laborais. Estas duas posições serão exploradas nas próximas secções deste capítulo.

6.3. Da falta de acesso a carreiras académicas à falta de confiança institucional

A *Tabela 3* explora as percepções dos impactos da precariedade na participação nos órgãos de decisão das instituições académicas e numa eventual pressão realizada por superiores hierárquicos sobre a população académica precarizada. Se os resultados encontrados apontam para que a experiência de pressões por superiores hierárquicos apresente uma manifestação similar entre as diferentes categorias de inquiridos, já no que diz respeito à participação na vida institucional são os grupos compostos exclusivamente por académicos doutorados (investigadores e docentes) que, de um modo geral, mais apontam para uma diminuta participação na vida democrática das suas instituições. Recorde-se que estes trabalhadores são aqueles que se mantêm na academia de forma mais duradoura e que, consequentemente, há mais tempo alimentam expectativas de acesso a uma posição permanente e a participar, elegendo e sendo eleito, nos órgãos de decisão das suas instituições.

Tabela 3. Impactos da precariedade na participação institucional e nas relações laborais por função e por vínculo institucional.

	Investigação				**Docência**			**Gestão de ciência e outras**		**Todas as funções**	
	Contrato	*Bolsa PD*	*Bolsa PhD*	*Outra bolsa*	*Univ.*	*Politéc.*	*Leitor*	*Contrato*	*BGCT*	*Vínc. pontuais*	*Sem rend.*
Não participação nos órgãos de decisão (%)	27	37	12	18	40	32	46	18	30	16	26
Pressão de superiores hierárquicos (%)	25	24	21	22	24	16	30	12	23	19	12

Nota: Gestão de ciência e outras: actividades de gestão de ciência, de transferência de tecnologia ou de comunicação de ciência. Bolsa PD: bolsa pós-doutoral. Bolsa PhD: bolsa de doutoramento. Univ: universidade. Politéc.: instituto politécnico. BGCT: bolsa de gestão de ciência e tecnologia. Vínc. pontuais: vínculos pontuais. Sem rend.: sem rendimento.

Este retrato é completado através de discursos que assinalam as falências de um sistema que, através da precariedade, os mantém numa situação de semiexclusão, falas que também expressam uma visão das suas instituições como predadoras, indicando que se sentem pressionados, mais ou menos veladamente, a aceitar todo o tipo de tarefas.

Impossibilidade de influenciar a política da minha instituição. (Carlota, 52 anos, investigadora com contrato)

Impactos da precariedade fazem sentir-se no não reconhecimento oficial da relação laboral na instituição onde trabalho e no impedimento de entrar numa carreira profissional. Muita exigência profissional e vulnerabilidade face à pressão das chefias. (Rita, 38 anos, investigadora com bolsa pós-doutoral)

Não respondi a algumas questões com o intuito de evitar a minha identificação. Lamentavelmente, não me sinto seguro e é isso que tantas vezes impede o avanço de processos judiciais contra a reitoria. A precariedade promove o silêncio e a resignação. A situação que se vive no ensino superior é absolutamente inaceitável e vergonhosa. Todo o sistema académico está assente numa lógica que privilegia aqueles que são predadores do trabalho dos precários. Sou professora convidada há 15 anos na mesma entidade com fim de contrato em Setembro de 2020, renovável anualmente ad eternum. *Acresce leccionação anual de uma unidade curricular noutra escola da universidade X (sem remuneração). Procuro emprego porque estou exausta e porque me revolta sentir que dou tanto à instituição, mas o meu valor não é reconhecido no que respeita às condições contratuais, que me colocam numa situação de profunda injustiça em relação aos meus colegas.* (Inês, 45 anos, investigadora com bolsa pós-doutoral)

Maior sujeição às agendas externas/de superiores hierárquicos. (Lígia, 34 anos, investigadora com bolsa pós-doutoral)

Dependência do poder decisório de superiores na gestão da carreira e trabalho a realizar. (Sílvia, 43 anos, investigadora com bolsa pós-doutoral)

É uma desilusão que tenhamos que estar tão dependentes de orientadores autoritários, e sem podermos recorrer a um órgão que nos possa proteger e auxiliar. Quem protege o «bolseiro»*?* (Ana, 40 anos, investigadora com bolsa de doutoramento)

Trabalho há 16 anos na Faculdade X, num centro de investigação, com horário fixo e hierarquia, mas sempre com contratos precários. Gostava de ter alguma segurança no meu trabalho, nomeadamente segurança social e subsídio de desemprego. Como última tentativa estou a tirar o doutoramento, para tentar um vínculo mais forte à faculdade e para tentar parar de dar aulas à borla, em nome de outras pessoas. Não sei se vou conseguir. Se não conseguir tenciono procurar outra faculdade onde me aceitem como docente. (Rute, 37 anos, investigadora com outra bolsa)

Nalguns casos, e mesmo não existindo nenhuma secção do instrumento de inquirição direccionada a aceder directamente a questões de assédio laboral, os inquiridos reconhecem-no e explicitam-no, por vezes, relatando o seu caso pessoal e as suas repercussões no presente e nos seus planos de futuro:

> *Sofro* mobbing *no trabalho.* (Alexandra, 51 anos, investigadora com contrato)

> *Em X (data) ganhei uma bolsa de quatro meses cujo edital tinha «fotografia» (e a fotografia não era minha). Essa atribuição da bolsa levou a que a orientadora da bolsa me tenha começado a fazer assédio moral, pedindo-me trabalho administrativo excessivo (que nem fazia parte das minhas funções), inclusive nos dias seguintes à morte de um familiar directo, situação de que tinha conhecimento. Esse assédio moral continuou de forma muito regular até X (data), com difamações sucessivas junto da direcção inteira do meu centro de investigação, enviando-me mensagens pessoais e via* email, *e difamando o meu orientador. (...) Entretanto, ganhei uma bolsa de 12 meses (BI*[3]*) do programa doutoral do meu departamento, cujos trabalhos deveriam decorrer entre X e X (datas). Os resultados saíram apenas em X (data) e a presidente do júri decidiu reavaliar a seriação, unilateralmente e sem justificação, em X (data), altura em que deixou de responder a* emails *ou prestar esclarecimentos. Depois de o júri andar às voltas com esse concurso, sempre com a conivência da direcção da faculdade, só em X (data) o processo seguiu para a FCT e, neste momento, ainda está em avaliação no gabinete jurídico. Por esse motivo, eu e uma colega estamos em exclusividade sem receber desde X (data) e sem saber se vamos sequer receber retroactivamente. Problemas semelhantes ocorrem há três concursos consecutivos e envolvem cerca de 30 candidatos, sendo que as direcções dos respectivos centros e da faculdade têm conhecimento e nada fazem. Neste momento aguardo o pagamento da bolsa nacional da FCT, depois de me ter visto forçada a desistir de uma bolsa mista do mesmo programa doutoral (e por isso prejudicar o meu plano de trabalhos) por razões semelhantes àquela descrita para a BI. Estou no início do meu percurso e já sem vontade de seguir uma carreira na investigação (como se a houvesse...). Neste momento não consigo trabalhar fisicamente no centro, a não ser que seja mesmo necessário, passei a trabalhar de noite e quero sair de Portugal o mais rápido possível.* (X, X[4], investigador com bolsa de doutoramento)

> *Procuro emprego porque não me sinto realizada no meu emprego actual e não sinto qualquer apoio por parte dos meus superiores, pelo contrário. Sinto-me vítima constante de* bullying, *sem que ninguém faça nada para o impedir.* (Mafalda, 37 anos, vínculo pontual)

---

[3] Bolsa de investigação.

[4] O sexo e a idade não são revelados por forma a garantir o anonimato do inquirido.

> *O facto de eu estar geralmente feliz com a minha situação actual (muito mais precária e mal paga do que deveria) deve-se, em grande medida, a uma situação de grave assédio moral a que estive sujeita nos últimos anos na minha anterior instituição (não relacionada com os temas deste inquérito), que não consegui que se resolvesse apesar de ter utilizado TODOS os meios e queixas ao meu alcance. O alívio de estar finalmente livre daquilo faz com que agora esteja contente (por contraste com o sofrimento destes últimos anos), mesmo a trabalhar a recibos verdes e com um terço do rendimento.* (Manuela, 43 anos, vínculo pontual)

Num contexto pautado por falta de segurança laboral, por falta de participação organizacional e pela experiência de pressões exercidas por superiores hierárquicos de forma mais ou menos velada, e mais ou menos intensa, ganha espaço uma falta de confiança institucional que se alarga do núcleo mais directo destes trabalhadores, na sua unidade de investigação ou no seu departamento, aos decisores políticos. As suas instituições são apresentadas como *um outro*, que os pressiona ou coage e o sistema científico e tecnológico é apresentado como lhes exigindo uma entrega total sem lhes retribuir de uma forma minimamente justa.

> *Contrato de trabalho pelo Decreto-Lei n.º 57/2016. A Faculdade vê-se na obrigação de fazer este contrato deixando bem claro que assim que possa finalizará o mesmo. Ainda diz que, no final apenas vai abrir algumas vagas de docência pelo que teremos de dar aulas se pretendemos concorrer. No entanto, nos concursos abertos o peso da docência é de 5%–10%. Ninguém pode acordar e vir para a faculdade e fazer investigação ou dar aulas neste clima. É um fardo nas nossas costas.* (Miguel, 40 anos, investigador com contrato)

> *Receio que não haverá lugar para mim na instituição onde me encontro quando o meu contrato acabar. Somos muitos e os lugares de contrato a tempo indeterminado não são mais de 15% das pessoas que cá trabalham. Sinto-me pressionada para aceitar todo o tipo de tarefa nos meus grupos de investigação para «ganhar pontos» e ser mais elegível para futuros contratos. Sinto também que passo mais tempo em tarefas de promover o meu trabalho e o dos meus grupos de investigação do que a fazer a investigação propriamente dita.* (Margarida, 52 anos, investigadora com contrato)

> *As universidades estão a ser geridas da pior forma possível, sem atenção aos alunos e como se ensina e sem dar o apoio àqueles que vestem todos os dias a camisola sem que isso seja reconhecido como é o caso dos investigadores. Houve na instituição X lamentavelmente um* email *assinado por todos os presidentes de X a dizer que não nos queriam no quadro, alegando*

> *perda de qualidade. Uma cretinice sem classificação! Afinal gostam de nós quando trazemos dinheiro, ou damos aulas de graça, ou orientamos alunos, desde que não sejam eles responsáveis pela nossa subsistência, que não haja connosco um compromisso assumido. Perdoem-me o desabafo!* (Y, Y[5], investigador com contrato)

> *A falta de apoio por parte das instituições que albergam os investigadores é uma realidade cruel. Só se interessam pelos resultados e o* output *gerados por eles, não se preocupam se têm dinheiro para comer.* (António, 31 anos, sem remuneração do trabalho académico)

Os inquiridos reconhecem que, a par do sistema altamente competitivo e que exige produtividade máxima e sorte, fruto das enormes restrições do número de contratações a prazo nos concursos gerais organizados pela FCT, convivem práticas endogâmicas nos concursos, para a carreira docente ou para bolsas, organizados localmente nas instituições de ensino superior e de ciência. Como resultado, ganha espaço uma falta de confiança nas instituições do sector de ensino superior e de ciência e uma indignação com a forma como sentem ser sucessivamente desconsiderados.

> *Cada vez se exige mais aos jovens investigadores para entrar na carreira, enquanto nada é exigido a quem está no sistema há anos. Muitos recém-doutorados têm melhores CVs que muitos Professores Auxiliares e Associados. A maioria dos concursos da carreira docente apesar de serem concursos públicos, já tem um candidato pré-escolhido e só em casos demasiados óbvios não são vencedores. Esta situação só fomenta os* «apadrinhamentos» *por parte dos docentes em topo de carreira e a endogamia académica, bloqueando qualquer de mobilidade de investigadores dentro do país.* (Luís, 39 anos, investigador com contrato)

> *A contratação pública nas universidades é de uma corrupção e de uma impunidade assustadoras.* (André, 37 anos, investigador com contrato)

> *Descrédito no sistema actual de concursos públicos, cujos editais são elaborados à medida.* (Laura, 36 anos, investigadora com contrato)

> *Não confio nas instituições de ensino e ciência em Portugal.* (Marco, 47 anos, investigador com contrato)

[5] Não serão revelados o sexo e idade do respondente por forma a manter o anonimato.

> *A maior dificuldade do cenário nacional advém da barreira que a academia faz à progressão e inclusão dos bolseiros, por questões dinásticas! Os cargos estão ocupados por pessoas com entrada directa, com relações políticas e de favorecimento, nepotismo e são inseridas nos quadros por convite e nomeações, impedindo que exista financiamento para os bolseiros precários, que no fim acabam por fazer toda a produtividade cientifica, sendo tratados como um «equipamento».* (Joaquim, 38 anos, investigador com bolsa de doutoramento)

> *As bolsas hoje são um luxo de uns poucos que têm orientadores que manipulam concursos para os pôr como bolseiros ou de quem tem famílias que os suportam em cidades onde a habitação e os custos de vida são superiores aos montantes da bolsa.* (Ricardo, 29 anos, investigador com outra bolsa)

Entre os que estão há mais tempo nesta situação de incerteza, permanecendo na mesma instituição por longos períodos, o descrédito no sistema é imenso e o programa de regularização de vínculos precários de estado (PREVPAP) foi uma enorme desilusão.

> *Uma das razões mais desmotivantes para mim foi o facto de trabalhar há quase 20 anos na mesma instituição (Universidade X) e este ano ter recebido o relatório do PREVPAP em que esta instituição renega qualquer vínculo comigo. Apesar de esperado foi realmente um golpe muito duro, especialmente por ter uma colega que teve o mesmo percurso do que eu (licenciatura e doutoramento no mesmo ano, trabalhando sempre na mesma instituição) mas que por um golpe de sorte ficou a trabalhar na Universidade Y e não na X como eu. Como tal, ela teve direito ao PREVPAP, merecidamente, e eu não.* (Luísa, 41 anos, investigadora com contrato)

> *Manifestamente descontente com a situação actual do país relativamente às oportunidades de investigação, disponibilidade e reconhecimento (...) 14 anos a viver com bolsas de investigação é um massacre! (...) não tenho qualquer estabilidade financeira e nem sou sequer considerada trabalhadora!* (Matilde, 38 anos, investigadora com outra bolsa)

> *É lamentável atingir-se mais de 50 anos sem emprego certo, tendo o Estado falhado redondamente na integração de doutorados, de forma abrangente. Em particular, os Programas CIÊNCIA 2008 (e 2007), que tinham como objectivos a integração ao final de cinco anos, e em que os investigadores entraram por concurso público, foram um fracasso, não tendo integrado ninguém. Quem teve de sair e procurar outras alternativas ficou novamente à deriva. Fala-se muito (e bem) da carreira dos jovens investigadores, mas ignora-se o problema daqueles que há dezenas de anos procuram estabilidade e que, muitas vezes por*

> *razões familiares, tomaram a opção errada de não emigrar para países em que as suas capacidades seriam aproveitadas e valorizadas.* (Mónica, 50 anos, docente no ensino superior politécnico)

> *Estou no PREVPAP. A Comissão de Avaliação Bipartida e a Instituição de ensino onde estou a 60% (X) consideram o meu contrato adequado e por isso não me integram na regularização. Contudo o departamento onde estou diz que há falta de docentes! O meu contrato é de oito horas, mas há semestres em que dou mais de 12 horas, e o habitual são 9,5 horas. Também oriento alunos nos seus projectos finais de curso. De 2010 até agora, dei nove disciplinas diferentes nos diversos cursos do departamento. Faço investigação, mas como não tenho um projecto financiado tenho de investir o que tenho para realizar essa investigação. Não tenho outro emprego, e por isso complemento esporadicamente com pequenas tarefas a recibos verdes. Cerca de 950 euros líquidos por mês é muito pouco.* (Rodrigo, 54 anos, docente convidado no ensino superior politécnico)

Nos seus discursos, sobrevem uma profunda tristeza resultante das dissonâncias entre a importância que é socialmente atribuída ao seu trabalho, uma importância que os académicos reproduzem, e a falta de reconhecimento das condições laborais em que estes trabalhadores se encontram.

> *Espero que este questionário sirva para mostrar algumas das dificuldades que limitam a investigação em Portugal. Os trabalhadores que nele estão incluídos merecem melhor do que a maneira como o seu trabalho é menosprezado excepto para mediatismo fácil enquanto somos esquecidos pelos vários governos.* (Helena, 34 anos, investigadora com bolsa doutoramento)

> *Se apenas 8% dos candidatos ao Emprego Científico foram seleccionados, qual o futuro da ciência em Portugal? Qual o futuro dos jovens investigadores? Aliás, qual o futuro dos jovens, no geral? Voltamos à emigração... Um dia destes somos um país de velhos... Afinal, já somos. E ninguém quer saber.* (Madalena, 28 anos, investigadora com contrato)

> *É uma vergonha num país que se intitula de primeiro mundo se trate os investigadores como se fossem mercadoria.* (Andreia, 32 anos, investigadora com contrato)

> *Indignação para com os governantes de Portugal.* (Cristina, 54 anos, investigadora com contrato)

No saldo do empenho que julgam demonstrar e de uma percepção de falta de reconhecimento objectivo e subjectivo, cerca de metade dos inquiridos indica estar desmotivado (*Tabela 4*).

Tabela 4. Impactos da precariedade na desmotivação no trabalho por função e por vínculo institucional.

	Investigação				**Docência**			**Gestão de ciência e outras**		**Todas as funções**	
	Contrato	*Bolsa PD*	*Bolsa PhD*	*Outra bolsa*	*Univ.*	*Politéc.*	*Leitor*	*Contrato*	*BGCT*	*Vínc. pontuais*	*Sem rend.*
Desmotivação (%)	50	59	148	46	44	45	35	52	60	49	61

Nota: Gestão de ciência e outras: actividades de gestão de ciência, de transferência de tecnologia ou de comunicação de ciência. Bolsa PD: bolsa pós-doutoral. Bolsa PhD: bolsa de doutoramento. Univ: universidade. Politéc.: instituto politécnico. BGCT: bolsa de gestão de ciência e tecnologia. Vínc. pontuais: vínculos pontuais. Sem rend.: sem rendimento.

Essa desmotivação também se encontra amplamente plasmada nos discursos dos inquiridos.

> *Desmotivação com o trabalho e forma como sou tratado enquanto doutorado. Pouca ou quase nenhuma autonomia.* (Joaquim, 34 anos, investigador doutorado com bolsa)

> *Desmotivação pela precariedade e falta de reconhecimento e cumprimento dos preceitos legais de contratação (PREVPAP e/ou «Decreto de contratação de doutorados»).* (Júlia, 41 anos, investigadora doutorada com bolsa)

> *Falta de sentimento de valorização e consequente desmotivação.* (Ângelo, 44 nos, vínculo pontual)

> *Necessidade de desafio, de mudança e de me sentir efectivamente útil e que o meu trabalho é reconhecido.* (Carmo, 36 anos, vínculo pontual)

6.4. Autonomia e flexibilidade como palavras de ordem

Se até aqui se registou, por um lado, uma reprodução da academia neoliberalizada através das práticas dos académicos (*Figura 17* e *Figura 18*) e, por outro, a construção de pequenos espaços e tempos de resistência onde se questionam os efeitos perniciosos da precariedade e da cultura da competitividade nos produtos do trabalho académico e nas relações entre os vários actores do sector, importa salientar que 8% a 26% dos inquiridos não só reproduzem, através das suas práticas, a cultura dominante na academia da actualidade, como indicam que a vinculação laboral instável promove uma maior autonomia e/ou uma flexibilidade no percurso laboral (*Tabela 5*).

Tabela 5. Impactos da precariedade na autonomia e na flexibilidade por função e por vínculo institucional.

	Investigação				**Docência**			**Gestão de ciência e outras**		**Todas as funções**	
	Contrato	*Bolsa PD*	*Bolsa PhD*	*Outra bolsa*	*Univ.*	*Politéc.*	*Leitor*	*Contrato*	*BGCT*	*Vínc. pontuais*	*Sem rend.*
Maior autonomia (%)	17	23	10	11	13	16	11	15	15	16	12
Maior flexibilidade no percurso laboral (%)	14	24	13	14	19	15	8	24	26	11	13

Nota: Gestão de ciência e outras: actividades de gestão de ciência, de transferência de tecnologia ou de comunicação de ciência. Bolsa PD: bolsa pós-doutoral. Bolsa PhD: bolsa de doutoramento. Univ: universidade. Politéc.: instituto politécnico. BGCT: bolsa de gestão de ciência e tecnologia. Vínc. pontuais: vínculos pontuais. Sem rend.: sem rendimento.

Curiosamente, nenhum dos discursos registados traduz estas avaliações, não sendo por isso possível averiguar os sentidos mais finos que os académicos precarizados atribuem a estas dimensões.

6.5. Em jeito de síntese

Este capítulo permitiu aferir que os académicos precarizados reproduzem através das suas práticas as métricas reconhecidas no campo e, através destas, a cultura competitiva dominante. No entanto, uma análise dos sentidos atribuídos pelos inquiridos às práticas laborais que desenvolvem permite complexificar o quadro inicial apresentado. Por um lado, muitos académicos constroem pequenos espaços e pequenos tempos de resistência às normas e aos valores vigentes na academia neoliberalizada através dos seus discursos, revelando dissonâncias com as práticas que desenvolvem. Por outro, os resultados encontrados sugerem que alguns inquiridos apresentam uma visão da precariedade como capacitadora para a autonomia e promotora de uma flexibilidade na construção das suas trajectórias laborais.

Uma vez realizada uma análise das práticas académicas e uma reflexão sobre as repercussões da condição laboral precária no trabalho desenvolvido, o próximo capítulo debruçar-se-á sobre os impactos das trajectórias de precariedade nas vidas que cada um e que cada uma tem para além do trabalho.

7
AS VIDAS ADIADAS DOS ACADÉMICOS PRECARIZADOS

Este capítulo deter-se-á nos impactos da precariedade nas vidas dos académicos precarizados. Tal como verificado anteriormente neste e em outros sectores de actividade económica, inclusive em Portugal, a precariedade apresenta uma dimensão objectiva, traduzida numa vinculação laboral instável e, por vezes, descontínua, e uma dimensão subjectiva, traduzida numa incerteza que invade os tempos e os espaços extralaborais e que se alonga do presente para o futuro. Esta dimensão reflecte-se, por um lado, numa sobreposição de tempos e horas de trabalho e de lazer e numa grande dificuldade de delinear de projectos e planos laborais ou extralaborais que ultrapassem o curto prazo (Araújo, 2009; Araújo & Sousa, 2008; Carmo & Matias, 2019; Soeiro, 2015). Se estas dimensões foram abordadas por trabalhos centrados em trabalhadores precarizados de outros sectores de actividade ou em grupos específicos de académicos, desconhece-se qualquer estudo anterior que tenha abordado estas questões entre os vários segmentos de trabalhadores académicos precarizados.

A análise que agora se apresenta explora precisamente estas dimensões entre académicos precarizados que trabalham em Portugal. Neste sentido, as próximas secções deste capítulo partirão, num primeiro momento, dos resultados recolhidos através das respostas a perguntas fechadas relativas aos impactos da precariedade nas vidas para além do trabalho e, num segundo momento, das vivências subjectivas da precariedade que foram expressas nos testemunhos dos inquiridos.

7.1. Futuros incertos e vidas adiadas

Entre todos os grupos de trabalhadores precarizados inquiridos, os dois maiores impactos da precarização são, por um lado, a incerteza no futuro, na generalidade das categorias analisadas, a apresentar frequências a rondar os 90%; e, por outro, a falta de estabilidade para concretizar projectos pessoais, com cerca de 80% dos inquiridos a assinalar a sua presença (*Tabela 6*). No extremo oposto, encontra-se um número reduzido de académicos que indica que a precariedade não tem impactos, seja a um nível académico, seja ao nível pessoal.

Tabela 6. Implicações da precariedade nas vidas dos académicos precarizados por função e por vínculo institucional.

	Investigação				Docência			Gestão de ciência e outras		Todas as funções	
	Contrato	*Bolsa PD*	*Bolsa PhD*	*Outra bolsa*	*Univ.*	*Politéc.*	*Leitor*	*Contrato*	*BGCT*	*Vínc. pontuais*	*Sem rend.*
Incerteza no futuro (%)	92	95	94	96	93	86	70	100	94	91	91
Falta estabilidade para projectos pessoais (%)	79	90	85	86	77	73	54	85	85	81	80
Não tem impactos (%)	1	0	2	1	1	2	16	3	1	1	2

Nota: Gestão de ciência e outras: actividades de gestão de ciência, de transferência de tecnologia ou de comunicação de ciência. Bolsa PD: bolsa pós-doutoral. Bolsa PhD: bolsa de doutoramento. Univ: universidade. Politéc.: instituto politécnico. BGCT: bolsa de gestão de ciência e tecnologia. Vínc. pontuais: vínculos pontuais. Sem rend.: sem rendimento.

Nos dois primeiros casos, estamos perante frequências muitíssimo elevadas que revelam, desde logo, o peso da incerteza e da falta de estabilidade para o desenvolvimento de projectos pessoais entre académicos precarizados. A experiência subjectiva de cada uma destas dimensões será acompanhada com maior profundidade através dos discursos dos inquiridos.

No que diz respeito ao futuro, os seus testemunhos expressam uma total incerteza sobre o que está por vir, incluindo o que lhes acontecerá quando atingirem a idade da reforma, e um confronto, por vezes latente, por vezes explícito, com o facto de se identificarem como pessoas altamente qualificadas e produtivas no seu trabalho e de isso não aparentar ser suficiente para ultrapassar a situação de precarização de longa duração em que se encontram.

> *Para quem conseguiu um contrato, o momento actual poderá até ser de alguma realização: no meu caso, mas possivelmente também para muitos outros, mudança de instituição, oportunidade de poder fazer algo diferente noutra área, etc. Isto poderá ser um grande contraste com a situação de muitos investigadores há 1/2 anos atrás não só por razões pessoais (mencionadas na frase anterior) mas também porque finalmente têm um contrato que dá um maior conforto (desde logo um aumento do rendimento mensal disponível). Contudo a grande preocupação*

é o futuro: daqui a 18 meses já não tenho contrato. Muitos outros colegas já não terão contrato. Com as novas orientações da FCT já nem sequer poderei concorrer a outras posições e bolsas que requerem menor nível de formação. E como muitos destes contratos são a termo certo que decorrem de projectos não há perspectivas de continuidade. (Tiago, 50 anos, investigador com contrato)

Não vejo futuro no caminho que percorro. (Mário 32 anos, investigador com contrato)

Vida suspensa sem estabilidade. (Marisa, 45 anos, investigadora com contrato)

Não vejo futuro na investigação em Portugal e não tenho qualquer tipo de estabilidade. (Raquel, 44 anos, investigadora com bolsa de doutoramento).

Dificuldade em concentrar-me no presente por estar sempre a pensar que o meu trabalho não abre expectativas de futuro. (Mário, 32 anos, investigador com bolsa de doutoramento)

A situação actual na investigação em Portugal é só vergonhosa! Acabam-se com as bolsas (o que até concordo) mas não se fazem contratos. Diz-se que existe pleno emprego entre os doutorados e quando saem os resultados percebe-se que afinal cerca de 95% fica sem emprego. Estou no final do 2ºano do doutoramento em X e não tenho qualquer perspectiva de futuro. Quando esta bolsa da FCT terminar não sei o que irá acontecer, mas provavelmente não terei CV suficiente para conseguir estar nos cerca de 5% que conseguem os contratos, que na realidade funcionam como mais uma bolsa de cinco ou seis anos. Produz-se muito conhecimento científico em Portugal, temos imenso valor, mas não existe um acompanhamento salarial adequado nem a mínima estabilidade. Tenho namorada, recentemente ficámos sem casa porque o senhorio quis vendê-la, estamos neste momento a viver com os pais dela (temos 29 e 30 anos), queremos ter uma casinha onde possamos viver e criar os nossos filhos, que obviamente ainda não temos porque não existe a mínima perspectiva de futuro. É muito isto e tenho a certeza que como eu existem centenas! Não podemos desistir dos nossos objectivos mas chega uma altura que fica difícil perceber por onde é o caminho. (Miguel, 29 anos, investigador com bolsa de doutoramento)

Aos 45 anos, completei um total de 11 anos de ensino superior (cinco de mestrado integrado; dois de mestrado; quatro de doutoramento concluído com distinção e louvor), estou a viver em casa dos meus pais e com dificuldades em perspectivar o futuro em termos pessoais, laborais e académicos. Além disso, penso que o contributo que poderia dar à sociedade está a ser desvalorizado e não vejo muitas perspectivas de isso mudar. (Júlia, 45 anos, gestora de ciência e tecnologia com bolsa)

Impossibilidade de ter acesso a processos básicos, como pensão de reforma decente, empréstimos, etc. (Marília, 42 anos, gestora de ciência e tecnologia com bolsa)

Falta de perspectivas futuras. (Francisca, 31 anos, sem remuneração do trabalho académico)

As suas vozes também sublinham as dificuldades antevistas no acesso à parentalidade, que vão adiando, e a outros planos do foro das suas vidas privadas, igualmente adiados.

Sou investigadora responsável de um projecto FCT (concurso de 2017). À data do concurso era investigadora integrada do centro de investigação, mas sem vínculo contratual. Estou a usufruir do contrato para doutor que estava incluído no projecto para o qual consegui financiamento. Fiz o meu doutoramento numa universidade estrangeira e foi muito difícil voltar a integrar o meio científico nacional. Não acredito que venha a ter vínculo com a instituição onde estou actualmente depois deste contrato terminar. Esta instabilidade laboral foi uma das razões para adiar a maternidade e quando achei que a minha idade não permitia que esperasse mais, fui confrontada com a dificuldade em engravidar por razões de idade... (Laura, 43 anos, investigadora com contrato)

Não tenho filhos, porque apesar de ser doutorada desde 2010, não consigo ter um contrato de trabalho, por ter mudado de instituição. (Leonor, 41 anos, investigadora com bolsa pós-doutoral)

Não me casei e tive filhos ainda por causa da precariedade. Houvesse estabilidade e teria já tido filhos. A natalidade do país não se aumenta com cheques bebé ou incentivos fiscais, mas com estabilidade no trabalho e melhores condições de trabalho. (Madalena, 36 anos, investigadora com bolsa pós-doutoral)

A não estabilidade neste momento está a atrasar a minha vida pessoal nomeadamente em termos de filhos... se a população não crescer vamos ter um grande problema no futuro mas as ajudas e estabilidade são escassas e não tenho segurança suficiente. Quem me garante se ficar grávida que me vão renovar a bolsa? E se não renovarem como podemos sustentar os filhos? (Dulce, 32 anos, investigadora com bolsa pós-doutoral)

Gostava que houvesse maior facilidade para a constituição de família. Quando estive de licença de parentalidade, recebi uma miséria através da segurança social, que não corresponde de todo aos 100% do valor mensal da bolsa. (Francisca, 28 anos, investigadora com outra bolsa)

Impossibilidade de comprar casa e de planear a construção de uma família por insegurança financeira e profissional. (David, 33 anos, investigador com outra bolsa)

Impossibilidade de conseguir independência financeira e sair da casa dos pais enquanto jovem cientista. (Cármen, 26 anos, investigadora com outra bolsa)

Não é justo, um país que investe nos seus estudantes deixá-los assim, sob esta pressão constante, que remete as decisões familiares para mais tarde, impossibilitando os investigadores de desenvolver o seu percurso pessoal como gostariam. (Graça, 27 anos, investigadora com outra bolsa)

Impossibilidade de pedir empréstimos bancários, impossibilidade de constituir família ao ritmo desejado. (Daniel, 31 anos, investigador com outra bolsa)

Constantes iniciações/interrupções dos trabalhos decorrentes das (novas/anteriores) bolsas/contratos principalmente se em grupos/instituições diferentes. Que levará também a constante procura de casa/quarto e alteração de residência (para outra cidade), com tudo o que isso exige. (Diogo, 36 anos, investigador com outra bolsa)

Adiamento de projectos pessoais como a maternidade. (Alice, 40 anos, gestora de ciência e tecnologia com bolsa)

Vida pessoal destruída. (David, 37 anos, vínculo pontual)

Além de tudo aquilo que os investigadores têm de lidar, acresce como eu aqueles que são do sexo feminino e que «calharam» de engravidar. Rapidamente são postos de parte e fortemente discriminados num mercado já de si injusto e saturado. (Isabel, 33 anos, vínculo pontual)

Incapacidade de planear ou constituir família ou ter uma vida social adequada. (Francisco, 40 anos, sem remuneração do trabalho académico)

Mas se para todos (ou para quase todos) o futuro é marcado por uma grande incerteza que implica um adiar de planos pessoais e familiares, para outros, de um modo geral os que se encontram em situações laborais ainda mais frágeis, a insegurança vive-se também no presente. Este será o tema que será explorado na próxima secção.

7.2. Sobrevivendo: «***, pão, *********, *****»

Partindo do mote «paz, pão, habitação, saúde, educação», alguns dos inquiridos confrontam-se com dificuldades presentes para cobrir as despesas mais elementares. Entre aqueles que se encontram em situações laborais mais frágeis (académicos com contratos de bolsa, mas principalmente académicos com vínculos pontuais) ou os que não têm quaisquer rendimentos do trabalho, garantir o «pão» é também uma preocupação.

> *Limitação orçamento familiar, receio de que esta situação de instabilidade não permita ter recursos para cobrir despesas básicas da família.* (Ema, 46 anos, investigadora com bolsa pós-doutoral)

> *Vivo o dia a dia a tentar encontrar trabalhos precários que me permitam pagar as contas ao final do mês.* (Diana, 42 anos, vínculo pontual)

> *Ausência de estabilidade financeira para garantir que as despesas mensais sejam pagas para alguém que vive sozinha.* (Clara, 34 anos, vínculo pontual)

> *«***, pão, *********, *****»* (Gabriel, 36 anos, vínculo pontual)

> *Preciso de dinheiro para sobreviver.* (Rafaela, 26 anos, sem remuneração do trabalho académico)

> *Procuro emprego porque preciso de ter um rendimento para viver.* (Eva, 38 anos, sem remuneração do trabalho académico)

> *Não posso continuar a pagar para trabalhar e porque não creio que essa situação vá mudar.* (Daniela, 50 anos, sem remuneração do trabalho académico)

A prazo, os académicos precarizados que não tiverem redes sociais que lhes permitam aplacar estes períodos sem rendimentos, serão, inevitavelmente, empurrados para fora da academia. Torna-se aqui muito clara a reprodução de desigualdades sociais mais abrangentes.

7.3. Em jeito de síntese

Nos últimos dois capítulos percorreram-se os múltiplos impactos da precariedade através das percepções de académicos precarizados. Ao longo desses capítulos, acompanharam-se as suas reflexões sobre as suas trajectórias de vida, marcadas pela incerteza e pelo adiar da parentalidade e de outros planos das suas vidas privadas. Discutiram-se ainda os sentidos que estes académicos atribuem às suas trajectórias laborais, marcadas pela pressão de superiores hierárquicos. Não menos relevante serão os impactos da precariedade nos seus modos de pensar e de produzir conhecimento. A este respeito, os académicos revelam encontrar-se impossibilitados de concretizar projectos de maior duração e, consequentemente, sentem-se arrastados para projectos curtos e rapidamente traduzíveis em produtos académicos actualmente valorizados no campo científico. Estes académicos sentem que a dedicação extrema à ciência que mostraram ao longo dos anos não é de todo reconhecida. Nestas condições, experienciam um forte sentimento de desvalorização e de desânimo. Estes sentimentos abrem espaço para abordar de uma forma mais concreta a prevalência de *stress* e fadiga no trabalho. É esse o caminho que será percorrido no próximo capítulo.

8

BURNOUT PROFISSIONAL: CORRER POR GOSTO TAMBÉM CANSA![1]

Um dos temas que tem ganhado crescente visibilidade na academia e na sociedade de um modo mais alargado é o tema do *burnout* profissional, uma síndrome de origem ocupacional com impactos na saúde física e mental dos indivíduos, no seu desempenho profissional e numa intenção de abandonar o trabalho (Eurofound, 2018; Maslach & Leiter, 1997; M. Pereira, 2021; Watts & Robertson, 2011). No contexto académico, a sua presença tem sido associada a questões como a duração e a intensidade das jornadas de trabalho; a sobreposição deste com a vida pessoal e familiar; o enquadramento laboral; as percepções de autonomia; os recursos disponíveis; o apoio organizacional; o cumprimento de objectivos; ou, a interacção com os estudantes que, no caso específico de docentes do ensino superior, também tem sido associada ao *burnout* (Barkhuizen *et al.*, 2014; Daumiller & Dresel, 2020; Ferreira, 2023c; Padilla & Thompson, 2016; Perumalswami *et al.*, 2020; Watts & Robertson, 2011).

O presente trabalho recorreu à aplicação de um instrumento psicométrico para a avaliar a presença de três dimensões de *stress* e fadiga no trabalho, a saber: exaustão emocional, que avalia a frequência de sentimentos de esgotamento emocional; cepticismo, que avalia sentimentos de indiferença e uma atitude de distância em relação ao

---

[1] Uma nota para referir que muitas instituições académicas em Portugal dispõem de gabinetes de apoio psicológico que analisam e acompanham situações de natureza psicossocial de alunos e de trabalhadores que recorrem a este apoio. Estes gabinetes também realizam o reencaminhamento adequado dos casos que estão fora do âmbito das suas funções ou das suas competências. Na generalidade dos casos, o contacto destes gabinetes é facilmente acessível *online*, nos *sites* das instituições de ensino superior e ciência. Poderá ainda ser consultado o *site* do SNS 24, disponível em https://www.sns24.gov.pt/guia/aconselhamento-psicologico-no-sns-24/. Alternativamente, o *site* da ordem dos psicólogos apresenta um conjunto de informação relevante relativa ao *burnout* profissional, disponível em https://www.ordemdospsicologos.pt/pt/noticia/2997. A ordem dos psicólogos disponibiliza ainda um portal com informação relevante e recursos sobre saúde psicológica e bem-estar disponível em https://eusinto.me/, assim como informação relativa a todos os psicólogos inscritos na ordem, disponível em https://www.ordemdospsicologos.pt/pt/membros.

trabalho; e realização profissional, que avalia a satisfação dos inquiridos com conquistas ou concretizações laborais presentes e passadas[2] (Maslach & Leiter, 1997). Embora existam trabalhos anteriores que avaliaram a prevalência de *burnout* profissional em outros sectores de actividade económica em Portugal (Marques, Alves, Queirós, Norton, & Henriques, 2018; Queirós *et al.*, 2020; Varela *et al.*, 2020), os resultados aqui apresentados e discutidos resultam do primeiro projecto de investigação que afere a presença de três dimensões constitutivas do *burnout* profissional entre todos os segmentos da população de académicos precarizados em Portugal. Por isso mesmo, este também é um dos contributos relevantes do presente estudo.

Partindo do quadro do realismo crítico e em particular da proposta de que a realidade é atravessada por componentes sociais, psicológicas, neurofisiológicas, entre outras, a avaliação psicométrica de *burnout* profissional será articulada com uma análise de discursos, que permite ligar as percepções da presença de *stress* e fadiga no trabalho, assim como as percepções de quadros depressivos e de outros indicadores indirectos de estados patofisiológicos, com a situação de precariedade e com as práticas laborais dos diferentes grupos inquiridos.

8.1. As três dimensões do *burnout* profissional

Na *Figura 19* encontram-se representados as frequências com que os inquiridos revelam experienciar as três dimensões de *burnout* profissional analisadas. Uma nota introdutória apenas para informar que a leitura destas três dimensões se traduz em interpretações distintas sobre a presença de *burnout* profissional. Enquanto níveis elevados de exaustão emocional e de cepticismo estão associados a uma presença muito preocupante destas dimensões de *burnout* profissional, já a leitura da realização profissional faz-se no sentido inverso: níveis baixos de realização profissional relevam uma presença preocupante desta dimensão de *burnout* profissional[3].

---

[2] Este instrumento permite uma caracterização detalhada das três dimensões explicitadas, mas não uma avaliação clínica do *burnout* profissional, apenas concretizável por profissionais da área da saúde.

[3] A presença das três dimensões propostas foi confirmada em todos os grupos inquiridos através da realização de análises factoriais de correspondências múltiplas e traduzidas nos seguintes resultados: investigadores com contrato de trabalho — 64% da variância explicada; KMO=0,874; teste de esfericidade de Bartlett: $\chi^2_{(120)}$=8879,014, p<0,001; investigadores com bolsa pós-doutoral — 63% da variância explicada; KMO=0,855; teste de esfericidade de Bartlett: $\chi^2_{(120)}$=2253,854, p<0,001; investigadores com bolsa de doutoramento — 65% da variância explicada; KMO=0,881; teste de esfericidade de Bartlett:

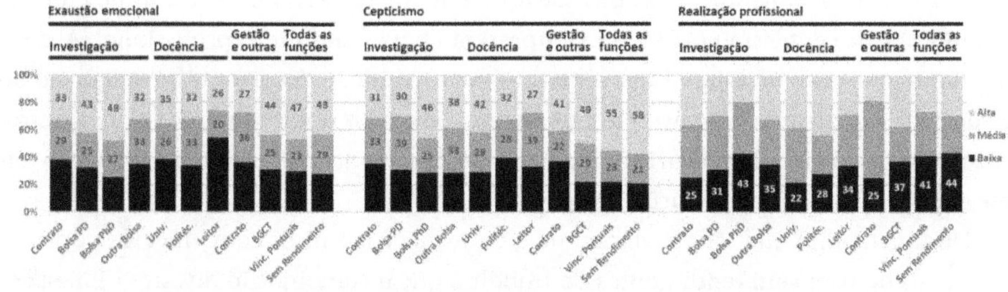

Figura 19. *Burnout* profissional por função e por vínculo institucional: exaustão emocional, cepticismo e realização profissional.

Nota: Gestão de ciência e outras: actividades de gestão de ciência, de transferência de tecnologia ou de comunicação de ciência. Bolsa PD: bolsa pós-doutoral. Bolsa PhD: bolsa de doutoramento. Univ: universidade. Politéc.: instituto politécnico. BGCT: bolsa de gestão de ciência e tecnologia. Vínc. pontuais: vínculos pontuais. Sem rend.: sem rendimento.

No caso dos investigadores com contratos a termo, verificamos que cerca de um terço dos inquiridos apresenta níveis elevados de exaustão emocional e de cepticismo e que cerca de um quarto dos inquiridos apresenta níveis baixos de realização profissional. Estes valores não são muito diferentes dos encontrados para todas as categorias de docentes e pelos gestores de ciência e profissionais com funções próximas com contrato de trabalho a prazo (*Figura 19*).

Se a incidência de níveis elevados de *burnout* é bastante considerável entre os académicos com contratos de trabalho a prazo, este panorama agrava-se em todos os grupos de académicos com vínculos de bolsa (bolsas de investigação para doutorados; bolsas de doutoramento; outras bolsas de investigação; bolsas de gestão de ciência e tecnologia). Entre estes, as incidências mais assinaláveis encontram-se entre os investigadores

$\chi^2_{(120)}$=3688,453, p<0,001; investigadores com outra bolsa — 66% da variância explicada; KMO=0,877; teste de esfericidade de Bartlett: $\chi^2_{(120)}$=3030,310, p<0,001; docentes do ensino superior universitário — 62% da variância explicada; KMO=0,829; teste de esfericidade de Bartlett: $\chi^2_{(120)}$=917,059, p<0,001; docentes do ensino superior politécnico - 64% da variância explicada; KMO=0,809; teste de esfericidade de Bartlett: $\chi^2_{(120)}$=919,159, p<0,001; leitores — 64% da variância explicada; KMO=0,639; teste de esfericidade de Bartlett: $\chi^2_{(120)}$=361,765, p<0,001; gestores de ciência e profissionais com funções próximas com contrato — 70% da variância explicada; KMO=0,634; teste de esfericidade de Bartlett: $\chi^2_{(120)}$=415,761, p<0,001; gestores de ciência e profissionais com funções próximas com bolsa — 65% da variância explicada; KMO=0,787; teste de esfericidade de Bartlett: $\chi^2_{(120)}$=871,531, p<0,001; académicos com vínculos pontuais — 67% da variância explicada; KMO=0,812; teste de esfericidade de Bartlett: $\chi^2_{(120)}$=997,253, p<0,001; académicos sem rendimentos do trabalho — 66% da variância explicada; KMO=0,833; teste de esfericidade de Bartlett: $\chi^2_{(120)}$=1484,40, p<0,001.

a realizar o doutoramento: quase metade apresenta níveis elevados de exaustão emocional (48%) e de cepticismo (46%) e 43% apresenta baixa realização profissional. A pressão dupla que estes investigadores sentem — por um lado, a decorrente da exigência do estágio do percurso académico em que se encontram (o doutoramento) e, por outro, a decorrente do vínculo precário a que estão sujeitos (contrato de bolsa) — poderão fornecer pistas para a interpretação deste resultado.

Finalmente, há que referir ainda que é entre os académicos com vínculos pontuais e entre os aqueles sem rendimentos do trabalho que a combinação das três dimensões do *burnout* profissional é mais gravosa, atingindo mais de metade da população inquirida no caso do cepticismo.

No seu conjunto, estes resultados são reveladores da presença de níveis elevados de *burnout* profissional numa parte muito considerável dos vários segmentos da população de académicos precarizados e sugerem uma relação as situações mais gravosas de precarização e níveis mais elevados *burnout* profissional, uma relação que será abordada na próxima secção deste capítulo.

8.2. Incorporação da precariedade laboral

A potencial ligação entre precarização laboral, práticas académicas, presença de *stress* e fadiga no trabalho e outros problemas de saúde física e mental será analisada a partir dos discursos recolhidos entre todos os grupos de académicos precarizados. Como se verificará nas próximas páginas, trata-se de um tema abordado num número muito assinalável de discursos.

Entre os investigadores contratados encontram-se discursos reveladores de cansaço, de ansiedade e de angústia, que por vezes são sentidos de forma contínua e que extravasam o contexto laboral:

> *Extremo cansaço na incerteza.* (Bárbara, 47 anos, investigadora com contrato)

> *Ansiedade constante (como ruído de fundo).* (Maria, 41 anos, investigadora com contrato)

> *Medo constante de falhar às candidaturas.* (Rosa, 46 anos, investigadora com contrato)

> *A precariedade laboral gera-me* stress *e ansiedade, que por vezes é difícil explicar aos nossos familiares. Como é que podemos viver assim?* (Beatriz, 33 anos, investigadora com contrato)

Angústia sobre como vou sustentar o meu filho quando o meu contrato acabar. (Graça. 36 anos, investigadora com contrato)

Gradual falta de entusiasmo para todas as esferas da vida. (Eduardo, 47 anos, investigador com contrato)

Desespero. (Rui, 45 anos, investigador com contrato)

Discursos fortes, também presentes entre os investigadores com bolsa pós-doutoral. Declarações que acentuam a urgência de uma abordagem a este tema. Testemunhos, que sublinham uma e outra vez, directa ou indirectamente, a constância das experiências destas sensações ou sentimentos.

Desgaste emocional; falta de sentido de pertença na instituição de acolhimento; intranquilidade. (Francisca, 40 anos, investigadora com bolsa pós-doutoral)

No meu entender, é uma vergonha o que se passa na investigação em Portugal. Eu adormeço a pensar no que acontecerá se ficar doente ou quando me reformar... tantos anos de estudo e nenhuma estabilidade... (Emília, 45 anos, investigadora com bolsa pós-doutoral)

Uma constante inquietude. (Olívia, 29 anos, investigadora com bolsa pós-doutoral)

Ansiedade e medo de desemprego constante, que impacta e impede maior produtividade e qualidade do trabalho, visto que perco tempo à procura de posições e concursos que confiram maior estabilidade ao invés de dedicar todo o tempo à produtividade científica e à qualidade desses outputs. (Sara, 36 anos, investigadora com bolsa pós-doutoral)

Medo de ficar desempregada. (Filipa, 33 anos, investigadora com bolsa pós-doutoral)

Não consigo viver mais com o peso de ser bolseira. (Eva, 35 anos, investigadora com bolsa pós-doutoral)

A longa duração das trajectórias dos investigadores com bolsa pós-doutoral, acompanhada por uma infindável busca por uma estabilidade que não conseguem alcançar, traduz-se, nos testemunhos que se transcrevem em seguida, numa debilitação da sua saúde física ou da sua saúde mental.

Começo a questionar-me se o stress *associado às condições desta profissão em Portugal vale a pena os actuais problemas de saúde que tenho e que muito dela derivam.* (Carlota, 43 anos, investigadora com bolsa pós-doutoral)

Problemas de saúde associados à incerteza no futuro profissional. (Clara, 58 anos, investigadora com bolsa pós-doutoral)

(A precariedade tem impactos na) saúde mental. (Ema, 41 anos, investigadora com bolsa pós-doutoral)

Entre os investigadores com bolsa de doutoramento, encontram-se discursos reveladores, tal como nos casos anteriormente explorados, de uma angústia não só associada ao presente, mas igualmente a um futuro que são incapazes de delinear.

Actualmente sou aluna de doutoramento. Todos os dias penso o que acontecerá quando acabar o doutoramento... este é um pensamento geral! Sentimos uma grande incerteza no nosso futuro e vamos percebendo que o concurso de estímulo ao emprego individual e outras iniciativas tão publicitadas não são suficientes para empregar todos e que os concursos FCT não são justos... A incerteza no nosso futuro profissional reflecte-se claramente na nossa vida pessoal e é angustiante. Trabalhamos horas a fio, muito mais horas que um trabalhador «comum» e não só não temos direitos quase nenhuns como não temos perspectivas de futuro. (Gabriela, 25 anos, investigadora com bolsa para doutorando)

Ansiedade provocada pela incerteza em relação ao futuro próximo (sobretudo caso não tenha entregado a tese a tempo do fim da bolsa). (Tiago, 29 anos, investigador com bolsa para doutorando)

Dificuldade em concentrar-me no presente por estar sempre a pensar que o meu trabalho não abre expectativas de futuro. (Mário, 32 anos, investigador com bolsa para doutorando)

Sinto que o doutoramento é a minha última possibilidade de fazer investigação em Portugal, pelo que, quando este acabar, terei que enveredar por outras áreas. Tendo em conta a especificidade do meu tópico de investigação, não sei que emprego poderia ter fora da academia. Num outro tópico, o facto da Universidade X pedir o pagamento de uma «fee» para entrega de tese de doutoramento equivalente a metade de um mês de bolsa que não é pago pela bolsa

> *FCT é outro tópico de ansiedade. Impactos da precariedade: doenças mentais.* (Vera 27 anos, investigadora com bolsa para doutorando)

Os impactos da pressão constante na percepção da experiência de *burnout* ou de problemas de saúde física e de saúde mental é igualmente visível nos discursos dos investigadores com outras tipologias de bolsa.

> *Impactos da precariedade em problemas de saúde.* (Gustavo, 26 anos, investigador com outra bolsa)

> *A precariedade tem impactos no desenvolvimento de* burnout *emocional.* (Amália, 30 anos, investigadora com outra bolsa)

> *Ansiedade,* stress, *depressão* (Marta, 39 anos, investigadora com outra bolsa)

> *Medo constante do desemprego; ansiedade. O meu vínculo é precário, e embora possa em teoria durar mais dois anos e meio, todos os anos desconheço a efectiva possibilidade de a minha bolsa ser ou não renovada.* (Renata, 30 anos, investigadora com outra bolsa)

> *Depressão, desinteresse, apatia, desistência da carreira.* (Cláudia, 33 anos, investigadora com outra bolsa)

Relativamente aos docentes do ensino superior, os seus discursos apontam precisamente para uma ligação entre um cansaço exacerbado, a necessidade de uma produção crescente e a sua situação laboral precária.

> *Falta de estabilidade emocional para produzir ainda mais* papers. (Sérgio, 48 anos, docente convidado no ensino superior universitário)

> *Estou esgotada da precariedade laboral numa universidade, sobretudo no sector público que devia ter maior responsabilidade social.* (Vanessa, 29 anos, docente convidada no ensino superior universitário)

> *Instabilidade, a qualquer momento sou dispensado.* (Edgar, 51 anos, docente convidado no ensino superior universitário)

Mas as categorias onde a precariedade é percepcionada como tendo impactos mais exacerbados na saúde física e na saúde mental dos inquiridos são as correspondentes aos profissionais com vínculos pontuais ou sem rendimentos do trabalho académico.

> *Ansiedade e crises de pânico.* (Virgínia, 27 anos, vínculo pontual)

> Burnout! (Duarte, 45 anos, sem remuneração do trabalho académico)

> *Não consigo ter filhos. E este ano estive com* burnout. (Julieta, 47 anos, vínculo pontual)

> *Actualmente estou desempregada por o meu contrato não ter sido renovado para 2019/20 devido ao facto de não ter o Doutoramento (situação que decorreu do excesso de trabalho durante os 11 anos a contratos ininterruptos) + incompatibilidades com a directora da Unidade Departamental + para concluir o doutoramento + por* burnout. (Filomena, 47 anos, vínculo pontual)

> *Ansiedade e depressão.* (Cláudia, 40 anos, sem remuneração do trabalho académico)

> *Depressão clinicamente diagnosticada.* (Raúl, 34 anos, sem remuneração do trabalho académico)

> *Falta de autonomia para desenvolver projectos pessoais, dependência da família, depressão, ansiedade.* (Ester, 32 anos, sem remuneração do trabalho académico)

Os inquiridos chegam mesmo a abordar directamente questões relacionadas com a vida e com a morte.

> *Desemprego de longa duração. Depressão; fome; espiral de dependência; morte. Não chegarei vivo ao fim do ano 2020. Impactos da precariedade: Depressão; fome; pensamentos suicidas. Procuro emprego porque estou desempregado. Porque me sinto inútil.* (Nuno, 46 anos, outro tipo de remuneração)

Estes discursos, quase sempre apontando directamente para gravíssimos problemas de saúde física e mental sobre os quais importa intervir o quanto antes[4], não podiam

---

[4] Uma nota para referir que muitas instituições académicas em Portugal dispõem de gabinetes de apoio psicológico que analisam e acompanham situações de natureza psicossocial de alunos e de

ilustrar mais claramente os impactos da precariedade. A um outro nível, estas narrativas revelam claramente o entrelaçar entre vários componentes da realidade e permitem uma primeira aproximação à estrutura laminar da realidade social tal como proposta pelo realismo crítico.

8.3. Em jeito de síntese

Ao longo deste capítulo descreveu-se a presença de *burnout* profissional entre trabalhadores académicos precarizados. Por um lado, esta presença é mais insidiosa entre as categorias profissionais com vínculos laborais mais frágeis e, por outro, os inquiridos associam discursivamente a presença de *stress* e fadiga no trabalho, de ansiedade, de quadros depressivos, entre outros, à incerteza decorrente da precarização laboral e ao desenvolvimento de práticas laborais percepcionadas como lesivas. Estas intersecções e relações confirmam a natureza intercalar da realidade social. Mais especificamente, estamos perante uma condição do domínio social, a precarização laboral, que aparenta ter impactos no foro psicológico dos indivíduos, nomeadamente na presença de *stress* e fadiga no trabalho, que se repercute na saúde física e mental dos inquiridos e, subsequentemente, no desenvolvimento das suas práticas académicas e nas suas vidas para além do trabalho.

trabalhadores que recorrem a este apoio. Estes gabinetes também realizam o reencaminhamento adequado dos casos que estão fora do âmbito das suas funções e competências. Na generalidade dos casos o contacto destes gabinetes é facilmente acessível *online*. Poderá ainda ser consultado o site do SNS 24, disponível em https://www.sns24.gov.pt/guia/aconselhamento-psicologico-no-sns-24/. Alternativamente, o *site* da ordem dos psicólogos apresenta um conjunto de informação relevante relativa ao *burnout* profissional, disponível em https://www.ordemdospsicologos.pt/pt/noticia/2997, um portal com informação relevante e recursos sobre saúde psicológica e bem-estar disponível em https://eusinto.me/, assim como informação relativa a todos os psicólogos inscritos na ordem, disponível em https://www.ordemdospsicologos.pt/pt/membros.

9

DO AMOR PELA CIÊNCIA E PELO CONHECIMENTO

Este capítulo debruça-se especificamente sobre as vivências subjectivas do trabalho e da situação perante o trabalho. Trata-se de um tema particularmente relevante uma vez que estudos anteriores têm vindo a mostrar que, de um modo geral, os académicos não só valorizam profundamente o trabalho que desenvolvem e o seu papel social, seja ao nível do ensino, seja ao nível da produção de conhecimento, como também constroem as suas identidades a partir deste (Araújo, 2009; Araújo & Sousa, 2008; L. Archer, 2008; Scott, 2004; Winter, 2009). Nestas condições, o *amor pela ciência* ou o *amor pelo conhecimento* justificariam não só uma desvalorização das preocupações com as condições laborais ou com o salário, mas também a permanência num ambiente laboral altamente competitivo e individualizado, onde prevalece uma cultura de exploração, por terceiros e pelos próprios, caracterizada por ritmos de trabalho extremos com impactos nefastos aos mais diversos níveis, incluindo na saúde física e mental (Cannizzo, 2018b; Gill, 2010; Mannevuo & Valovirta, 2019). Este contexto encontra-se plasmado nas práticas de auto-suspensão captadas através conceito de optimismo cruel, segundo o qual os actores manteriam as suas identidades através de um distanciamento das práticas que desenvolvem no presente e potencialmente garantindo, através dessas práticas, a concretização dos seus projectos laborais e de vida no futuro (Berlant, 2011).

Por forma a aferir as vivências subjectivas do trabalho de académicos precarizados, conjuga-se, uma vez mais, o recurso a um instrumento quantitativo, que aferirá de que forma os inquiridos avaliam a sua satisfação com o trabalho, com o recurso a um instrumento qualitativo, que acompanhará os discursos dos inquiridos acerca do mesmo tema. Esta caracterização será complementada com uma análise das percepções de felicidade e de satisfação com a vida em geral entre os inquiridos.

9.1. Sentimentos contraditórios: satisfação com o trabalho e insatisfação com o vínculo

Na *Figura 20* encontram-se representadas as percepções dos investigadores precarizados (com contratos de trabalho a prazo, com bolsas pós-doutorais; com bolsas de doutoramento ou outras bolsas) relativas às características do trabalho que desenvolvem e os vínculos laborais que detêm. De um ponto de vista global, os investigadores mostram-se satisfeitos com o trabalho que desenvolvem e com as suas características específicas como são o desafio intelectual, o contributo para a sociedade, a autonomia e a responsabilidade. Os investigadores valorizam ainda algumas das características mais genéricas dos seus trabalhos, como o horário ou a localização. No sentido oposto, revelam-se bastante insatisfeitos com o vínculo e com características daí decorrentes e de que são exemplo a segurança no emprego e as oportunidades de progressão. Estes resultados estão globalmente em sintonia com os apresentados no inquérito aos doutorados em Portugal e, mais especificamente, com os resultados encontrados através desse instrumento de inquirição para o segmento de doutorados com vínculos não permanentes (DGEEC & DEGADI, 2021). No presente inquérito, a única divergência assinalável entre os diferentes grupos de investigadores inquiridos diz respeito aos benefícios sociais. Esta diferença terá possivelmente origem nos benefícios decorrentes dos contratos a prazo do primeiro grupo de investigadores (que avaliam os benefícios sociais de uma forma intermédia, nem positiva, nem negativa), por oposição à avaliação negativa dos vários grupos de investigadores com bolsas, um tipo de vínculo que apresenta benefícios sociais extremamente limitados.

A análise destes resultados revela uma relação antagónica entre as percepções dos investigadores relativamente às actividades laborais que desenvolvem, com as quais se encontram satisfeitos, e aos vínculos laborais através dos quais desenvolvem esse trabalho, com os quais se encontram muito insatisfeitos. Estes sentimentos contraditórios também se encontram plasmados nos discursos registados e que transcrevem logo após a figura.

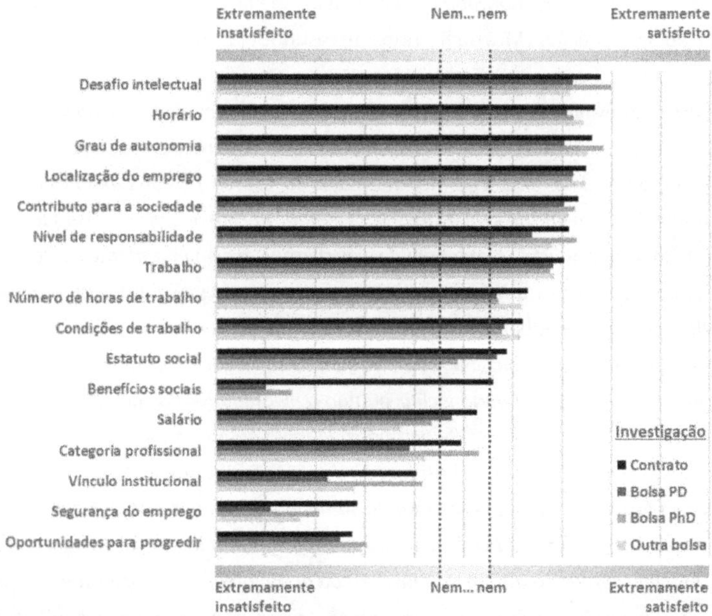

Figura 20. Satisfação laboral de investigadores precarizados por vínculo institucional.

Nota: Nem... nem: nem insatisfeito, nem satisfeito. Bolsa PD: bolsa pós-doutoral. Bolsa PhD: bolsa de doutoramento.

Sinto um forte desânimo em relação à carreira de investigação que escolhi por não conseguir ter estabilidade a longo prazo em Portugal e não conseguir progredir na carreira como vejo acontecer com colegas estrangeiros; além disso sinto muito desalento em relação às tutelas (Universidade ou FCT) e à forma como têm gerido e à falta de apoio que dão às carreiras dos investigadores; estas condições não correspondem ao trabalho que desenvolvo nem aos resultados que tenho. Mas não estou desmotivada em relação ao trabalho de investigadora que desenvolvo. Estou sempre à procura de oportunidades de emprego que me deem mais estabilidade (como lugares de professor). Neste momento já não procuro emprego no estrangeiro devido à minha situação familiar (dois filhos em idade escolar e marido com emprego mais estável). (Sónia, 46 anos, investigadora com contrato)

A precariedade e o facto de andar a saltar de bolsa em bolsa ou contrato sempre a prazo fez com que nunca me pudesse comprometer a ter alunos de doutoramento, embora pertencesse a um plano doutoral financiado. Fez também com que nesta altura da minha carreira me sinta

> *triste com a ciência e desmotivada para continuar nela de futuro, embora goste imenso do que faço e da investigação.* (Marta, 44 anos, investigadora com contrato)

> *Os critérios de avaliação de desempenho científico não abrangem toda realidade da actividade científica. No meu caso, a minha função enquadra-se no perfil de investigador/*lab manager*, sendo responsável por toda a gestão e manutenção dos recursos do laboratório, formação de novos membros em iniciação ao trabalho e enquadramento de novos investigadores no plano e histórico de actividades, montagem de experiências, recolha e tratamento de dados, distribuição do material científico por todos os membros envolvidos nos vários projectos e apoio aos IR*[1] *e Direcção do laboratório no histórico dos projectos e do trabalho científico desenvolvido. Como dizem os colegas, não sou a cara, mas sou a cola. É prática comum os superiores hierárquicos decidirem quando incluir ou não o investigador nas autorias, não obedecendo a critérios rigorosos devidamente definidos. O facto de a categoria profissional ainda não ser reconhecida em pleno pelas instituições, pelo longo historial de precariedade sob pretexto da eterna formação e desconsideração da sua importância nas avaliações feitas às próprias instituições, permite que esta classe ainda se depare com a manutenção da situação em que vive. Os contratados ao abrigo do PREVPAP ou do Emprego Científico sabem o que está nos contratos: limitados a três anos e sem intenções de os estenderem até aos seis (o director da minha instituição já o afirmou, dizendo que não há dinheiro), nunca poderão ser convertidos a contrato sem termo (está escrito nos contratos), regime de exclusividade cuja exceção se abre quando é para efectuar trabalho não remunerado na instituição, salário não correspondente à categoria (investigador auxiliar contratado é equiparado a professor auxiliar, mas aufere abaixo). Na última visita da Comissão de Avaliação aos centros de investigação, em reunião com os investigadores de pós-doutoramento, um dos avaliadores perguntou «Gostam daquilo que fazem?». Só me ocorreu «Com estas condições e com este historial de sacrifício, só chega a este ponto quem sobreviveu e sobrevive graças à enorme paixão que se tem pelo trabalho científico.» É-se louco por convicção. Impactos da precariedade: dependência do poder decisório de superiores na gestão da carreira e trabalho a realizar.* (Sílvia, 43 anos, investigadora com contrato)

Os números apresentados graficamente e as vozes dos investigadores com contrato de trabalho a prazo parecem, pois, indicar uma reprodução da ideia da *paixão pela ciência*, discursivamente apresentada como justificação para a manutenção em situações

[1] Investigadores responsáveis.

de precariedade e a manutenção do desenvolvimento de práticas científicas centradas no imediato e numa cultura baseada no desempenho e na competitividade. Através da assimilação desta relação dual (gosto muito do trabalho, não gosto nada do vínculo com que desempenho esse trabalho), reproduz-se a estrutura de dominação e promovem-se, através desta, as exclusões múltiplas a que os académicos precarizados estão sujeitos, tanto a nível organizacional, como ao nível da esfera da vida privada.

Entre os investigadores com bolsa presencia-se, uma vez mais, a mesma dualidade:

> *Apesar da investigação científica ser um trabalho fascinante e mesmo essencial, as condições hoje em dia em termos de precaridade, concorrência, condições sociais e em particular de salários, de forma global, mas ainda mais acentuado cá em Portugal, são mesmo muito pouco atraentes. E pior estas condições estão a tornar-se cada vez mais complicadas por razões de novas regras mesmo desconectadas da realidade deste trabalho (por exemplo, a alteração recente do estatuto de bolseiro). Sem falar sobre os sacrifícios que implique na vida pessoal. Percebe-se porque há tantas pessoas de grande qualidade que preferem escolher outra actividade. Há limites sobre o que um indivíduo pode suportar. A paixão por este trabalho não pode sempre compensar. Sinto-me desmotivada em trabalhar como investigador. Não consegui obter um contracto CEEC Individual da FCT e com a alteração do estatuto de bolseiro, mais provavelmente não vou conseguir obter uma nova bolsa, mesmo tendo ganho recentemente financiamento para um projecto IFAP*[2]. (Sandra, 34 anos, investigadora com bolsa pós-doutoral)

> *O maior impacto da precariedade é a nível pessoal e familiar. Sou mãe e a incerteza e precariedade têm grande influência nas decisões familiares. Adoro o meu trabalho, mas pergunto várias vezes se será suficiente para arrastar a minha família nesta situação. E qual será o futuro que poderei garantir à minha filha.* (Liliana, 35 anos, investigadora com bolsa para doutorando)

> *Se surgisse algo (um emprego) estável seria uma alternativa, com muita pena porque adoro o que faço.* (Vânia, 41 anos, investigador com bolsa para doutorando)

> *Adoro o que faço, na área que estou a trabalhar, mas a ligação laboral é desesperante. Se outros países da Europa conseguem fazer diferente, nós também. Somos uma mais-valia*

[2] Instituto de Financiamento da Agricultura e Pescas, I.P.

para faculdade. E se houvesse uma ligação laboral estável e com a faculdade directamente provavelmente não haveria tanta precariedade. (Carmo, 28 anos, investigadora com outra bolsa)

Entre os docentes precarizados, o panorama geral é similar. Satisfação com o trabalho e com características como o contributo para a sociedade, a autonomia, o desafio intelectual; e também com o horário e a localização do emprego. Uma grande insatisfação com a segurança no emprego, oportunidades de progressão, ou especificamente com o vínculo (*Figura 21*).

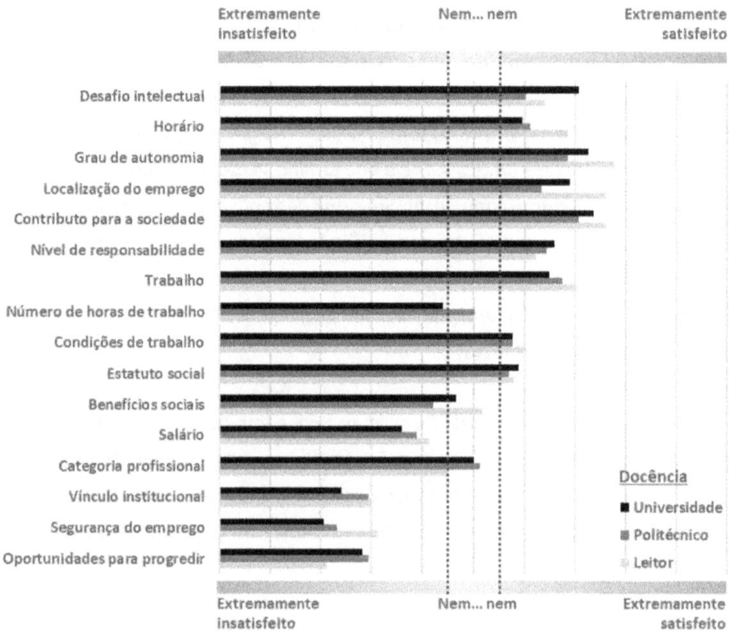

Figura 21. Satisfação com o trabalho de docentes precarizados por vínculo institucional.
Nota: Nem... nem: nem insatisfeito, nem satisfeito

O contrato que tenho é a tempo parcial, longe de minha casa e com uma duração de nove meses. Nunca sei o que me espera no ano lectivo seguinte e isso, apesar de adorar leccionar, é bastante desgastante. (Cecília, 47 anos, Docente convidada no ensino superior universitário)

Permitam-me dizer-vos que ser professor universitário na função pública com vínculo laboral precário É UMA MERDA, por muito que goste e apenas me conheça neste trabalho. (Vanessa, 29 anos, Docente convidada no ensino superior universitário)

Sinto-me profundamente injustiçada. Sei que sou uma boa professora, o meu centro de investigação nunca liberta a verba que ganha com a minha produção científica, consigo ano após ano aumentá-la às minhas próprias custas, pago todas os livros, material, conferências pertenço a vários corpos científicos internacionais de revistas internacionais, chego a rever 10 artigos ou mais por ano e só me contabilizam um, produzo uma média de cinco a seis artigos científicos com peer review *e publico-os, e estou limitada a 60% (que não tenho) de contrato temporário, se acrescentarem que trabalhei enquanto dei aulas e paguei todos os meus estudos enquanto profissional de audiovisual, escrevi peças de teatro, curtas-metragens, produzi uma obra multimédia para a X (exposição internacional em representação de Portugal) não se sentiriam desmotivados, sou membro de várias associações internacionais, e estou como professora adjunta convidada? Às vezes tenho vontade de fazer greve à porta da Assembleia da República pode ser que alguém perceba que uma perspectiva de reforma de 850 Euros daqui a dez anos para quem sempre trabalhou e pagou os seus impostos seja desinteressante, o que me mantém é a extrema paixão por ensinar e acreditar que quem é menos novo se calhar tem mais para dar aos alunos.* (Lídia, 57 anos, Docente convidada no ensino superior politécnico)

Na comparação dos grupos anteriormente apresentados com o grupo profissional dos gestores de ciência e indivíduos com funções próximas, encontra-se uma divergência parcial relativamente às dimensões do trabalho que conferem satisfação a estes profissionais. Neste caso, são dimensões como a localização do emprego e o horário aquelas que mais os satisfazem, seguindo-se, em ambos os casos, embora com menor preponderância no caso dos gestores de ciência com bolsa, dimensões como o grau de autonomia, o seu contributo para a sociedade, o nível de responsabilidade e o trabalho propriamente dito.

No extremo oposto e em sintonia com os restantes grupos de inquiridos, encontramos uma extrema insatisfação com a segurança no emprego, com o vínculo institucional ou com as oportunidades de progressão. No caso dos trabalhadores com contrato de trabalho, as dimensões onde revelam insatisfação são similares, mas a intensidade dessa insatisfação é bastante menor. Finalmente, a divergência entre as percepções de investigadores com contrato de trabalho e com bolsa relativas aos benefícios sociais também se encontra presente entre gestores de ciência com contrato de trabalho e gestores de ciência com bolsa, estes últimos, extremamente insatisfeitos com os diminutos benefícios sociais a que têm acesso (*Figura 22*).

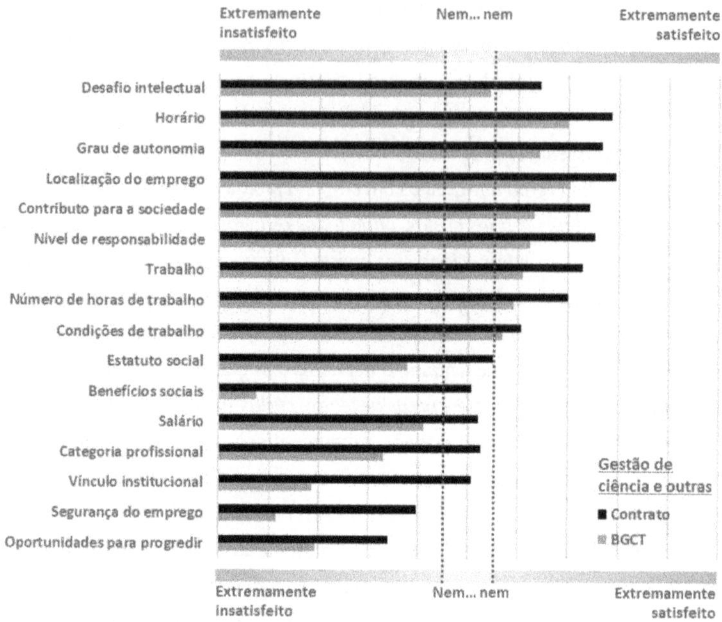

Figura 22. Satisfação com o trabalho de gestores de ciência e profissionais com funções similares por vínculo institucional.

Nota: Nem... nem: nem insatisfeito, nem satisfeito. Gestão de ciência e outras: actividades de gestão de ciência, de transferência de tecnologia ou de comunicação de ciência. BGCT: bolsa de gestão de ciência e tecnologia.

Entre os académicos com as relações laborais mais instáveis e com os rendimentos mais baixos ou inexistentes, a imagem global revela ser ligeiramente positiva em relação a características do trabalho como o desafio intelectual, o grau de autonomia ou o contributo para a sociedade e muito negativa em relação a características decorrentes do tipo de vinculação que detêm. Da comparação com os restantes grupos inquiridos, verifica-se que em geral os níveis de satisfação são mais baixos e estão presentes num menor número de variáveis e os de insatisfação são maiores e estão presentes entre um maior número de variáveis analisadas (*Figura 23*).

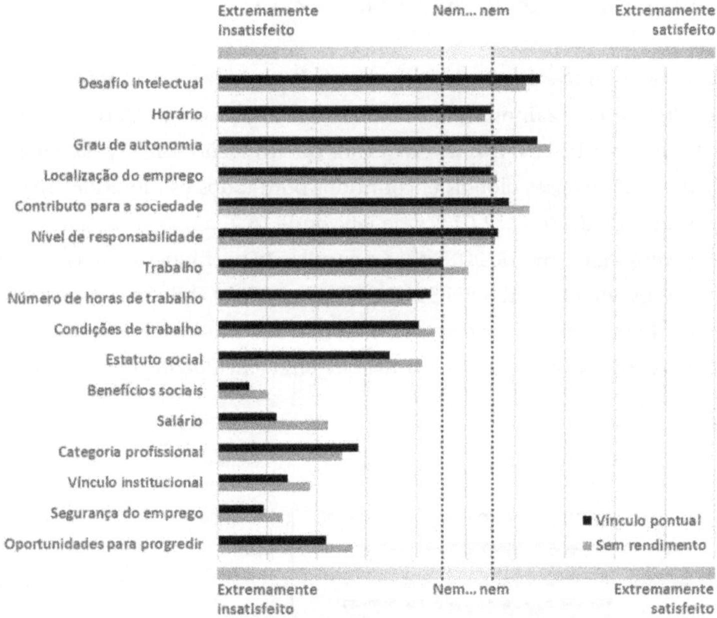

Figura 23. Satisfação com o trabalho de académicos com vínculos pontuais ou sem rendimentos do trabalho.

Nota: Nem... nem: nem insatisfeito, nem satisfeito.

As vozes destes académicos dizem que:

> *Sinto-me desolada por ter passado os melhores anos da minha vida pessoal e laboral combatendo um sistema injusto, com* lobbies, *que se apropria dos projectos dos docentes sem os integrar ou beneficiar financeiramente. Assim que passei a fronteira e me apresentei a Espanha fui imediatamente convidada para um cargo de Direcção. Sinto-me frustrada, zangada e enganada pelo meu país que nem me estendeu a mão quando nasceu o meu filho e sendo divorciada continuaram a dar me horários noturnos, para não falar da intermitência em que tive um par de anos sem trabalhar. Afectou a minha saúde gravemente e a muito custo estou recuperada. Não tenho outra palavras senão estas. Espero que alguém as ouça e as tome em consideração. A precariedade tem impactos em todos os sectores da minha vida, dado que sinto que trabalho apaixonadamente para não obter nada em troca.* (Elsa, 41 anos, vínculo pontual).

9.2. Felicidade e satisfação com a vida em geral

Uma vez realizada a caracterização das trajectórias de precariedade e dos seus impactos para além do trabalho, uma vez finalizada a análise da satisfação com diferentes dimensões do trabalho, esta secção reter-se-á nos níveis globais de satisfação com a vida e nos níveis globais de felicidade. Os valores globais encontrados para todos os inquiridos revelam níveis de satisfação com a vida (6,13±2,07[3]) e de felicidade (5,77±2,20[4]) inferiores aos reportados pelo *European Social Survey* de 2018 para a população portuguesa em geral (6,55±2,49 e 7,48±2,96, respectivamente[5]) (ESS-ERIC & ICS-ULisboa, 2022). Tais valores decorrerão muito provavelmente da insatisfação dos inquiridos com a sua situação perante um trabalho de que gostam, mas que não os reconhece através de uma vinculação permanente (*Figura 24*).

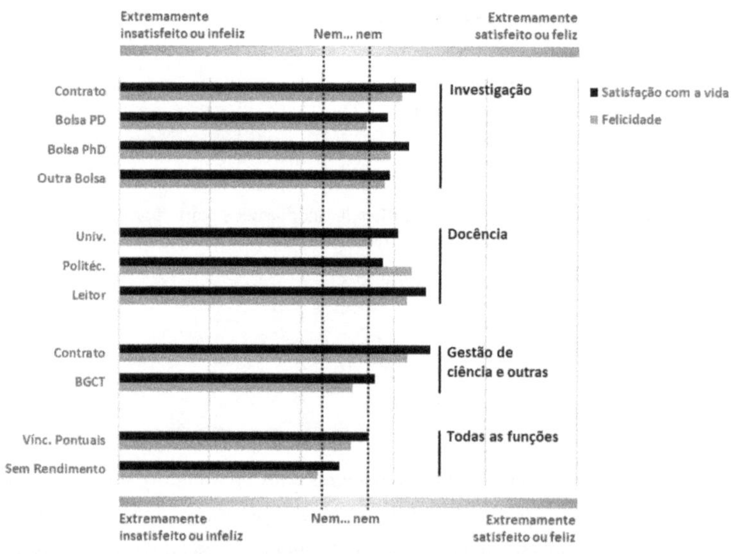

Figura 24. Satisfação com a vida e felicidade entre trabalhadores académicos precarizados por função e por vínculo institucional.

Nota: Nem... nem: nem insatisfeito ou infeliz, nem satisfeito ou feliz. Gestão de ciência e outras: actividades de gestão de ciência, de transferência de tecnologia ou de comunicação de ciência. Bolsa PD: bolsa pós-doutoral. Bolsa PhD: bolsa de doutoramento. Univ: universidade. Politéc.: instituto politécnico. BGCT: bolsa de gestão de ciência e tecnologia. Vínc. pontuais: vínculos pontuais.

---

[3] Resultados expressos em média mais ou menos desvio padrão, numa escala de 0 a 10.

[4] Resultados expressos em média mais ou menos desvio padrão, numa escala de 0 a 10.

[5] Resultados expressos em média mais ou menos desvio padrão, numa escala de 0 a 10.

Da comparação dos vários grupos destacam-se os resultados dos dois últimos grupos de inquiridos — académicos com vínculos pontuais e sem rendimentos do trabalho — os que se encontram numa situação de maior instabilidade e os que apresentam os níveis de satisfação com a vida e de felicidade mais baixos. Esta situação é reveladora de que, no caso dos académicos precarizados, a satisfação com a vida em geral e a felicidade não são indiferentes ao grau de instabilidade no trabalho.

Tendo presente os resultados encontrados ao longo deste trabalho, é de facto revelador que apesar de todas as contingências e de todos os impactos decorrentes da precarização laboral, que os inquiridos se revelem ligeiramente satisfeitos com a vida em geral e ligeiramente felizes. Estes resultados não serão indiferentes, como se verá no discurso que se transcreve a seguir, às percepções que os académicos revelam ter da sua posição relativa no contexto laboral em Portugal. Entre a imensa satisfação que associam ao seu trabalho e o limbo de longa duração em que se encontram os académicos precarizados, estes trabalhadores não deixam de reconhecer as vantagens da sua situação perante grupos sociais mais vulneráveis.

> *Num cenário em que grande parte da população portuguesa ganha o ordenado mínimo, penso que o meu ordenado líquido não é muito mau (apesar de não estar de acordo com as minhas habilitações). No entanto, a instabilidade, falta de oportunidades e ausência de benefícios sociais na minha carreira profissional fazem com que me sinta injustiçada e desvalorizada num país que diz apostar fortemente na ciência e que não tem precariedade na forma de contratação dos seus investigadores. Apenas aos 40 anos tive o meu primeiro contrato (que terminará em menos de quatro meses) e, pela primeira vez, terei a «felicidade» de poder usufruir de fundo de desemprego. Estive desde os meus 24 anos até aos 40 anos a trabalhar e não poder descontar decentemente para uma reforma justa. É preciso mudar esta situação urgentemente! A minha geração vai ter reformas miseráveis e completamente injustas! Concordo que actualmente está a começar a caminhar-se para uma situação melhor e mais justa para os trabalhadores precários, mas é preciso pensar no que irá acontecer daqui a 20-25 anos com os referidos trabalhadores.* (Amélia, 42 anos, investigadora com contrato)

9.3. Em jeito de síntese

Este capítulo contribui para uma compreensão mais alargada da forma como os académicos precarizados representam a sua relação com trabalho, nas suas múltiplas componentes, e a sua relação com o seu vínculo laboral. Dos resultados emerge uma claríssima relação dual. Por um lado, os inquiridos encontram-se muito satisfeitos com diferentes dimensões do trabalho que desenvolvem, por outro, expressam um extremo desagrado com dimensões relacionadas com os vínculos profissionais que detêm. Este panorama global não invalida as diferenças existentes entre os trabalhadores que desenvolvem diferentes actividades na academia e entre os que apresentam vínculos mais e menos protegidos.

Da integração destes sentimentos contraditórios, entre um trabalho que adoram e vínculos laborais que os insatisfazem, emergem indivíduos que na generalidade estão ligeiramente satisfeitos com a vida e ligeiramente felizes. Esta apreciação global não será indiferente à percepção de privilégio relativo que também reportam. Aqui radicarão alguns dos motivos para a longa permanência destes profissionais em trajectórias de precariedade.

10
CONSTRUINDO PROJECTOS LABORAIS

Este capítulo debruça-se sobre as aspirações laborais dos académicos precarizados. Perante trajectórias laborais extremamente instáveis, os académicos vivem entre regimes temporais diferenciados: um tempo curto correspondente à duração dos seus contratos; um tempo presente vivido a toda a velocidade, tentando tirar o máximo de partido de um trabalho que permanentemente se estende para além dos períodos e dos espaços laborais; e um tempo futuro aparentemente difícil de planear e mais difícil de alcançar (Müller, 2014; Vostal, 2015; Ylijoki & Mäntylä, 2003). Neste contexto, estes académicos encontram-se retidos num presente que se vai esgotando entre as corridas diárias que lhes são impostas e as que se impõem a si próprios. Face à curta duração da generalidade dos seus contratos e sem quaisquer garantias de continuidade, a procura de um novo emprego parece ser uma obrigatoriedade para os que vêem os seus vínculos a aproximarem-se do seu término. Os académicos precarizados ou sem emprego vivem assim num permanente estado de espera (Araújo, 2009), uma espera ansiosa por um novo contrato, por uma nova bolsa, por um novo vínculo — por mais pontual que seja.

Este capítulo debruçar-se-á precisamente sobre as consequências práticas das vivências destes tempos em tensão (tempos curtos, os dos vínculos laborais; tempos acelerados, os das vivências diárias; e tempos de espera, os associados aos seus futuros) nas aspirações laborais de académicos precarizados. Mais especificamente, face aos seus tempos curtos, caracterizar-se-á a sua busca de emprego, em relação aos seus tempos vividos em ritmos elevados e aos seus tempos de espera sem prazo, traçar-se-á um retrato sobre o emprego desejado e abordar-se-á se, tal como revelado em trabalhos anteriores realizados em Portugal em contextos distintos (Araújo, 2007; Delicado, 2008; Fontes & Araújo, 2013; Hasanefendic, 2017; Precários Inflexíveis, 2014), estes académicos equacionam estratégias de mobilidade como um caminho potencial para ultrapassar a instabilidade em que vivem no presente.

10.1. Empregos e que empregos

Entre os inquiridos, os grupos que mais activamente procuram emprego são aqueles que têm vínculos mais instáveis e, consequentemente, os que sentem uma maior pressão para encontrar rapidamente um novo vínculo laboral (*Figura 25*). Neste contexto, 66% dos académicos sem rendimentos e 63% dos que declararam ter vínculos pontuais, isto é, cerca de dois terços dos inquiridos destas categorias, afirmam estar a procurar activamente emprego no momento da inquirição.

No que diz respeito aos restantes grupos de académicos precarizados, serão os profissionais que se dedicam a actividades de gestão de ciência, de transferência de tecnologia e de comunicação de ciência os que mais activamente procuram outro emprego, com mais de metade destes profissionais a indicarem essa busca. Entre as possíveis razões para esta prevalência encontrar-se-á a curta duração dos seus vínculos e, eventualmente, um sentimento de que o trabalho que desenvolvem poderá ser realizado em qualquer instituição e em qualquer área científica. Entre os académicos dedicados a actividades de ensino verifica-se uma frequência considerável de indivíduos que procuram emprego. Esta procura acentuada poderá resultar da instabilidade resultante da curta duração da generalidade dos contratos, muitas vezes contratos semestrais ou anuais. Entre os investigadores, verifica-se que é entre aqueles com bolsa de doutoramento que se encontram menos inquiridos a realizar uma busca activa de emprego. Esta situação resultará da combinação de contratos de bolsa relativamente extensos, quatro anos, com o cumprimento de um objectivo final, a elaboração de uma Tese, que, exigindo um grande foco no presente e no futuro próximo, de alguma forma dificulta a construção de um imaginário do que vem mais à frente, depois de terminada uma tarefa que é sentida e vivida como extremamente difícil e laboriosa. Também não será de estranhar que seja entre os investigadores com bolsa, pós-doutoral ou outras, que se encontrem as maiores frequências de inquiridos em busca de emprego (58% e 55%, respectivamente). São precisamente estes investigadores doutorados que detêm vínculos sem acesso a um conjunto de direitos laborais (por terem um contrato de bolsa), incluindo o subsídio de desemprego, e cujos vínculos serão muitas vezes muito curtos (genericamente, entre três meses e três anos). Já os investigadores com contrato de trabalho apresentam-se na situação oposta. Têm acesso ao subsídio de desemprego e um contrato com uma duração comparativamente longa (de um modo geral, entre três e seis anos), o que lhes permite programar com mais tempo a sua busca de emprego. Ainda assim, 37% dos investigadores com contrato de trabalho indica procurar activamente emprego. De um ponto de vista global, cerca de metade dos trabalhadores precarizados indica estar a procurar emprego o que é revelador não só da instabilidade dos seus vínculos, mas também da falta de perspectivas de continuidade nas funções que actualmente desempenham[1].

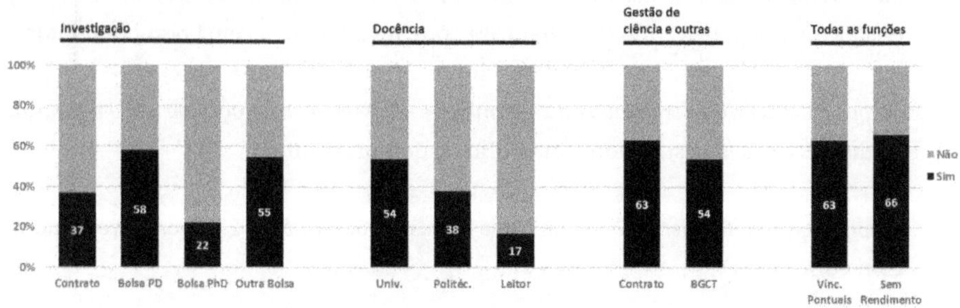

Figura 25. Procura de emprego por função e por vínculo institucional.

Nota: Gestão de ciência e outras: actividades de gestão de ciência, de transferência de tecnologia ou de comunicação de ciência. Bolsa PD: bolsa pós-doutoral; Bolsa PhD: Bolsa de doutoramento. Univ: universidade; Politéc.: instituto politécnico. BGCT: bolsa de gestão de ciência e tecnologia. Vínc. pontuais: vínculos pontuais.

Tal como se poderá verificar através das seguintes transcrições, o tempo curto dos contratos e a aproximação do seu término desempenham um papel central nesta busca. As suas vozes indicam-nos as razões pelas quais os bolseiros procuram emprego.

---

[1] Existem diferenças estatisticamente significativas entre os diferentes grupos no que diz respeito à procura activa de emprego: Teste do qui-quadrado: $\chi^2_{(20)}=237,699$; $p<0,001$. Acresce que existe uma maior probabilidade de se estar à procura de emprego e de se pertencer ao grupo dos investigadores com bolsa pós-doutoral (resíduo estandardizado ajustado equivalente a 4,9); ao grupo dos investigadores com outras bolsas de investigação (resíduo estandardizado ajustado equivalente a 4,8); ao grupo dos docentes ensino superior universitário (resíduo estandardizado ajustado equivalente a 2,6); ao grupo dos gestores de ciência e funções próximas com contrato (resíduo estandardizado ajustado de 2,2); ao grupo dos trabalhadores ao abrigo de vínculos pontuais (resíduo estandardizado ajustado equivalente a 3,6); ou ao grupo dos trabalhadores sem rendimentos (resíduo estandardizado ajustado equivalente a 5,1). No sentido inverso, existe uma maior probabilidade de não se estar à procura de emprego e de pertencer ao grupo dos investigadores com contrato de trabalho (resíduo estandardizado ajustado equivalente a 4,9); ou ao grupo dos investigadores com bolsa de doutoramento (resíduo estandardizado ajustado de 9,9); ou ao grupo dos leitores (resíduo estandardizado ajustado equivalente a 3,2). Intervalo de confiança de 95%: $|Z|>1,96$.

> *(Tenho um) contrato a termo certo e fui avisado na minha universidade que não pretendem renovar.* (Francisco, 44 anos, investigador com contrato)

> *A bolsa vai acabar e como tenho doutoramento há mais de três anos não posso concorrer a mais nenhuma. Também não tive um dos nove contratos do concurso de estímulo ao emprego científico individual em 2019.* (Laurinda, 30 anos, investigadora com bolsa pós-doutoral)

> *Porque a bolsa de doutoramento está a terminar e não prevejo integração na atual instituição.* (Lídia, 28 anos, investigadora com bolsa de doutoramento)

> *A minha bolsa está a terminar e não tenho outras opções.* (Dália, 27 anos, investigadora com outra bolsa)

> *(Pretendo) um contrato com uma extensão superior.* (Henrique, 34 anos, gestor de ciência com contrato)

> *Por não ter a segurança de voltar a ser contratada, findo este ano de contrato.* (Emília, 37 anos, docente do ensino superior universitário)

Por forma a ter uma visão mais completa sobre os projectos laborais dos inquiridos, sobre o trabalho que almejam no futuro, esta investigação debruçou-se ainda sobre os empregos desejados por estes trabalhadores precarizados. Os dados reportados na *Figura 26* ilustram graficamente esta análise.

Um primeiro resultado indica que a imensa maioria dos inquiridos gostaria de permanecer na academia. As frequências mais altas, a rondar os 90%, encontram-se entre os investigadores contratados e entre os docentes. As frequências mais baixas, cerca de 60%, encontram-se entre os investigadores com bolsa de doutoramento, os investigadores com outra tipologia de bolsa e os contratados para desenvolver actividades de gestão de ciência e outras actividades próximas. Os motivos na origem destas divergências serão múltiplos e não necessariamente convergentes. Sugere-se que um conjunto considerável de investigadores com bolsa de doutoramento e possivelmente alguns dos investigadores com outras bolsas, que se encontram numa fase mais inicial dos seus percursos, equacionem possibilidades de trabalho fora da academia ao confrontarem-se com a falta de oportunidades de estabilização laboral no ensino superior e na ciência. De facto, é precisamente nestes grupos que se encontram as maiores frequências de inquiridos que pretendem abandonar a academia, mais especificamente,

20% no caso de investigadores com bolsa de doutoramento e 24% no dos investigadores com outra bolsa.

A situação dos profissionais da gestão de ciência e de outras actividades próximas aparenta ser um pouco diversa. Entre estes, 21% ainda não decidiu o que pretende fazer no futuro.

A análise dos resultados permite ainda concluir que a maioria dos investigadores, dos docentes e dos trabalhadores com vínculos pontuais ou sem rendimentos gostaria de trabalhar ou como docente ou como investigador na academia, não revelando preferência por qualquer uma destas vias. Só os gestores de ciência e profissionais com funções similares apresentam preferências diferenciadas, com a maioria a indicar preferir continuar a desenvolver as actividades que já desenvolve. Entre os investigadores e os docentes, as diferenças encontram-se ao nível da segunda actividade preferida — a investigação a tempo inteiro, no caso dos investigadores, e a docência a tempo inteiro, no dos docentes.

Estes resultados revelam que, apesar de todos os impactos negativos da precarização de longa duração a que os académicos estão sujeitos e apesar da extrema insatisfação com os seus vínculos laborais, os imaginários de trabalho daqueles que há mais tempo se mantêm na academia são próximos do trabalho que efectivamente desempenhavam. A situação parece ser um pouco diversa no caso dos investigadores que se encontram em estágios mais iniciais das suas trajectórias.

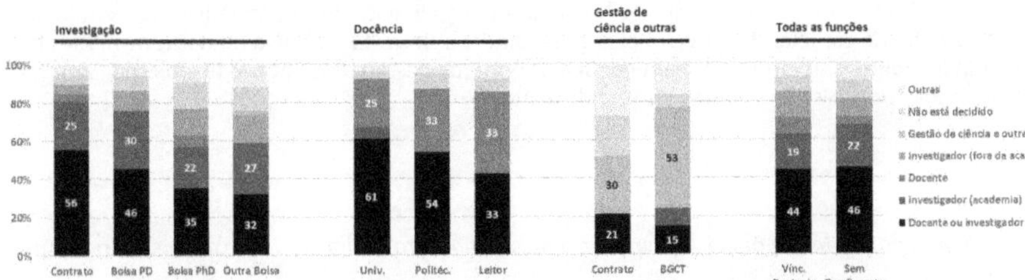

Figura 26. Aspirações laborais por função e por vínculo institucional.

Nota: Gestão de ciência e outras: actividades de gestão de ciência, de transferência de tecnologia ou de comunicação de ciência. Bolsa PD: bolsa pós-doutoral. Bolsa PhD: bolsa de doutoramento. Univ: universidade. Politéc.: instituto politécnico. BGCT: bolsa de gestão de ciência e tecnologia. Vínc. pontuais: vínculos pontuais.

10.2 Mobilidades

Uma vez discutidos os projectos de emprego dos académicos precarizados, nesta secção caracterizar-se-á se os inquiridos, para além de procurarem outro emprego, equacionam mudar de país por forma a garantir o seu trabalho e a sua subsistência. A *Tabela 7* debruça-se sobre esta questão e revela que uma parte considerável dos investigadores indica ter intenção de emigrar fruto da sua situação de precariedade. Os números são bastante reveladores: quase metade dos académicos sem rendimentos e cerca de um terço dos que têm vínculos pontuais ou bolsa equacionam a emigração como forma de ultrapassar o impasse em que se encontram. Mesmo entre os investigadores com contrato a prazo, que estão num estágio mais avançado das suas trajectórias e que apresentam vínculos menos instáveis, cerca de um quarto revela intenção de emigrar. Estes resultados são confirmados através dos seus discursos, onde os projectos de emigração são apresentados como uma potencial solução para a instabilidade laboral de longa duração que não conseguem ultrapassar permanecendo na academia em Portugal.

Tabela 7. Impacto da precariedade na intenção de emigrar por função e por vínculo institucional.

	Investigação				Docência			Gestão de ciência e outras		Todas as funções	
	Contrato	*Bolsa PD*	*Bolsa PhD*	*Outra bolsa*	*Univ.*	*Politéc.*	*Leitor*	*Contrato*	*BGCT*	*Vínc. pontuais*	*Sem rend.*
Intenção de emigrar (%)	24	36	33	34	21	23	19	15	25	36	48

Nota: Gestão de ciência e outras: actividades de gestão de ciência, de transferência de tecnologia ou de comunicação de ciência. Bolsa PD: bolsa pós-doutoral. Bolsa PhD: bolsa de doutoramento. Univ: Universidade. Politéc.: instituto politécnico. BGCT: bolsa de gestão de ciência e tecnologia. Vínc. pontuais: vínculos pontuais. Sem rend.: sem rendimento.

> *O meu país não me quer! A preparar o meu filho para emigrar!* (António, 49 anos, investigador com contrato)

> *Apesar de gostar do que faço, estou muito insatisfeita com a instabilidade associada a ter uma bolsa de pós-doutoramento, ao facto das instituições não terem critérios claros para atribuições de contratos de trabalho, muitas vezes adoptando uma política de «caso a caso» que tende a discriminar pessoas mais velhas e a observar que apesar das declaradas intenções de aumentar a contratação de doutorados, na prática ainda há muitos doutorados em situação precária. A isto alia-se o facto de estar deslocada da minha habitação permanente*

> *(que adquiri), tendo que pagar mensalmente uma renda de casa aos preços de mercado da região da grande Lisboa e uma hipoteca. Para além disso, estou na iminência de ter que emigrar novamente, pela dificuldade de conseguir nova oportunidade de trabalho em Portugal. Em resumo, lamento ter decidido voltar a Portugal em 2014, baseada na intenção declarada pelo governo de aumentar a contratação de doutorados.* (Marina, 58 anos, investigadora com bolsa pós-doutoral)

> *Adoro o meu trabalho. Ao terminar o doutoramento, caso não arranje emprego decente, a primeira coisa que farei é emigrar.* (Alexandre, 33 anos, investigador com bolsa de doutoramento)

Entre os que ponderam abandonar a academia em Portugal também se encontram académicos que, trabalhando em condições laborais precárias, não são portugueses. Em comum, sentem-se defraudados pela academia portuguesa e equacionam procurar emprego académico em outros países.

Por forma a ilustrar a situação laboral destes académicos e os sentidos que os mesmos atribuem às suas práticas, às suas trajectórias e aos seus projectos laborais e de vida, apresentam-se dois casos diversos de duas académicas que, tendo por ponto comum uma projecção de mobilidade, acabam por aportar pistas interessantes para pensar tanto o contexto académico em Portugal como a posição relativa da academia portuguesa no contexto académico global. Entre as diferenças reveladas por estas académicas encontram-se as trajectórias na academia em Portugal e as suas categorias profissionais actuais, a primeira com um único contrato a prazo, a segunda com um percurso realizado na academia portuguesa desde o doutoramento e encontrando-se, actualmente, com um contrato de bolsa pós-doutoral. Distintos são também os sentidos que atribuem às suas experiências no quadro da academia portuguesa, a primeira, apontando para programas de contratação de doutorados que entende como inconsequentes, já que não possibilitam um percurso de integração permanente e não disponibilizam financiamento para a realização das actividades científicas para as quais contrataram os investigadores, e a segunda, sublinhando a sua exclusão sucessiva de processos de contratação de docentes fruto não de uma ausência de «mérito científico», mas de um tratamento desigual em relação a outros colegas.

> *Tendo-me mudado recentemente para Portugal com um contrato de investigadora júnior ao abrigo de um concurso da FCT, estou muito desapontada com este programa de contratação uma vez que não oferece quaisquer possibilidades de progressão, quaisquer possibilidades de*

desenvolvimento de carreira ou quaisquer possibilidades de estabelecimento de um grupo de investigação. Não faz qualquer sentido que um programa deste tipo contrate jovens investigadores durante seis anos sem disponibilizar quaisquer fundos para realizar investigação ou um caminho para uma integração profissional permanente. Por estas razões irei procurar um programa mais sério noutro país. (Emma, 34 anos, investigadora com contrato a prazo)[2]

Para além de toda precariedade própria à condição de académico em Portugal, nós, académicos brasileiros, ainda sofremos mais em função do grande preconceito que sofremos quotidianamente nas instituições de investigação e ensino superior portuguesas. Ainda que eu me esforce muito e tenha um currículo bastante robusto, nos concursos em que participo, o júri sempre subvaloriza as minhas qualificações. Dos muitos exemplos que posso dar, vou deixar aqui um, bastante escancarado, da preferência demonstrada por um candidato sobre outro (sendo o outro eu, uma brasileira) num concurso em que fiquei em 8º lugar: a pessoa que ficou em 4º lugar recebeu, de um dos membros do júri, uma louvação por integrar X (*um projecto internacional competitivo), enquanto eu, que sou X (com vários cargos de direcção* e liderança de equipa internacional, organização de eventos científicos, entre outros) de X (um projecto internacional competitivo no mesmo concurso internacional) (...), não *recebi desse membro do júri nem sequer uma referência de que eu participava nesse X (projecto internacional competitivo), quanto mais que eu tinha todas essas responsabilidades. Além disso, esse mesmo júri optou por não mencionar que também fui membro extremamente activo de X (outro projecto internacional competitivo). Ou seja, tudo isso foi simplesmente ignorado pelo membro do júri. Embora eu almeje ser professora universitária em Portugal e tenha o perfil exacto para o fazer (sou professora e também faço investigação), não acredito que alguma vez venha a ter alguma chance neste país (onde já estou há quase sete anos e onde fiz o meu doutoramento). Uma alternativa que me satisfaria, ser investigadora contratada que dá aulas como professora convidada numa universidade, também não é possível, pois, para começar, não há a profissão de investigador, e em segundo lugar, não consigo ser convidada a dar aulas em universidades portuguesas porque os conselhos científicos das faculdades vetam a minha entrada (o meu nome já foi diversas vezes apresentado e nunca foi aceite). A única possibilidade que existe para mim actualmente é conseguir um emprego científico por três anos no meu centro de investigação,*

---

[2] Traduzido, pela autora, do inglês: «Having recently moved to Portugal with an FCT Junior Researcher Fellowship I am very disappointed by the scheme, as it offers no opportunities for progressing, career development, or research group establishment. It does not make sense at all to such a funding program to hire young researchers for 6 years without any research funds available for them and without offering a path to tenure. For that reason I will look elsewhere for a more serious position.»

renovável por mais três anos, contudo, trata-se de uma situação laboral humilhante. Não só não há estabilidade como o salário que um investigador com emprego científico recebe é muitíssimo abaixo daquele de professor. Sinto-me completamente frustrada, pois tenho responsabilidades muitíssimo maiores daquelas esperadas de um bolseiro de investigação e, contudo, não recebo absolutamente nada por isso; se se argumentasse que, de qualquer maneira, tudo isso estaria contribuindo para o enriquecimento do meu currículo, o que, sem dúvida, é positivo para mim, o facto de que este não é minimamente valorizado aqui em Portugal torna todo esse meu grande investimento pessoal numa grande perda de tempo. Os meus amigos professores universitários, todos em óptimas universidades noutros países, não cansam de insistir para que eu saia de Portugal, pois não conseguem acreditar que o meu potencial não esteja a ser aproveitado e valorizado aqui. O que eles dizem – e sei disso – é que em qualquer outro país eu já seria professora de facto numa universidade, com um emprego sério, estabilidade, salário decente, enfim, numa situação que condiz com todo o meu grau de especialização, o meu conhecimento e as minhas qualificações. Afinal, ninguém dedica 15 anos à docência e 20 anos à ciência (incluindo os períodos de educação formal de graduação, mestrado e doutoramento) para chegar aos 40 anos e ser bolseira de investigação com bolsas semestrais, sendo vetada de dar aulas. A sensação de desilusão profissional é enorme. Impactos da precariedade: ansiedade (tomo medicação); falta de perspectiva de seguir a carreira que desejo (ser professora universitária); frustração em ter dedicado mais de 20 anos da minha vida a uma profissão que não é reconhecida, nem em termos de estabilidade nem em termos salariais. Procuro emprego porque ainda tenho algum amor próprio. Não é possível que eu tenha todas as responsabilidades que tenho (sou orientadora de mestrado e doutoramento, tenho cargo em posições de direcção, organizo grandes eventos da minha área, coordeno uma série de projectos, *oriento bolseiros de investigação, sou convidada a dar palestras e cursos em pós-gradução fora de Portugal, escrevo artigos e capítulos de livros, faço apresentações em congressos, entre outras coisas) e ainda seja uma mera bolseira, com contratos semestrais, que talvez sejam renovados ou não, sem nenhuma segurança e com valores muito abaixo do que recebem outros colegas, com contrato de trabalho, que têm responsabilidades muitas vezes até menores do que as minhas. Tenho um perfil académico que certamente interessará a universidades fora de Portugal e que aqui é totalmente ignorado. Diariamente sinto-me subestimada e extremamente frustrada. Tenho 40 anos e não posso mais tolerar isso.* (Carolina, 40 anos, investigadora com bolsa pós-doutoral)

Se o primeiro discurso aponta para as incoerências do Programa de Estímulo ao Emprego Científico face a opções presentes em outras geografias, com sistemas científicos e tecnológicos mais robustos, depreende-se, já o segundo faz um diagnóstico com pontos em comum, mas a partir de uma trajectória de exclusões sucessivas e onde a precarização se cruzaria com assimetrias geopolíticas que se traduzem numa valorização dos produtos de conhecimento se, e apenas se, produzidos por académicos que não sejam, neste caso, brasileiros. Estes discursos sendo reveladores do cruzamento entre a precarização e outras desigualdades não permitem abordar a extensão ou os vários mecanismos de exclusão de académicos com origens em outros países do Sul global ou em países com sistemas académicos percepcionados como menos desenvolvidos do que o português. As assimetrias geopolíticas do conhecimento (Mignolo, 2002) e as suas implicações no contexto do trabalho académico em Portugal (França, 2016) tendo sido anteriormente abordadas, não foram cruzadas com a precarização académica em Portugal. O presente trabalho, permitindo verificar a intersecção entre diferentes formas de desigualdades, não permite que estas intersecções sejam exploradas com o detalhe adequado. Sugere-se que futuras investigações sobre este tema realizem essa caracterização e reflexão.

10.3. Em jeito de síntese

Este capítulo acaba por revelar uma imagem expectável, mas ainda assim extraordinária, dos trabalhadores académicos precarizados. Expectável, no sentido em que, tratando-se de uma população que gosta muito do seu trabalho, como expresso no capítulo anterior, pretende continuar a desenvolvê-lo no seu futuro. Surpreendente, na medida em que os imensos pesos da precarização de longa duração, explorados ao longo de vários capítulos deste livro, não os desmobilizam dos seus projectos. Focados no seu objectivo — a permanência na academia —, nada parece fazer divergir estes académicos do que planearam: nem uma eventual fragilidade da sua saúde física e mental; nem o adiar dos seus outros projectos de vida; nem a falta de participação na vida democrática das suas instituições; nem o facto de não desenvolverem o trabalho que gostariam. É como se colocassem todas essas dimensões em pausa até alcançarem a posição que ambicionam. Quando aí chegados, poderão então retomar esses outros projectos e sonhos. Para os que percepcionam que a academia em Portugal não apresenta percursos laborais aceitáveis, os planos de emigração acoplados a um trabalho na academia são uma hipótese viável.

11

PERFIS DE ACÇÃO DE ACADÉMICOS PRECARIZADOS

Os capítulos anteriores permitiram caracterizar os académicos precarizados acompanhando as suas trajectórias laborais; as suas práticas académicas; as suas vivências subjectivas da precariedade, do trabalho e da vida; o *burnout* profissional e as suas aspirações laborais. Sem pretender diminuir as especificidades de cada grupo inquirido, o percurso através destas diferentes dimensões aponta para a grande extensão de regularidades entre os diferentes segmentos de académicos precarizados. A abordagem que se seguirá neste capítulo é algo diversa. Reconhecendo, por um lado, as características comuns da população analisada e, por outro, que os académicos precarizados transitam ao longo das suas trajectórias através de diferentes tipos de vínculos, a reflexão aqui apresentada partirá dos testemunhos de todos os inquiridos para construir perfis de acção, articulando, para tal, os seus momentos de reflexividade com as suas respostas acerca dos diferentes temas anteriormente explorados.

A caracterização e a discussão que aqui se apresenta partirá do modelo de análise proposto. Segundo este, componentes disposicionalistas e interpretativos da acção teriam tradução em práticas académicas e em discursos alinhados com as estruturas neoliberalizadas que os instanciam (e que se traduzem, no contexto da academia, numa empresarialização das instituições académicas; na instrumentalização das práticas desenvolvidas por estes profissionais e numa cultura da performatividade); em práticas e em discursos que resistem e/ou contribuem para uma eventual transformação estrutural; ou em práticas e em discursos que revelam uma transformação dos académicos precarizados (*Figura 5*).

Partindo do modelo de análise proposto, cada um dos perfis apresentados representa um ideal-tipo no sentido weberiano do termo: um perfil do qual os académicos precarizados podem aproximar-se mais ou menos, mas a que raramente corresponderão a todos os níveis de análise (Weber, 1978). Para cada um dos perfis, apresentar-se-ão dois retratos reais decorrentes do processo de análise dos resultados e que pretendem ilustrar mais proximamente cada perfil encontrado.

11.1. Meritocratas

Neste perfil encontram-se genericamente investigadores com trajectórias académicas caracterizadas por uma rápida ascensão através das várias categorias profissionais que foram alcançando sempre através de concursos competitivos (bolsa de doutoramento, seguida de bolsa de pós-doutoramento, seguida por contratos de investigação a prazo).

Estes académicos reportam dedicar muitas horas dos seus dias ao trabalho académico, horas que se traduzem, de acordo com os resultados recolhidos, em níveis de produção extremamente elevados e completamente alinhados com as demandas do campo. Do mesmo modo, realizam um conjunto de actividades *pro bono* com o objectivo de melhorar ainda mais o seu currículo e ser mais competitivos para alcançar a posição de investigador que ambicionam.

Para estes académicos, os impactos da precariedade fazem sentir-se numa incerteza no futuro que tem reflexos em problemas práticos (como procurar emprego); em problemas associados à sua participação organizacional (como a sua exclusão de órgãos de decisão das suas instituições) e nas suas vidas para além do trabalho (que adiam). Não se vislumbra qualquer processo de reflexividade relativo a impactos directos da precariedade no trabalho que desenvolvem. Revelando estar insatisfeitos com o vínculo actual, adoram o seu trabalho e, como tal, não imaginam outra possibilidade para o seu futuro que não seja continuar a trabalhar como investigadores na academia.

Os problemas que apontam ao ensino superior e à ciência resultam sempre daquilo que entendem ser a falta de mérito ou dos júris de concursos públicos ou dos seus colegas. A respeito destes últimos, menosprezam académicos contratados sem ser através de concursos públicos competitivos, seja para funções docentes, seja para funções de investigação, e entre os quais incluem, quase sempre explicitamente, aqueles contratados a prazo ao abrigo da norma transitória. Nas suas interpretações, estes académicos não ultrapassaram com sucesso o crivo dos concursos *verdadeiramente competitivos* (como o Concurso investigador FCT, o Concurso de Estímulo ao Emprego Científico Individual ou outros concursos similares) e, logo, não cumprem os requisitos mínimos dos *académicos autênticos*: os que trabalham muitas horas, os que produzem muito, os que vêm na competitividade académica a única medida do campo.

Reproduzem com convicção a cultura de performatividade da academia neoliberalizada, sendo as normas e os valores a esta subjacentes os únicos que reconhecem para reger *a sua academia*. As pequenas transformações que se entrevêem nos seus discursos são sempre no sentido de um aprofundamento das condições actuais e de uma necessidade de afastamento dos que não têm um perfil *tão académico* como o seu.

Completamente focados *na sua corrida*, não se contextualizam, nem contextualizam os seus entornos. As suas práticas académicas estão completamente alinhadas com os seus processos de reflexividade e pretendem concretizar os seus projectos de futuro através de uma estratégia individual e competitiva já que não aparentam duvidar de que *o seu mérito* terá de ser reconhecido.

Os testemunhos que se transcrevem em seguida, assim como os retratos sistematizados na *Tabela 8*, pertencem a dois investigadores que correspondem, em linhas gerais, a este perfil.

> *Fui bolseira de* pós-doc por três anos e na primeira oportunidade consegui contrato como investigador FCT. Ao fim de *cinco anos de contrato vejo-me na situação de desemprego depois de me ter candidatado a um concurso público cujo mérito científico do júri é altamente duvidoso. Não estava elegível para ser contratada pela norma transitória pelo facto ter conseguido contrato com a FCT uns meses antes do que era requerido para a norma transitória. Resumindo, estou hoje em situação de desemprego porque fui boa no passado para ter outro contrato e os meus colegas que nunca foram competitivos para ter outro contrato que não bolsa foram galardoados com contratos via norma transitória sem ter de mexer uma palha... Palavras para quê?* (Patrícia, 37 anos, sem rendimentos do trabalho académico)

> *Sinto uma enorme desmotivação pelo sistema hierárquico universitário pois não tem em conta a meritocracia dos indivíduos, mas apenas tem em consideração a gestão e a manutenção da mediocridade instalada.* (Abel, 38 anos, investigador com contrato)

Tabela 8. Perfil meritocrata: dois retratos.

	Retrato 1	**Retrato 2**
Enquadramento socioeconómico	37 anos; Mulher; Casada *Agregado*: 3; 1 filho; sem outros dependentes *Rend. bruto agreg.*:]50 - 100] mil €/ano *Rend. líq. trabalho*: Sem rendimento Proprietário de alojamento pago Gere contas com facilidade	38 anos; Homem; Solteiro *Agregado*: 1; sem filhos; sem outros dependentes *Rend. bruto agreg.*:]19 - 27,5] mil €/ano *Rend. líq. trabalho*:]1 - 1,5] mil €/mês Proprietário de alojamento a ser pago Gere contas com grande dificuldade
Contrato actual	Sem rendimentos do trabalho académico	Investigador júnior ou equiparado *Data final do contrato*: 2024
Trajectória académica	Licenc. 2005 | PhD 2012 *Bolsas*: 7 anos; 2 bolsas; Primeira em 2006 *Contrato de Investigação*: 5 anos; 1 contrato: Primeiro em 2015	Licenc. 2008 | Mestrado2008 | PhD 2014 *Bolsas*: 10 anos; 4 bolsas; Primeira em 2009 *Contrato de Investigação*: 1 contrato; 1 ano; Primeiro em 2018
Sindicalização	Não. Não se sindicalizou por inércia.	Sem resposta

	Retrato 1	Retrato 2
Horas de trabalho	Mais de 40 e até 50 horas semanais	Mais de 40 e até 50 horas semanais
Produtos do trabalho (2019)	*Artigos Web of Science ou Scopus*: 5 *Outros artigos*: 2 *Capítulos de livro*: 3 *Participação júris de graus académico*: 2 *Curso de curta duração*: 1	*Artigos Web of Science ou Scopus*: 5 *Participação júris de graus académico*: 2 *Organização de eventos científicos*: 1 *Financiamento captado 2019 para investigação*: 130 mil €
Trabalho não remunerado	Lecciona e investiga sem quaisquer rendimentos tendo por fito melhorar o seu currículo enquanto aguarda abertura de concursos e resultados de candidaturas.	Lecciona sem quaisquer rendimentos tendo por fito melhorar o seu currículo enquanto aguarda abertura de concursos. Pressão de superiores hierárquicos.
Impactos da precariedade	Incerteza no futuro Procura de emprego; intenção de emigrar Impossibilidade de eleger e ser eleito Projectos pessoais adiados Desmotivação	Incerteza no futuro Procura de emprego; intenção de emigrar Menos tempo actividades académicas; aumento de horas de trabalho Impossibilidade de eleger e ser eleito Maior flexibilidade no percurso laboral Projectos pessoais adiados Desmotivação
***Burnout* prof.**	*Exaustão emocional*: Baixa *Cepticismo: Baixo* *Realização profissional: Alta*	*Exaustão emocional*: Alta *Cepticismo: Alto* *Realização profissional: Média*
Trabalho	*Satisfeito*: Trabalho; Categoria profissional; Desafio intelectual; Nível de responsabilidade; Autonomia; Salário; Benefícios sociais; Segurança no emprego; Localização do emprego; Número de horas de trabalho; Horário; Contributo social; Estatuto social *Nem satisfeito, nem insatisfeito:* Desafio intelectual; Estatuto social *Insatisfeito:* Oportunidades de progressão	*Satisfeito:* Contributo social *Nem satisfeito, nem insatisfeito:* Horário *Insatisfeito*: Trabalho; Categoria profissional; Desafio intelectual; Nível de responsabilidade; Autonomia; Salário; Vínculo; Benefícios sociais; Oportunidades de progressão; Segurança no emprego; Localização do emprego; Número de horas de trabalho; Estatuto social
Felicidade	Feliz	Infeliz
Satisfação com a vida em geral	Satisfeita	Insatisfeito
Procura emprego	Sim	Sim
Aspirações laborais	Investigadora na academia	Investigador na academia

Nota: Rend. bruto agreg.: rendimento bruto do agregado doméstico. Rend. líq. trabalho: rendimento líquido do trabalho. Licenc.: licenciatura. PhD: doutoramento. Grau de satisfação e felicidade: insatisfeito/infeliz: 0–4; nem satisfeito/feliz, nem insatisfeito/infeliz: 5; satisfeito/feliz: 6–10.

11.2. Reformistas

Neste perfil encontram-se académicos precarizados com uma situação socioeconómica genericamente desafogada, embora com variações fruto dos contextos dos seus agregados, situação de alojamento ou outros (*Tabela 9*). Tal como os colegas no primeiro perfil, apresentam um percurso académico ascendente e caracterizado por sucessos consecutivos (com acesso a bolsa de doutoramento e a bolsa de pós-doutoramento através de concursos competitivos, seguida de contrato de trabalho para funções de investigação ou de concursos da FCT ou através da norma transitória do Decreto-lei n.º 57/2016, sendo, neste último caso, investigadores mais jovens).

As suas práticas estarão alinhadas com as normas e com os valores da academia na actualidade, indicando trabalhar muitas horas e produzir um número considerável de produtos mais valorizados no campo. Os impactos que associam à precariedade, sendo similares aos revelados pelos colegas no perfil meritocrático, têm uma maior amplitude, já que reconhecem e explicitam directamente nos seus discursos que a precariedade afecta um desenvolvimento estruturado do seu trabalho científico. O seu grau de satisfação com as diferentes dimensões do trabalho é menor do que no grupo anterior, mas ainda assim a dicotomia — satisfação com o trabalho, insatisfação com o vínculo — encontra-se claramente presente. Apesar de se sentirem realizados com as suas actividades laborais, apresentam sinais de exaustão emocional e cepticismo em relação ao trabalho que desenvolvem, fruto, possivelmente, de dissonâncias entre o trabalho que gostariam de desenvolver e aquele que efectivamente desenvolvem.

Não se encontram sindicalizados e não têm conhecimento do trabalho sindical ou das eventuais mais-valias associadas a uma participação nessas organizações. Por oposição ao grupo anterior, não aparentam representar os seus colegas com posições permanentes e outros colegas com trajectórias de menor sucesso de acordo com a actual avaliação do campo, como *um outro* que os prejudica directamente e que torna o sistema menos competente como um todo. Defendem sim a necessidade de acréscimos de eficiência e de produtividade do sector do ensino superior e da ciência através de reformas no sentido de um aumento da previsibilidade e de uma diminuição da aleatoriedade do sistema. Este parece ser o grande peso que carregam sobre os seus ombros: a impossibilidade de desenvolver uma investigação devidamente estruturada, fruto de insuficiências que não controlam. Não se trata de um problema individual, ou associado a práticas de outros actores do sistema, mas de problemas decorrentes de uma organização pouco eficiente.

Sentem-se felizes e satisfeitos com a vida em geral. Procuram emprego activamente, mas só se imaginam na academia enquanto investigadores. As suas práticas e os seus processos reflexivos encontram-se bastante alinhados. Não existe qualquer referência a que a competitividade pese negativamente no seu trabalho, antes pelo contrário. Para estes académicos, o que é urgente é uma reforma dos processos de financiamento da ciência. Uma reforma que erradique a aleatoriedade e que possibilite o desenvolvimento de um trabalho de maior qualidade. Com estas reformas, tudo ficará bem.

O essencial é a ciência ser financiada de forma constante e previsível. Mesmo que seja pouco o orçamento. Saber que todos os anos na data x abrem concursos para y projectos ou z contratos, com critérios e grelhas de avaliação objectivos e claros. E um cumprimento cabal dos prazos, sejam eles de abertura, fecho, resultados ou recursos. Um ano para avaliação de um concurso é inadmissível. Criem cotas regionais ou mecanismos de distribuição equitativa. Nestes períodos de aperto financeiro, Lisboa e Porto absorvem a quase totalidade dos financiamentos. E não será por falta de competitividade dos outros centros, é por falta de vontade política e lobby. *A imprevisibilidade e aleatoriedade não permite a ninguém planear e criar uma linha de pesquisa de forma estruturada.* (André, 33 anos, investigador com contrato)

Acho que um factor que não se vê discutido e que contribui muito para a instabilidade profissional é o facto de não existirem prazos para sair os resultados de um concurso de projectos a nível da Fundação para a Ciência e a Tecnologia. No meu caso, não tenho qualquer problema em escrever propostas para projectos, no entanto o facto de não ter um prazo de resposta breve, por exemplo 90 dias, gera muita ansiedade e instabilidade. Desagrada-me e não acho respeitoso por parte da agência financiadora, porque nós temos de reunir as ideias, a equipa e escrever a proposta a tempo do deadline, *para nós só existem obrigações! Por outro lado, e vejo esta situação muito discutida, é o facto de existirem oportunidades de financiamento que não estão divulgadas para que investigadores juniores possam candidatar-se. Para além disso, há uma clara falta de apoio nas instituições públicas (Universidade) na integração de novos investigadores, falo por experiência própria. Talvez não por culpa dos gabinetes de gestão, mas porque não têm pessoas para auxiliar os novos investigadores, temos de ser nós a procurar todas as novas propostas e ir a cursos, ou então falar com colegas nossos. Quando voltei a ser integrada no meio académico como investigadora, até o* e-mail *tive de ser eu a pedir, não houve um departamento de comunicação ou informática do departamento que me contactasse... Um outro problema, apesar de se conseguir financiamento, o dinheiro é gerido por instituições que não conseguem dar resposta aos pedidos dos investigadores. Por exemplo, eu quero ir a uma conferência científica e depois até sou convidada para uma comunicação oral, por ser tanta a burocracia no momento do pagamento da conferência, eu pago o meu próprio registo. Quando peço reembolso do valor à instituição que gere o projecto, esta não tem forma de me pagar. Eu acho isto o cúmulo, não tenho como investigadora de adiantar dinheiro para trabalhar e para fazer a minha formação. Até porque, se fui seleccionada internacionalmente para uma comunicação oral, quer dizer que o meu trabalho está a um nível internacional e que também mostra o país e o bom que se faz cá!* (Beatriz, 33 anos, investigadora com contrato)

Tabela 9. Perfil reformista: dois retratos.

	Retrato 3	Retrato 4
Enquadramento socioeconómico	33 anos; Homem; União de facto *Agregado*: 3; 1 filho; sem outros dependentes *Rend. bruto agreg.*:]40 - 50] mil €/ano *Rend. líq. trabalho*:]1 - 1,5] mil €/mês Arrendatário de alojamento Gere contas com dificuldade	38 anos; Mulher; Solteira *Agregado*: 1; sem filhos; sem outros dependentes *Rend. bruto agreg.*:]19 - 27,5] mil €/ano *Rend. líq. trabalho*:]1 - 1,5] mil €/mês Alojamento cedido gratuitamente Gere contas com dificuldade
Contrato actual	Investigador júnior ou equiparado *Data final do contrato*: 2025	Investigador júnior ou equiparado *Data final do contrato*: 2022
Trajectória académica	Lic. 2008 | Mestrado 2009 | PhD 2015 *Bolsas*: 7 anos; 5 bolsas; Primeira em 2010 *Contrato de Investigação*: 1 ano; 1 contrato: Primeiro em 2019	Licenc. 2008 | Mestrado2010 | PhD 2016 *Bolsas*: 4 anos; 1 bolsa; Primeira em 2010 *Contrato de Investigação*: 1 contrato; 1 ano; Primeiro em 2019 Outro contrato: 3,5 anos; 1 contrato; Primeiro em 2015
Sindicalização	Não. Não se sindicalizou por desconhecimento	Sem resposta
Horas de trabalho	Mais de 40 e até 50 horas semanais	Mais de 30 e até 40 horas semanais
Produtos do trabalho (2019)	*Artigos Web of Science ou Scopus*: 4 *Curso de curta duração*: 2	*Artigos Web of Science ou Scopus*: 1 *Capítulos de livro*: 1 *Organização de eventos científicos*: 1 *Curso de curta duração*: 1 *Participação júris graus*: 1
Trabalho não remunerado	Não	Lecciona sem quaisquer rendimentos tendo por fito melhorar o seu currículo enquanto aguarda abertura de concursos. Pressão de superiores hierárquicos.
Impactos da precariedade	Incerteza no futuro Procura de emprego Menos tempo para actividades académicas; Aumento de horas de trabalho Maior autonomia no trabalho; Projectos pessoais adiados	Incerteza no futuro Procura de emprego; Intenção de emigrar Pressão de superiores hierárquicos Projectos pessoais adiados Desmotivação
***Burnout* prof.**	*Exaustão emocional:* Alta *Cepticismo:* Alto *Realização profissional:* Alta	*Exaustão emocional:* Alta *Cepticismo:* Médio *Realização profissional:* Média
Trabalho	*Satisfeito*: Trabalho; Contributo social; Horário *Nem satisfeito, nem insatisfeito:* Categoria profissional; Autonomia *Insatisfeito:* Vínculo; Segurança no emprego; Oportunidades de progressão; Condições de trabalho; Salário; Estatuto social; Horas de trabalho Benefícios sociais; Desafio intelectual; Localização	*Satisfeita:* Trabalho; Categoria profissional; Desafio intelectual; Nível de responsabilidade; Autonomia; Salário; Vínculo; Benefícios sociais; Localização; Número de horas de trabalho; *Nem satisfeita, nem insatisfeita:* Condições de trabalho *Insatisfeita*: Segurança no emprego; Oportunidades de progressão; Contributo social; Estatuto social
Felicidade	Feliz	Feliz
Satisfação com a vida em geral	Insatisfeita	Satisfeito
Procura emprego	Sim	Sim
Aspirações laborais	Investigador na academia	Investigador na academia

Nota: Rend. bruto agreg.: rendimento bruto do agregado doméstico. Rend. líq. trabalho: rendimento líquido do trabalho. Licenc.: licenciatura. PhD: doutoramento. Grau de satisfação e felicidade: insatisfeito/infeliz: 0–4; nem satisfeito/feliz, nem insatisfeito/infeliz: 5; satisfeito/feliz: 6–10.

11.3. Pragmáticos

O perfil pragmático agrupa académicos que estão há muitos anos na academia (*Tabela 10*). As suas trajectórias de precariedade caracterizam-se tanto pela sua longa duração, como por uma multiplicidade de vínculos: estamos perante académicos que tiveram variadíssimos vínculos de bolsa, intercalados por períodos com contratos tanto para funções de investigação, como para funções de docência. O futuro é uma preocupação constante e por vezes expressam sentir não ter as mesmas potencialidades que os colegas mais jovens.

Apesar de indicarem longuíssimas jornadas de trabalho, a produção científica que reportam parece encontrar-se em parte desalinhada das métricas do campo. A imposição deste alinhamento, assim como diversas outras características que sinalizam como *vícios do sistema* são aliás motivo de reflexão. Actualmente, cingem as suas actividades ao que é exigido em termos quantitativos: aumentar o número de publicações. Realizam actividades académicas a título gracioso para melhorar o currículo e por pressão de superiores hierárquicos. O desenvolvimento destas actividades tem por objectivo explícito não fechar portas no seu presente ou no seu futuro. Essa parece ser, pois, a finalidade para que todas as suas práticas concorrem: encontrar uma nova saída uma vez terminado o seu contrato actual através de uma conformação total à cultura da competitividade e aos seus indicadores e de uma sujeição às agendas dos superiores hierárquicos de quem, na verdade, se sentem dependentes. A sua realização profissional é baixa, apresentando uma relação com o trabalho genericamente pautada por insatisfações, com a excepção do desafio intelectual, que os continua a satisfazer ou de dimensões como o horário. Esta insatisfação terá reflexos num desagrado mais generalizado com a vida em geral e com níveis intermédios ou baixos de felicidade.

Depois de toda uma vida na academia, sentem-se defraudados, duvidam do seu trabalho e do sistema científico e tecnológico como um todo, mas não conseguem imaginar um outro futuro que não passe pelo desenvolvimento de actividades docentes ou de investigação. Os seus processos de reflexividade revelam um enorme receio com o futuro que se traduz numa tentativa de ajustamento total às demandas que criticam do campo como tentativa de sobrevivência.

> *A preocupação no futuro é constante e não me sinto com a idade e motivação associadas para competir ao nível dos mais jovens, por exemplo em saídas para o exterior, etc. Até porque demasiada mobilidade anterior foi um inconveniente para mim. Deixei de tentar submissão a projectos e candidaturas porque sinto que o sistema já está viciado à partida. Procuro apenas*

focar-me no que me é exigido e em investigar horas sem fim para melhorar o CV em termos de número de publicações, que parece ser o importante, ao invés das citações. Demasiado stress *e saúde frágil.* (Manuela, 52 anos, investigadora com contrato)

DL/57 prevê seis anos; a Universidade considera os contratos «desafio» ou peso e dá uma segurança apenas para os primeiros três anos. As exigências da Universidade para renovar o contrato a seguir são de tal maneira exageradas, que, a avaliação não motiva tanto a excelência no trabalho, mas, sim, é feita para reduzir o número de investigadores. Esta sensação deixada é claramente desmotivante, e não permite construir planos em nível pessoal. Não existe a compreensão de que os investigadores não estamos cá para nos «baldar», mas sim, estamos cá para trabalhar com pouco mais de certeza para o dia de amanhã, de modo que nos possamos dedicar mais plenamente ao trabalho. (Madalena, 43 anos, investigadora com contrato)

Tabela 10. Perfil pragmático: dois retratos.

	Retrato 1	**Retrato 2**
Enquadramento socioeconómico	52 anos; Mulher; Solteira *Agregado*: 2; Sem filhos; 1 dependente *Rend. bruto agreg.*:]19 - 27,5] mil €/ano *Rend. líq. trabalho*:]1 - 1,5] mil €/mês Proprietária de alojamento a ser pago Gere contas com alguma facilidade	38 anos; Mulher; Solteira *Agregado*: 1; sem filhos ou dependentes *Rend. bruto agreg.*:]19 - 27,5] mil €/ano *Rend. líq. trabalho*:]1 - 1,5] mil €/mês Arrendatário de alojamento Gere contas com dificuldade
Contrato actual	Investigador júnior ou equiparado *Data final do contrato*: 2025	Investigador júnior ou equiparado *Data final do contrato*: 2025
Trajectória académica	PhD 1996 *Bolsas*: 18 anos; 6 bolsas; Primeira em 1990 *Contrato de Investigação*: 5 anos; 2 contratos; Primeiro em 2009 *Contrato de Docência*: 5 anos; 1 contrato; Primeiro em 2002	Licenc. 2000 | PhD 2009 *Bolsas*: 20 anos; 5 bolsas; Primeira em 1999 *Contrato de Investigação*: 1 ano; 1 contrato; Primeiro em 2019 *Contrato de Docência*: 2 anos; 2 contratos; Primeiro em 2000
Sindicalização	Não. Não se sindicalizou por desconhecimento	Não. Não se sindicalizou por desconhecimento
Horas de trabalho	Mais de 40 e até 50 horas semanais	Mais de 40 e até 50 horas semanais
Produtos do trabalho (2019)	*Organização de eventos científicos*: 1 *Curso de curta duração*: 1 *Júri de avaliação de projectos internacionais*: 1	*Artigos Web of Science ou Scopus*: 1
Trabalho não remunerado	Lecciona sem vencimento para melhorar currículo e por pressão de superiores hierárquicos	Lecciona sem quaisquer rendimentos tendo por fito melhorar o seu currículo enquanto aguarda abertura de concursos. Pressão de superiores hierárquicos.
Impactos da precariedade	Incerteza no futuro Aumento das horas de trabalho e menos tempo para trabalho académico Pressão superiores hierárquicos Projectos pessoais adiados Desmotivação	Incerteza no futuro Procura de emprego Aumento das horas de trabalho Pressão de superiores hierárquicos Projectos pessoais adiados Desmotivação

	Retrato 1	Retrato 2
***Burnout* prof.**	*Exaustão emocional:* Alta *Cepticismo:* Médio *Realização profissional:* Baixa	*Exaustão emocional:* Baixa *Cepticismo:* Baixo *Realização profissional:* Baixa
Trabalho	*Satisfeita:* Desafio intelectual; Horário *Nem satisfeita, nem insatisfeita:* Horas de trabalho; Contributo social *Insatisfeita:* Trabalho; Vínculo; Categoria profissional; Segurança no emprego; Oportunidades de progressão; Benefícios sociais; Estatuto social; Salário; Condições de trabalho; Autonomia; Localização	*Satisfeita:* Categoria profissional; Desafio intelectual; Contributo social; Autonomia; Número de horas de trabalho; Horário *Nem satisfeita, nem insatisfeita:* Benefícios sociais; Localização; Estatuto social *Insatisfeita:* Salário; Segurança no emprego; Condições de trabalho; Oportunidades de progressão; Nível de responsabilidade
Felicidade	Nem feliz, nem infeliz	Infeliz
Satisfação com a vida em geral	Insatisfeita	Insatisfeito
Procura emprego	Não	Sim
Aspirações laborais	Docente ou investigadora na academia	Docente ou investigadora na academia

Nota: Rend. bruto agreg.: rendimento bruto do agregado doméstico. Rend. líq. trabalho: rendimento líquido do trabalho. Licenc.: licenciatura. PhD: doutoramento. Grau de satisfação e felicidade: insatisfeito/infeliz: 0–4; nem satisfeito/feliz, nem insatisfeito/infeliz: 5; satisfeito/feliz: 6–10.

11.4. Quiméricos

Neste perfil enquadram-se académicos precarizados de um modo geral com idades mais jovens (*Tabela 11*). Apesar de se encontrarem a realizar o doutoramento ou um pós-doutoramento, já apresentam um número muito assinalável de vínculos de bolsa de investigação, muitas vezes com durações curtas ou muito curtas, intercalados por períodos sem rendimentos em que dependeram das suas redes sociais próximas.

Estes académicos reportam jornadas de trabalho razoáveis a longas e uma produtividade muito assinalável para a fase em que se encontram no seu percurso académico com indicadores completamente alinhados com as expectativas do campo. Experienciam uma imensa pressão em produzir e questionam a falta de direitos a que estão sujeitos e as consequentes implicações na sua vida para além do trabalho. Sentem-se defraudados com os decisores políticos que, reconhecendo socialmente as conquistas dos cientistas, não lhes possibilitam o acesso a direitos laborais adequados. Apesar de assinalarem com precisão os problemas laborais que experienciam, não se encontram sindicalizados fruto de inércia ou de desconhecimento. Neste contexto, indicam estar satisfeitos com o trabalho que desenvolvem e insatisfeitos com características dependentes do vínculo instável que detêm. Apresentam níveis elevados de exaustão emocional, níveis médios a altos de cepticismo em relação às suas actividades laborais e níveis médios de realização profissional.

Perante uma vontade consolidada de permanecer na academia, seja a desenvolver funções docentes, seja em funções de investigação, conjugada com falta de direitos laborais e de perspectivas para o desenvolvimento do seu trabalho académico em Portugal, equacionam planos de emigração num futuro próximo. Não concebem a transversalidade do regime produtivista que os pressiona, nem a da situação de precariedade na academia. A mudança que projectam, impulsionada por um sentimento de desilusão com as condições de trabalho na academia em Portugal, não passa por uma acção colectiva, mas por um projecto de mobilidade individual.

> *O trabalho é bastante precário, dependemos de bolsas para viver e temos progressão quase nula. Dependi de diversos projectos para sobreviver, quando estava um para acabar tinha que arranjar outro o mais rapidamente possível. Com a bolsa da Fundação para a Ciência e a Tecnologia consigo um pouco mais de estabilidade e viabilizar meu doutoramento, mas a demora em iniciar os pagamentos obrigou-me a pedir empréstimo com familiares para viver os últimos meses. Se isto não é precariedade, não sei o que é. Não apenas isso, não tenho acesso aos direitos dos trabalhadores, como o subsídio de férias ou o subsídio de Natal, tenho uma carga de trabalho intensa fora de horário de trabalho e vivo sob pressão para publicar e produzir (muito por conta de meu orientador, é verdade). Penso muito em emigrar no final do doutoramento, porque não vejo possibilidade de trabalho em Portugal. Quero poder ter filhos, ter minha casa e algum conforto, mas desta maneira é impossível.* (Nuno, 29 anos, investigador com bolsa de doutoramento)

> *Muito honestamente sinto uma grande revolta pela forma como sucessivos governos tratam os investigadores precários em Portugal. Os mesmos governos que se gabam da crescente notoriedade das universidades portuguesas e do crescente número de publicações em jornais de nível global. Depois de ter orientado alunos na minha universidade, função que na verdade não me compete, mas que nos é imposta a nível superior de forma velada, sairei de um contrato de bolsa sem direito a um mísero subsídio de desemprego. É com grande tristeza que digo que sou forçado a emigrar para continuar a fazer aquilo que gosto e no que acho que posso ser útil. Procuro emprego: vou emigrar. Não vejo futuro para mim no meu país.* (Francisco, 36 anos, investigador com bolsa de pós-doutoramento)

Tabela 11. Perfil quimérico: dois retratos.

	Retrato 1	**Retrato 2**
Enquadramento socioeconómico	29 anos; Homem; Solteiro Agregado: 2; Sem filhos ou dependente *Rend. bruto agreg.*:]10 - 13,5] mil €/ano Rend. líq. trabalho (12 meses, sem subsídios férias / Natal):]1 - 1,5] mil €/mês Alojamento cedido gratuitamente Gere contas com dificuldade	36 anos; Homem; União de facto Agregado: 3; 1 filho; sem outros dependentes Rend. bruto agreg.:]19 - 27,5] mil €/ano Rend. líq. trabalho (12 meses, sem subsídios férias / Natal):]1,5 - 2] mil €/mês Proprietário de alojamento a ser pago Gere contas com alguma facilidade
Contrato actual	Investigador com bolsa de doutoramento *Data final do contrato*: 2021	Investigador com bolsa pós-doutoral *Data final do contrato*: 2022
Trajectória académica	Lic. 2014 | Mestrado 2016 *Bolsas*: 4 anos; 3 bolsas; Primeira em 2015	Licenc. 2010 | Mestrado 2011 | PhD 2018 *Bolsas*: 8 anos; 9 bolsas; Primeira em 2011 *Contrato de Investigação*: 1 ano; 1 contrato; Primeiro em 2019 *Contrato de Docência*: 2 anos; 2 contratos; Primeiro em 2000
Sindicalização	Não. Não se sindicalizou por inércia.	Não. Não se sindicalizou por desconhecimento
Horas de trabalho	Mais de 30 e até 40 horas semanais	Mais de 40 e até 50 horas semanais
Produtos do trabalho (2019)	Artigos *Web of Science* ou *Scopus*: 2 Organização de eventos científicos: 2	Artigos *Web of Science* ou *Scopus*: 2 Outros artigos: 1 Orientação de estágios de Licenciatura: 2 Orientação Mestrado: 2
Trabalho não remunerado	Não	Não.
Impactos da precariedade	Incerteza no futuro Procura de emprego; intenção de emigrar Pressão superiores hierárquicos Maior autonomia o trabalho Projectos pessoais adiados	Incerteza no futuro Procura de emprego; Intenção de emigrar Menos tempo actividades académicas; Aumento das horas de trabalho Projectos pessoais adiados Desmotivação
***Burnout* prof.**	*Exaustão emocional*: Alta *Cepticismo:* Médio *Realização profissional:* Média	*Exaustão emocional*: Alta *Cepticismo:* Alto *Realização profissional:* Média
Trabalho	*Satisfeito:* Trabalho; Desafio intelectual; Categoria profissional; Responsabilidade; Oportunidades de progressão; Contributo social; Estatuto social; Horas de trabalho; Horário: Localização *Nem satisfeito, nem insatisfeito:* Vínculo laboral *Insatisfeito*: Salário; Condições de trabalho; Autonomia; Benefícios sociais; Segurança no emprego	*Satisfeita:* Trabalho; Desafio intelectual; Nível de responsabilidade; Contributo social; Condições de trabalho; Autonomia; Horário; Horas de trabalho; Localização; *Insatisfeita*: Vínculo; Categoria profissional; Benefícios sociais; Segurança no emprego; Estatuto social
Felicidade	Feliz	Infeliz
Satisfação com a vida em geral	Muito satisfeito com a vida	Insatisfeito
Procura emprego	Não	Sim
Aspirações laborais	Docente ou investigador na academia	Investigadora na academia

Nota: Rend. bruto agreg.: rendimento bruto do agregado doméstico. Rend. líq. trabalho: rendimento líquido do trabalho. Licenc.: licenciatura. PhD: doutoramento. Grau de satisfação e felicidade: insatisfeito/infeliz: 0–4; nem satisfeito/feliz, nem insatisfeito/infeliz: 5; satisfeito/feliz: 6–10.

11.5. Desencantados

Este perfil de académicos caracteriza-se por um profundo sentimento de desilusão com a academia que resulta não só dos problemas concretos com que se confrontam no seu dia-a-dia, fruto das suas longas trajectórias de precariedade e de toda a incerteza associada, mas também de uma oposição frontal ao modelo dominante de ciência e/ou às formas de organização sobre as quais este modelo se constrói (*Tabela 12*). Após muitos anos de bolsas de vários tipos (a rondar uma década), sentem que todas as horas que indicam dedicar às suas instituições (e são muitas: 40 a 50 horas por semana) e de todos os indicadores que produzem (artigos, livros, capítulos entre outros) são insuficientes para os segurar na academia a fazer um trabalho que os consome e relativamente ao qual são tão cépticos. Neste perfil, à insatisfação com o vínculo laboral, acresce uma insatisfação ou indiferença com o trabalho.

O caminho que projectam para o seu futuro passa pelo abandono de uma academia e de organizações nas quais já não se reconhecem. Estes académicos não acreditam ser possível ultrapassar as insuficiências que associam ao sector do ensino superior e da ciência. Com a aproximação da data final dos seus actuais contratos, elaboram projectos individuais de alteração das suas trajectórias laborais que passam por abandonar a academia.

> *O meu desencanto e motivação para abandonar a actividade científica deve-se com vários factores que se relacionam com a precariedade que abordam neste questionário, mas não são estes os mais relevantes. Actualmente, o factor mais determinante é o seu progressivo enquadramento pelo que designo como «modelo de negócio da ciência» ao serviço da imbecilidade colectiva e a submissão voluntária ou coniventemente vergonhosa dos decisores na academia/actividades científicas às imposições deste modelo por tecnocratas e homens (porque são habitualmente homens) de negócios e políticos (iguais aos anteriores ou imbecis) cuja agenda para a produção e partilha de conhecimento é esvaziá-la de qualquer valor humanístico e transformá-la em valor monetário para si e para os accionistas das corporações financeiras.* (Sara, 46 anos, investigadora com contrato)

> *Sinto que em Portugal há uma falta de estratégia marcada e que as instituições não têm abertura para melhorar e aprender com os mais experientes. Querem pessoas altamente qualificadas para posições de gestão, mas não sabem o que fazer com elas. Há uma grande falta de conhecimentos de liderança e gestão de equipas por parte dos investigadores principais e coordenadores de projecto. Quero apenas referir que durante os primeiros anos de bolseira, as bolsas eram renovadas de 12 em 12 meses. Actualmente as renovações são de seis*

em seis meses. Sempre estive associada a projectos europeus, nomeadamente projectos do European Research Council e sei que não tem de ser assim, é uma escolha da entidade de gestão assim o fazer. Procuro emprego fora da academia. Cansei-me da luta, ando frustrada e sinto-me pouco valorizada sem autonomia nem perspectivas de vir a melhorar. Não há um sindicato que sinta que possa fazer a diferença. (Sónia, 39 anos, gestora de ciência com bolsa)

Tabela 12. Perfil desencantado: dois retratos.

	Retrato 1	**Retrato 2**
Enquadramento socioeconómico	46 anos; Mulher; Solteira Agregado: 2; Sem filhos e dependentes Rend. bruto agreg.:]32,5 - 40] mil €/ano Rend. líq. trabalho:]1,5 - 2] mil €/mês Proprietária de alojamento a ser pago Gere contas com alguma facilidade	39 anos; Mulher; Solteira Agregado: 1; sem filhos e dependentes Rend. bruto agreg.:]13,5 - 19] mil €/ano Rend. líq. trabalho (12 meses, sem subsídios férias/Natal):]1,5 - 2] mil €/mês Proprietário de alojamento a ser pago Gere contas com alguma dificuldade
Contrato actual	Investigador auxiliar *Data final do contrato*: 2022	Gestora de ciência com bolsa *Data final do contrato*: 2022
Trajectória académica	Lic. 2000 | PhD 2009 *Bolsas*: 11 anos; 3 bolsas *Contrato de Investigação*: 2 anos; 2 contratos; Primeiro em 2017	Lic. 2004 | PhD 2009 *Bolsas*: 9 anos; 13 bolsas; Primeira em 2011
Sindicalização	Não. Inconstância da situação profissional.	Não. Descrédito.
Horas de trabalho	Mais de 40 e até 50 horas semanais	Mais de 40 e até 50 horas semanais
Produtos do trabalho (2019)	Artigos *Web of Science* ou *Scopus*: 2 Outros artigos: 1 Cargos de direcção: 1	Livros (autoria): 1 Livros (organização ou edição): 1 Organização de eventos científicos: 2 Curso de curta duração: 1 Textos nos média: 22 Financiamento (prestação de serviços): 1,5 mil €
Trabalho não remunerado	Desenvolve actividades de investigação por forma a manter ligação a instituição e à comunidade científica	Não
Impactos da precariedade	Incerteza no futuro Impossibilidade de eleger e de ser eleito Maior flexibilidade no percurso Projectos pessoais adiados Desmotivação	Incerteza no futuro Procura de emprego; Intenção de emigrar Menos tempo actividades académicas; Aumento das horas de trabalho Projectos pessoais adiados Desmotivação
***Burnout* prof.**	*Exaustão emocional*: Média *Cepticismo:* Alto *Realização profissional:* Média	*Exaustão emocional*: Média *Cepticismo:* Alto *Realização profissional:* Baixa

	Retrato 1	Retrato 2
Trabalho	*Satisfeito:* Desafio intelectual; Nível de Responsabilidade; Autonomia; Estatuto social; Horas de trabalho; Horário: Localização; Condições de trabalho *Insatisfeito:* Trabalho; Vínculo laboral; Categoria profissional; Salário; Benefícios sociais; Segurança no emprego; Contributo social; Localização	*Satisfeita:* Localização; Contributo social *Nem satisfeita, nem insatisfeita:* Trabalho; Horas de trabalho; Horário; Benefícios sociais; Segurança no emprego; Condições de trabalho; Estatuto social *Insatisfeita:* Vínculo; Categoria profissional; Salário; Oportunidades de progressão; Desafio intelectual; Nível de responsabilidade; Autonomia
Felicidade	Feliz	Nem feliz, nem infeliz
Satisfação com a vida em geral	Satisfeita	Satisfeito
Procura emprego	Não	Sim
Aspirações laborais	Não está decidido	Fora da academia, enquanto investigadora

Nota: Rend. bruto agreg.: rendimento bruto do agregado doméstico. Rend. líq. trabalho: rendimento líquido do trabalho. Licenc.: licenciatura PhD: doutoramento. Grau de satisfação e felicidade: insatisfeito/infeliz: 0–4; nem satisfeito/feliz, nem insatisfeito/infeliz: 5; satisfeito/feliz: 6–10.

11.6. Vanguardistas

Neste perfil encontram-se académicos precarizados que apresentam um percurso académico genericamente ascendente até ao final do doutoramento, mas que se caracteriza, desde então, por uma grande instabilidade traduzida num número elevado de vínculos precários e pelo desenvolvimento de diferentes tipos de actividades na academia, como a investigação ou a docência (*Tabela 13*). As suas práticas estão alinhadas com as normas e os valores da academia na actualidade, reportando o desenvolvimento dos produtos expectáveis para as funções que desempenham (publicações no caso de investigadores, graus académicos, no de docentes). No entanto, estes produtos nem sempre se encontram alinhados com as expectativas da academia neoliberalizada, particularmente quando a função principal é a docência. Genericamente não realizam actividades não remuneradas, encontram-se sindicalizados ou a indicar que o farão a breve trecho.

A vivência subjectiva da precariedade é pautada por uma incerteza no futuro, por uma falta de tempo para o desenvolvimento de actividades académicas e, por vezes, de estabilidade para projectos pessoais. Não são mencionados quaisquer impactos directos na qualidade do trabalho que desenvolvem, mas sentem-se desmotivados com a instabilidade laboral que caracteriza a sua situação laboral. As suas percepções relativas ao trabalho revelam a ambivalência presente na generalidade dos restantes colegas: satisfação com as actividades que desenvolvem e com muitas das suas características intrínsecas e insatisfação com o vínculo e com as limitações daí decorrentes. Apesar de expressarem um sentimento de descrédito no sistema científico e tecnológico nacional, o gosto pelas suas actividades laborais traduz-se num desejo de permanência na academia. Atribuem aos sindicatos e às lutas por estes encabeçadas, a que se associam discursivamente, um papel positivo e preponderante para a construção de um outro sector do ensino superior e da ciência. Os seus processos de reflexividade compreendem uma visão de que os problemas estruturais do sector só podem ser ultrapassados através de uma acção de luta colectiva.

> *Procuro vínculo estável por sentir insatisfação, desmotivação, frustração e descrédito no sistema. A instabilidade laboral (fim de contrato) não me permite aceder nem progredir na carreira. O meu vínculo laboral é desadequado. Agradeço aos sindicatos por tentarem fazer ver, mais uma vez, e cada vez mais, a situação gravosa actual do sistema científico e tecnológico nacional. A Luta continua!* (36 anos; Humberto; investigador com contrato)

> *São nove anos de precariedade! Estou confiante que as coisas mudem. Juntos venceremos! A precariedade implica falta de estabilidade para concretizar projectos académicos ou profissionais porque estes contratos consomem muito para o que dão.* (43 anos, Victor; docente no ensino superior universitário)

Tabela 13. Perfil vanguardista: dois retratos.

	Retrato 11	**Retrato 12**
Enquadramento socioeconómico	36 anos; Homem; Casado Agregado: 4; 2 filhos; sem outros dependentes Rend. bruto agreg.:]40 - 50] mil €/ano Rend. líq. trabalho:]1.5 - 2] mil €/mês Proprietário de alojamento a ser pago Gere contas com alguma dificuldade	43 anos; Homem; Solteiro Agregado: 2; sem filhos; sem outros dependentes Rend. bruto agreg.:]13,5 - 19] mil €/ano Rend. líq. trabalho:]1 - 1,5] mil €/mês Proprietário de alojamento a ser pago Gere contas com dificuldade
Contrato actual	Investigador júnior ou equiparado *Data final do contrato*: 2021	Professor auxiliar convidado *Data final do contrato*: 2020
Trajectória académica	Licenc. 2006 | Mestrado2008 | PhD 2013 *Bolsas*: 11 anos; 7 bolsas; Primeira em 2007 *Contrato de Investigação*: 1 ano; 1 contrato: Primeiro em 2018 *Contrato de Docência*: 1 ano; 1 contrato; Primeiro em 2019 (actual)	Licenc. 1996 | Mestrado2006 | PhD 2011 *Contrato de Docência*: 9 contratos; 9 anos; Primeiro em 2011 Contrato actual a 50% | 17,5 horas aulas
Sindicalização	Não. Em breve.	Sim
Horas de trabalho	Mais de 30 e até 40 horas	Mais de 20 e até 30 horas semanais
Produtos do trabalho (2019)	Artigos *Web of Science* ou *Scopus*: 2 Participação júris de graus académico: 1	Organização de eventos científicos: 1 Participação júris de graus académico: 9 Orientações de mestrado concluídas: 5 Orientações de estágios curriculares: 6 Cargos de coordenação: 1

	Retrato 11	Retrato 12
Trabalho não remunerado	Não	Não
Impactos da precariedade	Incerteza no futuro Procura emprego; Menos tempo actividades académicas Falta de estabilidade para projectos pessoais; Desmotivação;	Incerteza no futuro Menos tempo actividades académicas; Aumento de horas de trabalho Pressão de superiores hierárquicos Maior autonomia no trabalho; Maior flexibilidade; Desmotivação
***Burnout* prof.**	*Exaustão emocional*: Média *Cepticismo: Baixo* *Realização: Baixa*	*Exaustão emocional*: Baixa *Cepticismo: Alto* *Realização: Média*
Trabalho	*Satisfeito*: Trabalho; Condições de trabalho; Contributo social; Segurança no emprego; Responsabilidade; Autonomia; Benefícios sociais; Horário; Horas de trabalho *Nem satisfeito, nem insatisfeito:* Desafio intelectual; Estatuto social *Insatisfeito:* Vínculo; Oportunidades de progressão; Categoria profissional; Salário; Localização	*Satisfeito:* Trabalho; Condições de trabalho; Contributo social; Responsabilidade; Autonomia; Benefícios sociais; Estatuto social; Localização; Horário *Nem satisfeito, nem insatisfeito:* Horas de trabalho *Insatisfeito*: Vínculo; Segurança no emprego; Oportunidades de progressão; Categoria profissional; Salário; Desafio intelectual
Felicidade	Nem feliz, nem infeliz	Feliz
Satisfação com a vida em geral	Nem satisfeito, nem insatisfeito	Satisfeito
Procura de emprego	Sim	Não
Aspirações laborais	Investigador na academia	Investigador na academia

Nota: Rend. bruto agreg.: rendimento bruto do agregado doméstico. Rend. líq. trabalho: rendimento líquido do trabalho. Licenc.: licenciatura. PhD: doutoramento. Grau de satisfação e felicidade: insatisfeito/infeliz: 0–4; nem satisfeito/feliz, nem insatisfeito/infeliz: 5; satisfeito/feliz: 6–10.

11.7. Em jeito de síntese

Os discursos de académicos precarizados recolhidos através do presente inquérito permitiram observar, mesmo que de uma forma circunscrita, os seus processos de reflexividade. A análise destes momentos reflexivos possibilitou encontrar um conjunto bastante heterogéneo de perfis de acção. Se a generalidade dos académicos precarizados reportam uma situação laboral pautada por uma imensa instabilidade presente e por uma incerteza no futuro, os caminhos que vão desenhando para ultrapassar a sua actual situação perante o trabalho são bastante diversos, potencialmente contribuindo ou para a reprodução directa das estruturas académicas (Meritocratas; Reformistas e Pragmáticos); ou, projectando mobilizar as suas capacidades agenciais, equacionando uma transformação das suas trajectórias individuais (Quiméricos e

Desencantados) ou uma resistência e eventual transformação das actuais estruturas académicas (Vanguardistas).

Os perfis encontrados aparentemente não estão associados nem às actividades que os académicos precarizados desenvolvem (investigação, docência ou gestão de ciência e actividades próximas), nem ao vínculo que detêm (contrato de trabalho, contrato de bolsa, vínculos pontuais ou sem rendimentos do trabalho). Pelo contrário, o estágio das trajectórias laborais em que se encontram ou a duração das trajectórias de precariedade parecem desempenhar um papel importante para a construção destes perfis, com os académicos mais jovens e em estágios mais precoces das trajectórias académicas a sentirem-se desiludidos e a equacionar projectos migratórios, enquanto os académicos com longas trajectórias de precarização, aparentemente sem redes sociais que possam aplacar períodos de ausência de rendimentos, e uma racionalização das suas dependências académicas, a alinharem-se, desmotivados, com as actividades que lhes vão sendo impostas.

Entre os que reconhecem as raízes estruturais da precarização surgem dois perfis. Um primeiro, para quem a desilusão aparenta ser o factor determinante para um potencial abandono da academia, e aqueles para quem as falências estruturais do sector podem ser ultrapassadas através de um trabalho colectivo de resistência e de luta. Os académicos que compõem este último perfil podem ser entendidos enquanto correspondendo em traços largos ao denominado precariado académico, revelando os seus discursos os níveis estratégico, organizacional e individual anteriormente propostos (Vatansever, 2022).

Cabe uma última nota para reflectir sobre os dois perfis que, aparentando rever-se no *ethos* performativo, explicitam muito directamente que os problemas da academia advêm de uma organização que não está assente exclusivamente nos princípios meritocráticos ou de ineficiências organizacionais. Para estes, ultrapassando-se os vícios tradicionais da academia e reformando-se pontualmente as formas de organização do sector, seria possível construir uma *academia de excelência*, onde apenas teriam lugar *académicos autênticos*. Reproduzindo na perfeição os académicos individualizados, responsáveis e empreendedores de Stephan Ball (Ball, 2003, 2015), têm a competitividade como o único princípio que validam.

No seu conjunto, as regularidades encontradas nos vínculos precários que detêm, nas práticas académicas que desenvolvem diariamente e na narrativa de *amor pela ciência* são acompanhadas por uma grande diversidade de formas de fazer sentido da sua situação actual e por formas heterogéneas de se projectarem no futuro.

12

COMPOSIÇÕES DA ACADEMIA PRECARIZADA: ENTRE REPRODUÇÕES, RESISTÊNCIAS E TRANSFORMAÇÕES

O crescimento assinalável do sector do ensino superior e da ciência que ocorreu em Portugal nas últimas décadas e que se traduz, por exemplo, numa qualificação de cerca de 20 mil novos doutorados nos últimos 10 anos não foi acompanhado por uma correspondente estabilização laboral dos académicos, seja no sector público, seja no privado. Nestas condições, cresceu a precarização do trabalho na academia, um processo com contornos particularmente salientes em Portugal. Não existindo nenhuma investigação recente que caracterize esta população, o seu trabalho ou as suas vivências subjectivas do trabalho, a presente investigação propôs-se a cumprir um duplo objectivo: por um lado, caracterizar esta massa crescente e invisibilizada de trabalhadores académicos precarizados em Portugal; por outro, compreender de que modo ou modos estes indivíduos reproduzem ou contribuem para a transformação da academia através das suas práticas laborais, dos sentidos que atribuem a essas mesmas práticas e das formas como se projectam no futuro, tendo em conta as suas circunstâncias sociais.

Este trabalho apresenta contributos a diversos níveis. No plano empírico, realiza-se o estudo de um caso por investigar, abrangendo todos os segmentos da população académica precarizada, num contexto posterior a um conjunto de alterações legislativas com impacto directo na contratualização de académicos. No plano metodológico, a forma integrada de abordar as diversas dimensões da precarização e os seus impactos permite estabelecer ligações e intersecções, inacessíveis através das abordagens segmentadas anteriormente mobilizadas. A um nível teórico, esta investigação contribui directamente para os trabalhos de investigação desenvolvidos a partir dos paradigmas dos estudos críticos da universidade e da ciência e contribui para uma inserção das questões laborais dos trabalhadores académicos nos estudos sobre o trabalho, uma área de investigação que genericamente tem estado afastada do estudo e da discussão das questões laborais dos trabalhadores académicos. Do ponto de vista da relação entre estruturas, situação e acção social, este trabalho contribui para o quadro do realismo crítico e, em particular, para uma discussão dos processos de reflexividade individual enquanto tempos e espaços onde, na confluência de disposições incorporadas, de recursos disponíveis, de necessidades sentidas e de aspirações, se identificam incongruências, gerem tensões, consolidam subjectividades e se realizam projectos relativos ao que ainda está por acontecer. Da conjugação dos contributos dos diferentes níveis resulta ainda uma primeira construção de perfis de acção de académicos precarizados.

Nas próximas duas secções reflectir-se-á sobre os resultados encontrados em cada um destes níveis. O capítulo prossegue com uma explicitação das lacunas do presente trabalho e um apontamento relativo a possíveis linhas de investigação futura. Na secção final apresenta-se uma síntese conclusiva onde se discutem as implicações científicas e as implicações sociais dos principais contributos do presente trabalho.

12.1. Quem são e o que fazem os académicos precarizados

A caracterização global dos trabalhadores académicos precarizados revela uma elevada feminização deste segmento da população académica (64%), uma extensão etária ampla, com idades compreendidas entre os 21 e os 68 anos (idade média de 38 anos) e a existência de filhos ou de outros dependentes a cargo em cerca de metade dos casos analisados. Este retrato desmonta, à partida, a imagem do académico precarizado enquanto jovem, em início de carreira e sem grandes responsabilidades, indicando, desde logo, uma composição bastante mais diversa da academia precarizada: nela se encontram jovens no início das suas trajectórias laborais, mas também trabalhadores académicos que desenvolveram e que continuam a desenvolver todo o seu percurso laboral em situação de precariedade. Esta diversidade não esconde, contudo, que as mulheres, claramente maioritárias neste sector e mais prevalecentes nas categorias iniciais das trajectórias académicas, são sucessivamente excluídas das categorias superiores. As assimetrias de género são assim uma marca do ensino superior e da ciência em Portugal.

Uma caracterização das trajectórias de precarização revela a sua transversalidade a todas as actividades académicas e a sua concretização através de uma longa sucessão de relações laborais transitórias que se materializam no somatório de contratos a prazo, de bolsas e de vínculos pontuais alternados, por vezes, com períodos sem quaisquer rendimentos do trabalho. Estas trajectórias não se caracterizam, necessariamente, por percursos de mobilidade laboral ascendente, mas por um intercalar desordenado de tipos de vínculos e, por vezes, de funções desempenhadas. A análise destas trajectórias também revela a incidência de trabalho académico não pago e a naturalização do mesmo por quem o desenvolve. Acresce que a possibilidade efectiva de períodos marcados pela inexistência de quaisquer rendimentos se traduz numa dependência de redes sociais de proximidade, como as familiares ou outras. Esta situação decorre directamente da falta de acesso transversal a um mecanismo de segurança tão basilar como o subsídio de desemprego, apenas acessível, recorde-se, aos contratados a prazo. A dependência de terceiros, potencial ou efectiva, é, pois, uma das marcas da precarização na academia. Assim, só fica na academia ou quem pertence à ínfima minoria de académicos precarizados que garante ininterruptamente vínculos mais ou menos pontuais ou quem consegue sobreviver a períodos de ausência de rendimentos. Esta característica coloca todos sob pressão e contribui para a reprodução de desigualdades sociais.

Se as trajectórias de precarização são longas, as jornadas de trabalho também o são. Temendo uma ausência prolongada de rendimentos, estes académicos vivem as suas jornadas de trabalho a um ritmo acelerado, o único que pode garantir sucessivamente a *excelência científica*, aferida, o mais das vezes, «ao peso» — em artigos, em capítulos de livros ou em livros. Uma *excelência* que, com o seu ritmo desenfreado, impossibilita o desenvolvimento de projectos mais aprofundados, mais arriscados e com tempos mais longos de concretização e, por isso mesmo, incompatíveis com a academia performativa. Jornadas também pautadas por aulas leccionadas, funcionando, muitas vezes, em sobre-horário ou gratuitamente (no caso dos docentes e no caso dos investigadores, respectivamente), fruto de pressões directas ou indirectas de superiores hierárquicos. Tempos de trabalho igualmente preenchidos com a orientação de investigadores de mestrado e de doutoramento; com a comunicação para dentro e para fora da academia e, finalmente, com a gestão de equipas e de unidades de investigação pertencentes a instituições académicas das quais, por vezes, os académicos precarizados estão excluídos de votar para os seus órgãos superiores de governação. Percursos e práticas assim marcados por uma retenção num presente instável onde a liberdade académica e a participação na vida democrática das suas instituições encontram-se limitadas.

Entre a pressão para publicar, que possibilita que os académicos precarizados realizem candidaturas competitivas ao próximo lugar a prazo, e as pressões internas de superiores hierárquicos, que lhes acenam com uma potencial facilitação de uma entrada no sistema, estes académicos vivem entre dois regimes de recrutamento e de avaliação difíceis de consensualizar. Confrontam-se, desde logo, com o regime meritocrático, característico da academia neoliberalizada e patente em concursos como os concursos gerais de bolsas ou os de estímulo ao emprego científico da FCT. A par deste, chocam com o regime endogâmico, que continua a caracterizar amplamente o recrutamento permanente de docentes (Horta & Yudkevich, 2016; Sarrico & Alves, 2016; Tavares *et al.*, 2015), mas que, muitas vezes, também se encontra presente tanto no recrutamento de docentes convidados, como no de académicos alocados a tarefas específicas em projectos de investigação. Na prática, a convivência no interior das instituições de ensino superior e de ciência de dois sistemas diferenciados de recrutamento e de avaliação — o primeiro baseado em práticas meritocráticas, valorizadoras de um desempenho contabilizável e o segundo em práticas endogâmicas que asseguram a manutenção da estabilidade organizacional e da identidade institucional através do recrutamento *dos seus* e da criação de relações de dependência que solidificam a posição de dominação por parte dos que «recrutam novos membros» (Tavares, *et al.* 2015) — garante a reprodução das hierarquias institucionais e de um sistema penalizador de todos os que se encontram em condições de precariedade. Isto conforma uma construção e uma reconstrução permanentes que, orientando os olhares dos académicos para *outros* relativamente próximos, impossibilita uma crítica fundamentada da agenda neoliberal que, sob regimes diferenciados, explora ambos.

Contudo, estas vidas de trabalho — vividas a ritmos máximos no presente e onde se adiam, sucessivamente, os projectos de futuro — reflectem-se para além do domínio laboral. Por um lado, verifica-se um esbatimento das fronteiras entre tempos e espaços de trabalho e os da restante vida e lazer, em prejuízo dos segundos. Por outro lado, surgem situações de *burnout* profissional numa parte considerável da população analisada. A presença de *stress* e fadiga no trabalho manifesta-se em todas as categorias de académicos precarizados, mas encontra-se agravada entre em situações mais frágeis. Esta associação é confirmada nos discursos dos inquiridos, nos quais os académicos fazem sentido da sua situação de precariedade e dos seus impactos, tanto no desenvolvimento de diversas dimensões de *stress* e fadiga no trabalho como nas suas percepções relativas à sua saúde física e mental. Estes resultados confirmam a co-construção de componentes sociais e psicológicos da acção em contexto social.

Discursivamente, a *paixão pela ciência* ou *pelo conhecimento* surge como a justificação apresentada pelos académicos precarizados para a sua manutenção numa situação laboral que, reconhecendo como nefasta aos mais diversos níveis, é a única que percepcionam permitir-lhes permanecer na academia e continuar a sonhar com o tão ambicionado lugar permanente, seja esse de docente, de investigador ou de gestor de ciência e funções próximas. Aparentemente imbuídos de um «optimismo cruel» e reproduzindo, na prática, o *ethos* meritocrático, ainda que se afastando, na maioria dos casos, mas não em todos, da narrativa centrada nos benefícios da flexibilidade laboral, estes trabalhadores estão encurralados num círculo vicioso que os empurra para a imediatez da produção e os afasta dos projectos que queriam desenvolver e das vidas com que sonharam.

A incorporação da precariedade, traduzida numa prevalência muito assinalável de *stress* e fadiga no trabalho e nos diferentes impactos na saúde física e na saúde mental destes profissionais, é a manifestação mais clara das falências da academia neoliberalizada.

12.2. Reprodução, resistências e transformações

Este trabalho partiu do argumento de que a reprodução da academia neoliberalizada resultaria, em larga medida, da articulação de uma enorme identificação dos académicos com um trabalho que, sendo desenvolvido através de vínculos laborais instáveis e descontínuos, lhes possibilitava uma manutenção precária na academia e lhes permitia sonhar com uma futura integração permanente no sector do ensino superior e da ciência. Argumentou-se ainda que a situação de precarização de longa duração e os impactos que a mesma comportariam estariam na base de sentimentos de desilusão que encerrariam um potencial de resistência e de transformação das estruturas dominantes. No entanto, acompanhando as práticas académicas e os processos de reflexividade dos académicos precarizados, compreende-se que o quadro encontrado é mais complexo do que o inicialmente antecipado.

Tal como proposto inicialmente e discutido ao longo do Capítulo 6, «Reproduzindo práticas neoliberalizadas e construindo resistências», a generalidade dos académicos que participaram neste inquérito reproduzem, através das suas práticas laborais diárias, a academia performativa, produzindo conhecimento científico traduzido nas métricas mais valorizadas no seu campo de actuação laboral. Já os seus processos de reflexividade revelaram uma diversidade assinalável de perfis de acção.

Entre os diversos perfis delineados, encontramos aqueles que, também discursivamente, legitimam a academia performativa. Trata-se de um grupo de académicos que apresenta trajectórias genericamente pautadas por experiências de sucesso em concursos competitivos vividas como fruto exclusivo do seu esforço e do seu trabalho individual, não relevando os enquadramentos sociais que possibilitaram a sua construção enquanto académicos de sucesso. Para estes profissionais, o problema do sector do ensino superior e da ciência radica exclusivamente em processos de recrutamento e de avaliação que entendem não decorrer tendo por base exclusiva a meritocracia. No seu entendimento, a academia só pode assentar nos princípios da competitividade meritocrática, não reconhecendo como aceitável qualquer outro valor.

Um segundo grupo é composto por aqueles que, tendo assimilado completamente as normas e os valores meritocráticos, não identificam nos seus discursos outros académicos ou as práticas de outros académicos como o grande problema a ser ultrapassado pelo sector do ensino superior e da ciência. Para os inquiridos incluídos neste perfil, o problema radica nas múltiplas ineficiências organizacionais, que se estendem das agências de financiamento às suas próprias instituições, dos programas financiadores de projectos científicos ao recrutamento de académicos. Nesse sentido, apontam para o imperativo da concretização de reformas críticas que garantam uma maior eficiência sistémica e uma maior estabilidade. Tanto no primeiro caso como no segundo, existe um *outro* responsabilizável pela ainda insuficiente competitividade do sector. Nos dois casos, a reprodução das condições estruturais da academia neoliberalizada é realizada com convicção e não por decorrência de uma situação laboral de grande fragilidade. Estes dois perfis correspondem a diferentes matizes de académicos individualizados, responsáveis e empreendedores anteriormente descritos por Stephan Ball (Ball, 2003, 2015).

Um terceiro grupo apresenta longas trajectórias de precarização, pautadas por um número muito grande de vínculos que se traduz num enorme cansaço e desmotivação com a academia. Se a experiência de desilusão é sentida e racionalizada pelos inquiridos que apresentam este perfil, ela não resulta em processos de resistência ou de transformação, mas numa reprodução intensa das lógicas performativas, esforçando-se ao máximo por produzir *mais e melhor*. Através de processos passíveis de ser descritos enquanto de *individualização da desilusão*, estes académicos encontram-se genericamente disponíveis para trabalhar em quaisquer condições, ajustando-se às medidas do campo por forma a garantir a sua manutenção no sector. Tal como os dois primeiros grupos, estes académicos também reproduzem, embora com menor ou sem qualquer convicção, o *ethos* meritocrático.

O quarto perfil analisado é composto por académicos mais jovens, cujos processos de reflexividade assinalam de forma particularmente clara a imensa precarização no sector do ensino superior e da ciência em Portugal e os seus impactos no seu trabalho e na vida para além dele. Estes académicos encontram-se desiludidos com o sistema académico português e, pretendendo manter-se a trabalhar na academia, delineiam projectos de futuro que passam pela mobilidade para outros países. A capacidade agencial que revelam não aponta para uma transformação das raízes estruturais da precarização na academia, que genericamente não identificam, pelo menos no âmbito deste questionário, mas para uma transformação individual das suas trajectórias laborais. Nos imaginários que transportam, a academia de outros países com sistemas científicos e tecnológicos mais desenvolvidos não estaria assente numa precariedade académica transversal e possibilitar-lhes-ia a concretização dos projectos laborais que ambicionam. Aparentam desconhecer que se os diferentes sistemas científicos e tecnológicos apresentam diferentes contornos e se as condições para desenvolver actividades académicas poderão ser mais favoráveis em outros contextos, a precariedade académica é relativamente transversal e que os acréscimos de oportunidades laborais em outras geografias se encontram, em larga medida, fora da academia (Atkins *et al.*, 2018; Castro *et al.*, 2022; Gallas, 2018; Ivancheva, 2015; OECD, 2021; Vatansever, 2020).

Os académicos que se encontram nos dois últimos perfis, e por oposição aos restantes colegas, identificam, mais ou menos directamente, as causas estruturais das suas trajectórias de precarização. Os caminhos que traçam são, no entanto, bastante diversos. Os primeiros, desiludidos e não acreditando ser possível mudar as estruturas de poder dominantes, pretendem abandonar rapidamente a academia. Tal como no caso anterior, os seus processos reflexivos apontam para uma capacidade agencial que possivelmente resultará numa mudança individual de trajectória. Os segundos, reúnem a força para lutar, colectivamente, por uma outra academia, a partir da sua desilusão presente. Este último grupo identifica o trabalho associativo e sindical como relevante neste processo e associa-se discursivamente às lutas encabeçadas por estas organizações. Estes académicos mobilizam a precariedade enquanto dispositivo de organização, o que possibilita equacionar este grupo como uma base potencial para a construção de um *precariado académico*.

No seu conjunto, os perfis de acção aqui delineados são dotados de uma heterogeneidade muito considerável que não se parece relacionar nem com as actividades desenvolvidas nem com o vínculo que detêm, mas com os recursos a que têm ou não acesso, em particular a (ine)existência de redes sociais de apoio e com as suas necessidades de sobrevivência. Sugere-se ainda que estes perfis se relacionam com o estágio das trajectórias laborais em que se encontram os académicos e com a duração dessas mesmas trajectórias de precariedade. Por um lado, revelou-se uma reprodução, em toda a linha, das práticas performativas. Por outro, e de um ponto de vista discursivo, embora seja possível traçar um perfil de mudança colectiva, prevalecem, ainda assim, os perfis que directamente (perfis meritocrático, reformista e pragmático) ou indirectamente (perfis quimérico e desencantado) contribuem para a reprodução da academia neoliberalizada. A experiência de desilusão decorrente das dissonâncias entre expectativas e experiências concretas, podendo estar na base de uma agência colectiva transformadora (perfil vanguardista), é por muitos outros gerida individualmente, conduzindo assim para formas directas e indirectas de reprodução das estruturas sociais pré-existentes.

Justifica-se um último ponto para assinalar que a presente investigação revelou uma enorme preponderância de discursos críticos à estrutura organizacional da academia; aos processos de recrutamento e de avaliação de académicos; às práticas académicas que desenvolvem e aos seus impactos; ou às normas e aos valores presentes na academia. Estes processos de reflexividade crítica, podendo ser interpretados como pequenos tempos e pequenos espaços de resistência individual à academia neoliberalizada e/ou aos processos de semiexclusão em que estes académicos se encontram, parecem permanecer arredados de tempos e de espaços de participação cívica mais alargada e de participação democrática na academia. Propõe-se que será precisamente este afastamento dos tempos e dos espaços colectivos de discussão e de mobilização que dificultará uma consolidação dos indícios de resistência que revelam. As causas deste afastamento serão certamente múltiplas e heterogéneas, mas não serão indiferentes a dificuldades de uma apresentação pública mais alargada dos problemas decorrentes da precariedade na academia; a tensões mais ou menos veladas entre os diversos grupos de académicos precarizados e entre estes e outros actores do sector; a dificuldades de representação destes trabalhadores nos órgãos de decisão institucionais; ou a uma implantação diminuta dos sindicatos e de associações representativas destes profissionais. Estes académicos, parecendo encontrar-se em larga medida arredados de tempos e espaços de participação, de discussão e de organização, permanecem enredados nas suas longas e extenuantes corridas, sem tempo para parar ou para pensar mais aprofundadamente. Entregues a si mesmos, os seus processos de reflexividade dificilmente poderiam partir do que estivesse para além das suas experiências vividas na academia e das daqueles que lhes são próximos. Neste contexto, apesar de criticarem veementemente as suas condições laborais e as suas trajectórias na academia, raras vezes as associam discursivamente às suas raízes estruturais numa academia que articula três processos que se alimentam mutuamente: uma construção à imagem empresarial, que instrumentalmente inclui os trabalhadores precarizados nos processos produtivos e os exclui dos de governança; uma academia que privilegia práticas rapidamente contabilizáveis em detrimento de outras qualitativamente mais consequentes; e uma academia marcada por uma cultura laboral que tem por base uma competitividade desenfreada. Os seus discursos de resistência individual, pautados por um sentimento de desilusão, surgem, assim, não enquanto instigadores de uma agência transformadora, mas como tempos e espaços de gestão de tensões que identificam sem, contudo, problematizar. Entre o garantir, no presente, e o possibilitar, no futuro, a sua sobrevivência na academia, reproduzem-se as condições que promovem a sua manutenção na posição estrutural em que se encontram.

12.3. Limitações e caminhos para novas investigações

Os resultados apresentados e discutidos ao longo deste trabalho permitiram cumprir os objectivos propostos, a saber: caracterizar e visibilizar os vários segmentos de trabalhadores académicos precarizados e delinear os seus perfis de acção. No entanto, os quadros teóricos mobilizados, o desenho da pesquisa e o respectivo instrumento de análise não permitiram abordar um conjunto de outras questões que se tornaram visíveis ao longo deste trabalho.

A um nível teórico, o facto de não se ter considerado à partida os impactos da interseccionalidade de desigualdades sociais (como as decorrentes de assimetrias de classe, de género, étnico-raciais, de orientação sexual, geopolíticas, entre outras) não permite, aqui chegados, aferir de todo, na maioria dos casos, ou fazê-lo com o cuidado necessário, em outros casos, os impactos destas assimetrias e das suas intersecções nas trajectórias laborais e nos perfis de acção dos académicos precarizados. Sempre que foi possível, reflectiu-se sobre estas dimensões. Em todo o caso, reconhecendo-se os limites que caracteriza, a este nível, a presente análise, investigações futuras deverão incluir as questões decorrentes da interseccionalidade no quadro teórico mobilizado e recolher directamente indicadores das referidas assimetrias por forma a possibilitar uma reflexão mais informada e consequente.

A um segundo nível, metodológico, reconhece-se a necessidade de uma observação mais aprofundada aos processos de reflexividade dos inquiridos. Neste sentido, propõe-se a realização futura de uma observação compreensiva que, partindo das histórias de vida dos inquiridos, permita aceder a um conjunto alargado de dimensões não discerníveis no presente trabalho. O acesso a esses processos possibilitará traçar, com mais clareza, as regularidades e as singularidades dos vários perfis de académicos precarizados. Esta abordagem possibilitará delinear, com mais detalhe, os perfis de acção agora traçados e aferir os seus componentes disposicionalistas e reflexivos. Este processo de investigação está a começar a desenvolver-se em www.nossomososrankings.pt.

A um terceiro nível, o do desenho da pesquisa, conjugaram-se, no presente trabalho, técnicas quantitativas com qualitativas. Esta opção, tendo permitido a recolha e a análise de um material empírico extraordinariamente rico, não incluiu uma abordagem directa a temas que surgem muito claramente reflectidos nos discursos dos inquiridos como o assédio laboral ou as trajectórias de mobilidade internacional. Optou-se por abordar estas dimensões a partir dos sentidos que os actores lhes atribuem, mas propõe-se que um estudo futuro aborde directamente as relações que se estabelecem entre estas dimensões e as trajectórias laborais e os perfis de acção dos académicos precarizados.

Também ao nível do desenho da pesquisa, a opção pelo formato *online* de um inquérito bastante extenso, tendo resultado na recolha de um número muito considerável de respostas (n=2726), não possibilitou que um número assinalável de académicos finalizasse as suas respostas (n=1415). Sendo esta questão amplamente debatida na literatura científica e, portanto, expectável, a aplicação de futuros instrumentos *online* deverá ter em conta o equilíbrio entre a dimensão da amostra e dimensão do questionário a ser aplicado. Uma nota ainda para referir que se o grande número de respostas recolhidas confere confiança aos resultados apresentados e discutidos, não é possível falar de representatividade, já que não existe uma base de dados que indique os números globais de académicos com bolsa, com contratos, com vínculos pontuais e sem rendimentos discriminados por funções de investigação, de docência ou de gestão de ciência, de transferência de tecnologia e de comunicação de ciência.

Finalmente, quando se equacionou a presente investigação, se realizou o desenho do instrumento de recolha e, subsequentemente, se iniciou a sua aplicação, estava-se longe de imaginar que seríamos atingidos por uma pandemia global com repercussões a todos os níveis, incluindo ao do trabalho académico (V. Ferreira, Vieira, Lopes, & Santos, 2021; França *et al.*, 2021; M. M. Pereira, 2021). Optou-se por finalizar a recolha de respostas antes de se iniciar o primeiro período de confinamento em Portugal. O objectivo desta abordagem foi claramente o de evitar que os resultados obtidos fossem de alguma forma afectados pela crise pandémica. Sendo esse objectivo conseguido, as opções que se seguiram não permitiram, contudo, reflectir sobre os impactos que a recente crise teve no trabalho académico e, em particular, no trabalho académico e nas vidas dos académicos precarizados. Esses impactos, provavelmente muito extensos e desiguais, deverão ser abordados num futuro trabalho de investigação.

12.4. Nós somos os *rankings*!

O modelo de análise de que partia este trabalho (*Figura 5*) propunha que estruturas sociais pré-existentes, como as decorrentes do processo neoliberalizador e, em particular, da distribuição desigual de poder e de recursos em consequência da neoliberalização da academia (aqui conceptualizada como resultado de um processo gradual de empresarialização das instituições académicas, de instrumentalização do conhecimento e de assimilação do *ethos* performativo) têm o poder de instanciar as práticas desenvolvidas e as que são equacionadas desenvolver pelos académicos precarizados. Segundo o modelo proposto, a acção social poderia reproduzir as estruturas pré-existentes ou contribuir para resistir e, eventualmente, transformar essas mesmas estruturas. Da conjugação de processos reflexivos e pré-reflexivos poderia ainda resultar uma transformação dos indivíduos que agem. Os seis perfis de acção encontrados revelam uma transversalidade de discursos críticos e a presença das várias possibilidades equacionadas (reprodução, resistência e/ou transformação estrutural, transformação individual). No entanto, estes processos de reflexividade crítica, na grande generalidade dos casos, não reflectem nem projectam uma agência colectiva transformadora, antes se constituem enquanto pequenos tempos e espaços de resistência individual. Tempos e espaços onde os inquiridos identificam inúmeras incongruências na academia onde vão sobrevivendo e, simultaneamente, onde consolidam discursivamente as suas identidades como *académicos autênticos*, isto é, dotados de autonomia e com um pensamento crítico, mesmo se essa *autenticidade* na prática esteja, por ora, protelada. As suas identidades são assim construídas enquanto académicos e não enquanto trabalhadores precarizados, sendo a precariedade vivida enquanto decorrente dos seus vínculos e não como constitutiva das suas subjectividades. Os processos reflexivos partilhados pela maioria destes académicos parecem ser mobilizados para gerir tensões e sobreviver às dissonâncias entre as expectativas que foram construindo ao longo das suas vidas e as suas condições laborais e extralaborais concretas.

Estes trabalhadores, académicos *e* precarizados, traduzem as múltiplas faces das palavras de ordem «We are the rankings!» muitas vezes ecoada em manifestações com a participação de trabalhadores académicos em Portugal. Primeiro, esta frase aponta para que estes trabalhadores, os que laboram em condições de precariedade, percepcionam ser quem mais contribui para a produção dos indicadores que garantem as posições das suas instituições nos *rankings* internacionais. Segundo, este mote confirma que a academia em Portugal estará plenamente integrada nas redes internacionais de produção académica e daí um «We are the rankings!» e não um «*Nós somos os rankings*!». Terceiro, reivindica-se que estes *rankings* são construídos por pessoas, as que exibem publicamente estas faixas e estas pancartas nas mobilizações, mas também por todos os muitos mais colegas que também são académicos precarizados e que produzem os muitos *papers* que constroem os *rankings* das instituições de ensino superior e de ciência em Portugal. Quarto, esta é uma frase que, entre todas as ironias passíveis de ser lidas entre linhas, não deixa de traduzir um certo nível de legitimação das normas e dos valores da academia performativa. Uma academia internacionalizada em que o idioma de comunicação é o inglês e onde os académicos se representam publicamente enquanto métricas objectivas: «We are the rankings!». *Rankings* estes que, mais do que construir o valor do conhecimento, constroem, assim, os actores que o produzem.

12.5. A precarização não serve nem a academia nem a sociedade

Nos últimos anos tomaram forma um conjunto de iniciativas legislativas que, tendo melhorado as condições laborais de alguns académicos, não permitiram ultrapassar nem a precariedade, nem os problemas dela decorrentes. Entre os académicos precarizados prevalece uma mensagem que é independente das suas práticas efectivas e antevistas de reprodução, de resistência ou de transformação das estruturas de poder presentes na actual academia. Entre estes académicos prevalece um discurso que é independente dos processos de reflexividade que instanciam as suas práticas, ou das disposições que poderão estar na sua base. Distingue-se, pois, uma ideia que é independente de uma maior ou de uma menor aproximação à organização, às práticas e à cultura da academia neoliberalizada; uma mensagem que é ainda independente das singularidades práticas e discursivas dos inquiridos. A generalidade dos inquiridos converge num ponto: a transversalidade funcional e a extensão temporal da precarização na academia, sendo nefasta a múltiplos níveis que estão muito para além do domínio laboral, é igualmente nociva para a concretização do trabalho académico. A presença desta percepção do trabalho que realizam, aponta para que a precarização não serve nem os trabalhadores académicos, nem a academia como um todo, nem a sociedade.

Encontramo-nos num momento particularmente importante, uma vez que se aproxima muito rapidamente o final de um grande número de contratos a prazo, feitos maioritariamente ao abrigo da norma transitória do Decreto-Lei n.º 57/2016. Além disso, e uma vez que quase todos os contratos estabelecidos nos últimos anos são a prazo, estamos próximos de um momento em que finalizarão os contratos ao abrigo dos restantes programas de financiamento, incluindo aqueles ao abrigo das diferentes versões dos concursos de estímulo ao emprego científico. É, pois, um momento em que os concursos públicos para contratos a prazo, promovidos directa ou indirectamente pela FCT, a manterem-se os actuais números de contratação, não poderão assimilar, mesmo que temporariamente, os actuais contratados, nem os novos doutorados. Sendo certo que, apesar do envelhecimento do quadro dos docentes contratados permanentemente, continuam a escassear os concursos públicos para posições permanentes de docência, assim como para posições permanentes para o exercício de investigação e de actividades de gestão de ciência, de transferência de tecnologia e de comunicação de ciência. Neste momento, é, assim, urgente realizar uma reflexão e discussão sobre o modelo de emprego que ambicionamos enquanto académicos e enquanto membros da sociedade civil. Um processo participado e que não seja pré-determinado pelos actores que, encontrando-se actualmente em posições de maior poder, excluem quase todos das instâncias de decisão e de entrada na academia. Precisa-se de uma reflexão e uma discussão informadas tanto pelas questões aqui discutidas como por outras igualmente relevantes e pelas lutas, mais e menos visíveis, dos académicos precarizados e dos outros actores deste sector. Um debate que extravase as fronteiras da academia, porque se aqui se defende que a produção de conhecimento é importante *per se*, independentemente do seu valor mais ou menos imediato nos mercados ou da sua tradução em ferramentas de políticas públicas, também se afirma que o conhecimento tem um potencial de transformação social. É, pois, igualmente urgente desenhar políticas científicas e políticas públicas mais alargadas que, suportadas num aumento considerável do investimento público no ensino superior e na ciência e, em particular, no emprego académico permanente, permitam não desperdiçar o investimento realizado ao longo das últimas décadas e, simultaneamente, que as pessoas que se têm dedicado ao trabalho académico de forma precarizada se cumpram tanto enquanto académicos, como enquanto pessoas. Este debate está por fazer, e estas políticas permanecem por desenhar.

AGRADECIMENTOS

Este trabalho teve o apoio da Fundação para a Ciência e a Tecnologia, I.P., ao abrigo do DL57/2016/CP1453/CT0077 e CEECIND/01053/2017, e do Prémio de Investigação Colaborativa Santander Totta/Universidade Nova de Lisboa 2017/2018. Agradece-se ainda todo o apoio e o trabalho de ampla distribuição do questionário e de divulgação dos resultados do mesmo realizado pela FENPROF — Federação Nacional dos Professores e pelos seus sindicatos regionais. Agradece-se ainda a divulgação realizada pela ABIC — Associação de Bolseiros de Investigação Científica, PI — Precários Inflexíveis, Rede de Investigadores contra a Precariedade, núcleos institucionais e outras redes de investigadores. O projecto de investigação que está na origem do presente trabalho continua a desenvolver-se em www.nossomososrankings.pt.

LEGISLAÇÃO

Decreto-Lei n.º 448/1979, de 13 de Novembro, Estatuto da Carreira Docente Universitária.

Decreto-Lei n.º 415/1980, de 27 de Setembro, Estatuto da Carreira de Investigação Científica.

Decreto-Lei n.º 68/1988, de 3 de Março, Estatuto da Carreira de Investigação Científica.

Lei n.º 91/1988, de 13 de Agosto, Lei sobre a Investigação Científica e Desenvolvimento Tecnológico.

Lei n.º 108/1988, de 24 de Setembro, Lei da Autonomia das Universidades.

Decreto Lei n.º 437/1989, de 19 de Dezembro, Estatuto do Bolseiro de Investigação Científica.

Lei n.º 54/1990, de 5 de Setembro, Lei da Autonomia dos Estabelecimentos de Ensino Superior Politécnico.

Decreto-Lei n.º 292/1997, de 22 de Outubro, concede benefícios fiscais para o ano de 1997 aos sujeitos passivos do IRC que realizarem despesas com investigação e desenvolvimento.

Decreto-Lei n.º 123/1999, de 19 de Dezembro, Estatuto do Bolseiro de Investigação.

Decreto-Lei n.º 124/1999, de 20 de Abril, Estatuto da Carreira de Investigação Científica.

Decreto-Lei n.º 125/1999, de 20 de Abril, estabelece o quadro normativo aplicável às instituições que se dedicam à investigação científica e desenvolvimento tecnológico.

Lei n.º 62/2007, de 10 de Setembro, Regime Jurídico das Instituições de Ensino Superior.

Decreto Lei n.º 57/2016, de 29 de Agosto, regime de contratação de doutorados destinado a estimular o emprego científico e tecnológico em todas as áreas do conhecimento.

Lei n.º 57/2017, de 19 de Julho, alteração ao Decreto-Lei n.º 57/2016.

Lei n.º 112/2017, de 29 de Dezembro, programa de regularização extraordinária dos vínculos precários.

Decreto Regulamentar n.º 11-A/2017, de 29 de Dezembro, níveis remuneratórios previstos no regime de contratação de doutorados aprovado pelo Decreto-Lei n.º 57/2016, de 29 de Agosto.

Decreto-Lei n.º 63/2019, de 16 de Maio, estabelece o regime jurídico das instituições que se dedicam à investigação científica e desenvolvimento tecnológico.

Decreto-Lei n.º 122/2019, de 23 de Agosto, normas complementares ao regime de transição dos leitores previsto no Estatuto da Carreira Docente Universitária.

Decreto-Lei n.º 123/2019, de 28 de Agosto, Estatuto do Bolseiro de Investigação.

REFERÊNCIAS

Ágoas, F. (2019). Governo, ditadura e ciências sociais: O caso português. *Tempo Social, 31*(1), 263–276. doi: 10.11606/0103-2070.ts.2019.134487

Agostinho, M., Moniz Alves, C., Aresta, S., Borrego, F., Borlido-Santos, J., Cortez, J., Lima Costa, T., Lopes, J. A., Moreira, S., Trindade, M., Varela, C., Vidal, S. (2020). The interface of science: the case for a broader definition of research management. *Perspectives: Policy and Practice in Higher Education, 24*(1), 19–27. doi: 10.1080/13603108.2018.1543215

Akram, S., & Hogan, A. (2015). On reflexivity and the conduct of the self in everyday life: reflections on Bourdieu and Archer. *The British Journal of Sociology, 66*(4), 605–625. doi: 10.1111/1468-4446.12150

Alberti, G., Bessa, I., Hardy, K., Trappmann, V., & Umney, C. (2018). In, against and beyond precarity: Work in insecure times. *Work, Employment and Society, 32*(3), 447–457. doi: 10.1177/0950017018762088

Alves, M. G. (2010). Ensino superior e inserção profissional — uma análise comparativa de percursos de licenciados. *Configurações, 7*, 47–64. doi: 10.4000/configuracoes.175

Amaral, A., Magalhães, A., & Santiago, R. (2003). The rise of academic managerialism in Portugal. In A. Amaral, L. V. Meek & I. M. Larsen (Eds.), *The higher education managerial revolution?* (Vol. 3, pp. 101–123). Springer.

Amaral, A., & Tavares, O. (2015). Bases de organização do sistema: diversificação, acesso e equidade. In M. L. Rodrigues & M. Heitor (Eds.), *40 anos de políticas de ciência e ensino superior* (pp. 539-558). Almedina.

Araújo, E. R. (2007). Why portuguese students go abroad to do their PhDs. *Higher education in Europe, 32*(4), 387–397. doi: 10.1080/03797720802066278

Araújo, E. R. (2009). «With a rope around their neck»: grant researchers living in a suspended time. *New Technology, Work and Employment, 3*(11), 230–242. doi: 10.1111/j.1468-005X.2009.00231.x

Araújo, E. R., & Sousa, P. (2008). *Ser bolseiro de investigação científica em Portugal*.Edições Ecopy.

Archer, L. (2008). The new neoliberal subjects? Young/er academics' constructions of professional identity. *Journal of Education Policy, 23*(3), 265–285. doi: 10.1080/02680930701754047

Archer, M. (1995). *Realist social theory: The morphogenetic approach*. Cambridge University Press.

Archer, M. (2003). *Structure, agency and the internal conversation*. Cambridge University Press.

Arday, J. (2022). 'More to prove and more to lose': race, racism and precarious employment in higher education. *British Journal of Sociology of Education, 43*(4), 513–533. doi: 10.1080/01425692.2022.2074375

Atkins, C., Esparza, L. E., Milkman, R., & Moran, C. L. (2018). Organizing the academic precariat in the United States. *Global Labour Journal, 9*(1), 76–81. doi: 10.15173/glj.v9i1.3385

Ávila, P. (1998). Práticas científicas: uma tipologia dos investigadores portugueses. *Sociologia, Problemas e Práticas*(26), 85–119.

Ball, S. J. (2003). The teachers soul and the terrors of performativity. *Journal of Education Policy, 18*(2), 215–228. doi: 10.1080/0268093022000043065

Ball, S. J. (2015). Living the neo-liberal university. *European Journal of Education, 50*(3), 258–261. doi: 10.1111/ejed.12132

Ball, S. J., & Olmedo, A. (2013). Care of the self, resistance and subjectivity under neoliberal governmentalities. *Critical Studies in Education, 54*(1), 85–96. doi: 10.1080/17508487.2013.740678

Barbosa, C., Borrego, F., Costa, T., Ferreira, A., Martins, M., Moreira, S., Santos, J. M., Silva, J. A. (2023). The profession of research management and administration in Portugal. In S. Kerridge, *et al.* (Eds.), *Emerald Handbook of Research Management and Administration around the World*. Emerald Publishing. No prelo.

Barkhuizen, N., Rothmann, S., & van de Vijver, F. J. R. (2014). Burnout and work engagement of academics in higher education institutions: Effects of dispositional optimism. *Stress and Health, 30*(4), 322–332. doi: 10.1002/smi.2520

Becker, G. S. (2009). *Human capital: A theoretical and empirical analysis, with special reference to education*. University of Chicago Press.

Berlant, L. (2011). *Cruel optimism*. Duke University Press.

Bhaskar, R. (1998). *Critical realism*. Routledge.

Bourdieu, P. (2002). *Esboço de uma teoria da prática*. Celta.

Bourdieu, P. (2004). *Para uma sociologia da ciência*. Edições 70.

Bourdieu, P. (2010). *A distinção. Uma crítica social da faculdade do juízo*. Edições 70.

Brazão Freitas, R., Maciel, A., & Mendes, M. F. (2021). Segundo filho: Uma transição incerta. In Instituto Nacional de Estatística (Ed.), *Inquérito à Fecundidade – 2019* (pp. 95–119). INE.

Brienza, C. (2016). Degrees of (self-)exploitation: Learning to labour in the neoliberal university. *Journal of Historical Sociology, 29*(1), 92–111. doi: 10.1111/johs.12119

Bristow, A., Robinson, S., & Ratle, O. (2017). Being an early-career academic in the context of insecurity and 'xxcellence': The dialectics of resistance and compliance. *Organization Studies, 38*(9), 1185–1207. doi: 10.1177/0170840616685361

Broad, W. J. (1981). The publishing game: Getting more for less. *Science, 211*(4487), 1137–1139. doi: 10.1126/science.7008199

Burrows, R. (2012). Living with the h-index? Metric assemblages in the contemporary academy. *The Sociological Review, 60*(2), 355–372. doi: 10.1111/j.1467-954X.2012.02077.x

Cabrito, B. G. (2004). O financiamento do ensino superior em Portugal: Entre o Estado e o mercado. *Educação & Sociedade, 25*(88), 977–996. doi: 10.1590/S0101-73302004000300016

Cabrito, B. G., Cerdeira, L., Nascimento, A., & Mucharreira, P. R. (2020). O Ensino superior em Portugal: Democratização e a nova governação pública. *Educere et Educare, 15*(37), 1–31. doi: 10.17648/educare.v15i37.23968

Caetano, A. (2016). *Pensar na vida. Biografias e reflexividade individual.* Mundos Sociais.

Caetano, A. (2019). Designing social action: The impact of reflexivity on practice. *Journal for the Theory of Social Behaviour, 49*(2), 146–160. doi: 10.1111/jtsb.12196

Cahill, D., Cooper, M., Konings, M., & Primrose, D. (2018). *The SAGE handbook of neoliberalism.* SAGE Publications.

Campos, A. (2011). *O trabalho qualificado escapa à precariedade? Um estudo de caso da profissão científica.* [Dissertação de Mestrado], Universidade de Coimbra. Consultado a 9 de Janeiro de 2018 em http://hdl.handle.net/10316/17923

Campos, A. (2013). Trabalho, qualificação, poder e precariedade: Uma abordagem dinâmica à estruturação dos modelos produtivos, a partir de um estudo de caso da profissão científica. *Sociologia, XXV*, 11–32.

Cannizzo, F. (2018a). Tactical evaluations: Everyday neoliberalism in academia. *Journal of Sociology, 54*(1), 77–91. doi: 10.1177/1440783318759094

Cannizzo, F. (2018b). 'You've got to love what you do': Academic labour in a culture of authenticity. *The Sociological Review, 66*(1), 91–106. doi: 10.1177/0038026116681439

Cannizzo, F. (2019). Academic craftwork. On authenticity and value in academia. In F. Cannizzo & N. Osbaldiston (Eds.), *The social structures of global academia* (pp. 91–106). Routledge.

Carmo, R. M., & Matias, A. R. (2019). *Retratos da precariedade: Quotidianos e aspirações dos trabalhadores jovens.* Tinta da China.

Carvalho, T. (2017). The study of the academic profession — contributions from and to the sociology of professions. In J. Huisman & M. Tight (Eds.), *Theory and method in higher education research* (Vol. 3, pp. 59–76). Emerald Publishing Limited.

Carvalho, T., & Santiago, R. (2010). Still academics after all.... *Higher Education Policy, 23*(3), 397–411. doi: 10.1057/hep.2010.17

Carvalho, T., & Videira, P. (2019). Losing autonomy? Restructuring higher education institutions governance and relations between teaching and non-teaching staff. *Studies in Higher Education, 44*(4), 762–773. doi: 10.1080/03075079.2017.1401059

Castel, R. (1998). *As metamorfoses da questão social: uma crônica do salário*. Vozes.

Castel, R. (2009). *La montée des incertitudes. Travail, protections, statut de l'individu*. Éditions du Seuil.

Castro, H., & Brandão, T. (2022). A carreira de investigador em perspetiva histórica — O caso português. *Revista Crítica de Ciências Sociais, 127*, 69–92. doi: 10.4000/rccs.12843

Castro, L. C.; Menéndez, L. S.; Pereira, T. S.; Sarrico, C. (2022). *Human resources for research in Portugal and Spain*. The Social Observatory. «La Caixa» Foundation.

Cerdeira, L. (2009). *O financiamento do ensino superior português: a partilha de custos*. Almedina.

Cerdeira, L., Cabrito, B. G., & Gemelli, C. E. (2022). Financiamento, mercantilização e democratização da educação superior portuguesa: perspectivas de impactos pós-pandemia. *Revista Humanidades e Inovação, 8*(62), 113–122.

Chalari, A. (2009). *Approaches to the individual: The relationship between internal and external conversation*. Palgrave Macmillan.

Costa, H. A. (2018). O sindicalismo ainda conta? Poderes sindicais em debate no contexto europeu. *Lua Nova, 104*, 259–285. doi: 10.1590/0102-259285/104

Cruz Martins, S., & Conceição, C. P. (2015). Análise dos impactos: expansão e convergência. In M. L. H. Rodrigues, Manuel (Ed.), *40 Anos de Políticas de Ciência e de Ensino Superior* (pp. 51–76). Almedina.

Cunha, V. (2016). O adiamento do segundo filho. As intenções reprodutivas tardias e a fecundidade da coorte nascida em 1970–1975. In V. Cunha, D. Vilar, K. Wall, J. Lavinha & P. Trigo Pereira (Eds.), *A(s) problemática(s) da natalidade em Portugal: uma questão social, económica e política* (pp. 125-142). Imprensa de Ciências Sociais.

Currie, J. K., & Newson, J. (1998). *Universities and globalization: Critical perspectives*. SAGE Publications.

Daumiller, M., & Dresel, M. (2020). Researchers' achievement goals: Prevalence, structure, and associations with job burnout/engagement and professional learning. *Contemporary Educational Psychology, 61*, 101843. doi: 10.1016/j.cedpsych.2020.101843

Davies, S. R. (2019). Living and working in the contemporary university. In F. Cannizzo & N. Osbaldiston (Eds.), *The social structures of global academia* (pp. 205–221). Routledge.

Deleuze, G., & Guattari, F. (1995). *Mil platôs. Capitalismo e esquizofrenia*. Editora 34.

Delicado, A. (2008). Cientistas portugueses no estrangeiro: factores de mobilidade e relações de diáspora. *Sociologia, Problemas e Práticas, 58*, 109–129.

DGEEC. (2022). Observatório do emprego científico e docente. Consultado a 2 de Junho de 2022 em https://empregocientificoedocente.dgeec.mec.pt/

DGEEC, & DEGADI. (2021). *Inquérito aos doutorados 2020 (CDH20) — Resultados definitivos*. Direção de Estatísticas da Educação e Ciência.

DGEEC, & DSECTSI. (2022). *Produção científica portuguesa, 2000–2020: Colaboração (Web of Science) — Dados Globais* Direção-Geral de Estatísticas da Educação e Ciência.

DGEEC, & DSEE. (2013). *Perfil do Docente 2011/2012*. Direção-Geral de Estatísticas da Educação e Ciência.

DGEEC, & DSEE. (2020). *Perfil do docente 2018/2019*. Direção-Geral de Estatísticas da Educação e Ciência.

Diogo, F. (2010). Precários voláteis e trajectórias de emprego em carrossel, o caso dos beneficiários do RSI. *Forum Sociológico, 20*, 29–38. doi: 10.4000/sociologico.90

Equality Challenge Unit. (2021). Equality in higher education: statistical report 2021. ECU.

Esping-Andersen, G. (2009). *Incomplete revolution: Adapting welfare states to women's new roles*. Polity Press.

ESS-ERIC, & ICS-ULisboa. (2022). *European social survey 2018, Portugal. Study documentation*. Consultado a 2 Junho de 2022 em https://dados.rcaap.pt/bitstream/10400.20/2111/5/APIS0091_codebook_nesstar.pdf

Eurofound. (2018). *Burnout in the workplace: A review of data and policy responses in the EU*. Publications Office of the European Union.

European Commission, & Directorate-General for Research & Innovation. (2021). *She figures 2021. Gender in research and innovation: statistics and indicators*. Publications Office of the European Union.

Feijó, A. M. & Tamen, M. (2017). *A universidade como deve ser*. Fundação Francisco Manuel dos Santos.

Felt, U. (2017). Under the shadow of time: Where indicators and academic values meet. *Engaging Science, Technology, and Society, 3*, 53–63. doi: 10.17351/ests2017.109

Fernandes, L. (2015). Políticas de dinamização de I&D empresarial. In M. L. Rodrigues & M. Heitor (Eds.), *40 anos de políticas de ciências e de ensino superior* (pp. 235–263). Almedina.

Ferreira, A. (2023a). Living on the edge: Continuous precarity undermines academic freedom but not academic identity in the neoliberal academia. In A. Vatansever & Y. Kölemen (Eds.), *Free as a Bird: Academic Precariat and the State of Academic Freedom in the Global North* (pp. 79–100). Routledge. doi: 10.4324/978100256984-7

Ferreira, A. (2023b). Modelling social action: From biological to social (re)constructions enabling, constraining and motivating social decision-making. In N. Rezaei (Ed.), *Integrated science. Brain, decision making, and mental health* (pp. 443–463). Springer. doi: 10.1007/978-3-031-15959-6_21

Ferreira, A. (2023c). Precariedade incorporada: Marcas da «excelência científica» entre investigadores precarizados. In M. S. Almeida, A. R. Matos & P. X. Mendonça (Eds.), *A sociologia do conhecimento, ciência e tecnologia em Portugal. Evolução e temas emergentes*. Instituto de Ciências Sociais. No prelo.

Ferreira, A., & Teixeira, A. L. (2019). Profiles of malaria research in Portugal: Organizing, doing and thinking in science under capitalism. *Science & Technology Studies, 32*(3), 62–87. doi: 10.23987/sts.60861

Ferreira, V., Vieira, C. C., Lopes, M., & Santos, C. d. C. (2021). *Pandemia e academia em casa – efeitos no ensino, na investigação e na cidadania académica sob uma perspetiva de género*. Centro de Estudos Sociais, Universidade de Coimbra.

Ferreira, V. S. (2017). Os jovens perante o (des)emprego, o trabalho e o futuro nos anos de austeridade. In V. S. Ferreira, M. C. Lobo, J. Rowland & E. R. Sanches (Eds.), *Geração milénio? Um retrato social e político.* (pp. 39–78). Imprensa de Ciências Sociais.

Figueiredo, H., Teixeira, P., & Rubery, J. (2013). Unequal futures? Mass higher education and graduates' relative earnings in Portugal, 1995–2009. *Applied Economics Letters, 20*(10), 991–997. doi: 10.1080/13504851.2013.770119

Fochler, M. (2016). Variants of epistemic capitalism: Knowledge production and the accumulation of worth in commercial biotechnology and the academic life sciences. *Science, Technology & Human Values, 41*(5), 922–948. doi: 10.1177/0162243916652224

Fontes, M., & Araújo, E. (2013). (I)Mobilidades e redes científicas internacionais: Contextos e relações em mudança. In E. Araújo, M. Fontes & S. Bento (Eds.), *Para um debate sobre mobilidade e fuga de cérebros* (pp. 97-124). Centro de Estudos de Comunicação e Sociedade, Universidade do Minho.

Fontes, M., Novais, A. Q., & Cabral-Cardoso, C. (2005). Emprego para jovens cientistas no sector empresarial: Expectativas e realidade. *Comportamento Organizacional e Gestão, 11*(1), 7–23.

Foucault, M. (1980). *Power/knowledge: Selected interviews and other writings, 1972–1977*. Pantheon Books.

Foucault, M. (2010). *Nascimento da biopolítica*. Edições 70.

França, T. (2016). Mulheres, imigrantes e acadêmicas: Teorias da interseccionalidade para pensar a mobilidade científica. *Tomo, 28*, 203–240. doi: 10.21669/tomo.v0i0.5432

França, T., Godinho, F., Padilla, B., Vicente, M., Amâncio, L., & Fernandes, A. (2021). Articulações entre vida pessoal, familiar e profissional no contexto das instituições de ensino superior e científicas: A experiência de investigadoras e docentes durante a pandemia da Covid-19 em Portugal. *Forum Sociológico, 39*, 43–52. doi: 10.4000/sociologico.10100

Gallas, A. (2018). Precarious academic labour in Germany: Termed contracts and a new berufsverbot. *Global Labour Journal, 9*(1), 92–102. doi: 10.15173/glj.v9i1.3391

Garcia, J. L., & Martins, H. (2009). O ethos da ciência e suas transformações contemporâneas, com especial atenção à biotecnologia. *Scientiæ studia, 7*(1), 83–104. doi: 10.1590/S1678-31662009000100005

Giddens, A. (2005). *As consequências da modernidade*. Celta.

Gill, R. (2010). Breaking the silence: The hidden injuries of neo-liberal academia. In R. Flood & R. Gill (Eds.), *Secrecy and silence in the research process: Feminist reflections* (pp. 228–244). Routledge.

Gill, R. (2014). Academics, cultural workers and critical labour studies. *Journal of Cultural Economy, 7*(1), 12–30. doi: 10.1080/17530350.2013.861763

Godinho, M. M. (2016). *Inovação em Portugal*. Fundação Francisco Manuel dos Santos.

Goffman, E. (1982). *Interaction ritual: Essays on face-to-face behavior*. Pantheon Books.

Goffman, E. (1988). *Estigma: notas sobre a manipulação da identidade deteriorada*. LTC.

Hall, R. (2019). *The alienated academic: The struggle for autonomy inside the university*. Palgrave Macmillan.

Hardt, M., & Negri, A. (2001). *Império*. Record.

Hasanefendic, S. (2017). «Brain drain, brain gain... Brain sustain?» Challenges in building portuguese human research capacity. *Sociologia, Problemas e Práticas, 83*, 117–135.

Heitor, M. (2015). Ciência e conhecimento na modernização de Portugal. In M. d. L. Rodrigues & M. Heitor (Eds.), *40 anos de políticas de ciências e de ensino superior* (pp. 81-146). Almedina.

Herbert, D. L., Coveney, J., Clarke, P., Graves, N., & Barnett, A. G. (2014). The impact of funding deadlines on personal workloads, stress and family relationships: a qualitative study of Australian researchers. *BMJ Open, 4*(3), e004462. doi: 10.1136/bmjopen-2013-004462

Hess, D. J. (2016). *Undone science: Social movements, mobilized publics, and industrial transitions*. MIT Press.

Hirslund, D. V., Davies, S. R., & Monka, M. (2019). Report on national meeting for temporarily employed researchers. Temporarily employed researchers forum, Dansk Magisterforening.

Hood, C. (1991). A public management for all seasons? *Public Administration, 69*(1), 3–19. doi: 10.1111/j.1467-9299.1991.tb00779.x

Horta, H., & Yudkevich, M. (2016). The role of academic inbreeding in developing higher education systems: Challenges and possible solutions. *Technological Forecasting and Social Change, 113*, 363–372. doi: 10.1016/j.techfore.2015.06.039

Ivancheva, M. (2015). The age of precarity and the new challenges to the academic profession. *Studia Universitatis Babes-Bolyai, 60*(1), 39–48.

Ivancheva, M., Lynch, K., & Keating, K. (2019). Precarity, gender and care in the neoliberal academy. *Gender, Work & Organization, 26*(4), 448–462. doi: 10.1111/gwao.12350

Jesuíno, J. C. (1995). *A comunidade científica portuguesa nos finais do século XX*. Celta.

Kallio, K.-M., Kallio, T. J., Tienari, J., & Hyvönen, T. (2016). Ethos at stake: Performance management and academic work in universities. *Human Relations, 69*(3), 685–709. doi: 10.1177/0018726715596802

Kerridge, S., & Scott, S. F. (2018). Research administration around the world. *Research Management Review, 23*(1), 1–34.

Krimsky, S. (2004). *Science in the private interest: Has the lure of profits corrupted biomedical research?* Rowman & Littlefield Publishers.

Lahire, B. (2003). *O Homem plural: As molas da acção*. Instituto Piaget.

Lam, A. (2010). From «ivory tower traditionalists» to «entrepreneurial scientists»? Academic scientists in fuzzy university-industry Boundaries. *Social Studies of Science, 40*(2), 307–340. doi: 10.1177/0306312709349963

Lazzarato, M. (2009). Neoliberalism in action: Inequality, insecurity and the reconstitution of the social. *Theory, Culture & Society, 26*(6), 109–133. doi: 10.1177/0263276409350283

Leathwood, C., & Read, B. (2013). Research policy and academic performativity: compliance, contestation and complicity. *Studies in Higher Education, 38*(8), 1162–1174. doi: 10.1080/03075079.2013.833025

Lima, L. C. (2009). A democratização do governo das escolas públicas em Portugal. *Sociologia, 19*, 227–253.

Lima, L. C. (2018). Privatização *lato sensu* e impregnação empresarial da gestão da educação pública. *Currículo sem Fronteiras, 18*(1), 129–144.

Lorenz-Meyer, D. (2018). The academic productivist regime: Affective dynamics in the moral-political economy of publishing. *Science as Culture, 27*(2), 151–174. doi: 10.1080/09505431.2018.1455821

Maisuria, A., & Helmes, S. (2021). *Life for the academic in the neoliberal university*. Routledge.

Mamede, R. P. (2012). Causes, consequences, and ways out of the crisis: a perspective from EU's periphery. *Green European Journal, 1*, 30–46.

Mamede, R. P. (2017). Structural asymmetries, innovation measurement and innovation policies in the EU. *Portuguese Journal of Social Science, 16*(3), 377–392. doi: 10.1386/pjss.16.3.377_1

Mannevuo, M., & Valovirta, E. (2019). Affective infrastructures of global academia. In F. Cannizzo & N. Osbaldiston (Eds.), *The social structures of global academia* (pp. 73-90). Routledge.

Marçal, D. (2019). *Cientistas portuguesas*. Fundação Francisco Manuel dos Santos.

Marques, M. M., Alves, E., Queirós, C., Norton, P., & Henriques, A. (2018). The effect of profession on burnout in hospital staff. *Occupational Medicine, 68*(3), 207–210. doi: 10.1093/occmed/kqy039

Marx, K. (1979 [1890]). *O capital. Crítica da economia política* (Vol. Livro Primeiro). Editora Civilização Brasileira S.A.

Maslach, C., & Leiter, P. M. (1997). *The truth about burnout: How organizations cause personal stress and what to do about it.* Jossey-Bass Publishers.

Mauri, C. (2019). Formulating the academic precariat. In F. Cannizzo & N. OSbaldiston (Eds.), *The social structures of global academia* (pp. 187–204). Routledge.

Merton, R. K. (1973). *The sociology of science: Theoretical and empirical investigations*. University of Chicago Press.

Mignolo, W. (2002). The geopolitics of knowledge and the colonial difference. *The South Atlantic Quarterly, 101*(1), 57–96. doi: 10.1215/00382876-101-1-57

Mineiro, J. (2016). O campo universitário português. Transformações e disputas entre 1988-2015. *Sociologia, Problemas e Práticas, 82*, 103–123. doi: 10.7458/SPP2016827918

Mineiro, J. (2022). Representação eleitoral, participação democrática e liberdade académica nos quinze anos do RJIES. *Ensino Superior, revista do SNESup, 76*, 18–25. doi: 10.26329/2022.76.6

Mintzberg, H. (1995). *Estrutura e dinâmica das organizações*. Dom Quixote.

Morais, C., & Alves, G. M. (2019). Do doutoramento para o mercado de trabalho? O percurso de inserção profissional de um grupo altamente qualificado. *Sociologia On Line, 20*, 36–60. doi: 10.30553/sociologiaonline.2019.20.2

Mouzelis, N. P. (2008). *Modern and postmodern social theorizing: Bridging the divide*. Cambridge University Press.

Müller, R. (2014). Racing for what? Anticipation and acceleration in the work and career practices of academic life science Postdocs. *Forum Qualitative Sozialforschung / Forum: Qualitative Social Research, 15*(3). doi: 10.17169/fqs-15.3.2245

Müller, R., & de Rijcke, S. (2017). Thinking with indicators. Exploring the epistemic impacts of academic performance indicators in the life sciences. *Research Evaluation, 26*(3), 157–168. doi: 10. 1093/reseval/rvx023

Musselin, C. (2013). Redefinition of the relationships between academics and their university. *Higher Education, 65*(1), 25–37. doi: 10.1007/s10734-012-9579-3

Neary, M., & Saunders, G. (2016). Student as producer and the politics of abolition: Making a new form of dissident institution? *Critical Education, 7*(5), 1–24. doi: 10.14288/ce.v7i5.186127

Neave, G., & Van Vught, F. A. (1994). *Government and higher education relationships across three continents: The winds of change*. Pergamon Press.

Negri, A. (1989). *The politics of subversion: A manifesto for the twenty-first century*. Polity Press.

Neves, J. (2019). Por uma outra crise da universidade a propósito de um ensaio de António Feijó e Miguel Tamen. *Dobra*(3).

Noronha, R. (2022). The portuguese road to neoliberalism (1976–1989). *Contemporary European History, 31*(1), 113-118. doi: 10.1017/S0960777321000175

OECD. (2021). Reducing the precarity of academic research careers. *OECD Science and Technology and Industry Policy Papers*(113), 1–68.

Padilla, M. A., & Thompson, J. N. (2016). Burning out faculty at doctoral research universities. *Stress and Health, 32*(5), 551–558. doi: doi.org/10.1002/smi.2661

Patrício, M. T. S. P., Tiago. (2015). A política científica europeia e a internacionalização da ciência. In M. d. L. Rodrigues & M. Heitor (Eds.), *40 anos de políticas de ciência e de ensino superior* (pp. 265-291). Almedina.

Pedroso, P. (2014). Portugal and the global crisis. The impact of austerity on the economy, the social model and the performance of the state (pp. 1–37). Friedrich-Ebert-Stiftung.

Pereira, M. (2021). Saúde mental na academia. In P. Sequeiros, M. J. Carvalho & G. Capinha (Eds.), *A investigação e a escrita: Publicar sem perecer* (pp. 321–338). Imprensa da Universidade de Coimbra.

Pereira, M. M. (2016). Struggling within and beyond the performative university: Articulating activism and work in an «academia without walls». *Women's Studies International Forum, 54*, 100–110. doi: 10.1016/j.wsif.2015.06.008

Pereira, M. M. (2017). *Power, knowledge and feminist scholarship: An ethnography of academia*. Routledge.

Pereira, M. M. (2019). Boundary-work that does not work: Social inequalities and the non-performativity of scientific boundary-work. *Science, Technology, & Human Values, 44*(2), 338–365. doi: 10.1177/0162243918795043

Pereira, M. M. (2021). Researching gender inequalities in academic labor during the COVID-19 pandemic: Avoiding common problems and asking different questions. *Gender, Work & Organization, 28*(S2), 498–509. doi: 10.1111/gwao.12618

Perumalswami, C. R., Takenoshita, S., Tanabe, A., Kanda, R., Hiraike, H., Okinaga, H., Jagsi, R., Nomura, K. (2020). Workplace resources, mentorship, and burnout in early career physician--scientists: a cross sectional study in Japan. *BMC Medical Education, 20*(1), 178. doi: 10.1186/s12909-020-02072-x

Peters, M. A., & Jandrić, P. (2018). Peer production and collective intelligence as the basis for the public digital university. *Educational Philosophy and Theory, 50*(13), 1271–1284. doi: 10.1080/00131857.2017.1421940

Poli, S. (2018). Who are today's research managers? Roles, professional development, and evolution of the profession. In J. Andersen, K. Toom, S. Poli & P. F. Miller (Eds.), *Research Management* (pp. 1–29). Academic Press.

Porpora, D. V. (1987). *The concept of social structure*. Greenwood Press.

Precários Inflexíveis. (2014). Investigação científica: Precariedade, desemprego e emigração. Associação de Combate à Precariedade — Precários Inflexíveis.

Queirós, C., Passos, F., Bártolo, A., Marques, A. J., da Silva, C. F., & Pereira, A. (2020). Burnout and stress measurement in police officers: Literature review and a study with the operational police stress questionnaire. *Frontiers in Psychology, 11*. doi: 10.3389/fpsyg.2020.00587

Rego, R., Espírito-Santo, A., Nunes, C., & Costa, H. A. (2021). Relatório — Resultados do inquérito sobre a representatividade das organizações sindicais e de empregadores. Projeto REP-Representatividade dos parceiros sociais e impacto da governança económica. ICS-ULisboa.

Rodrigues, J. (2022). *O neoliberalismo não é um slogan: Uma história de ideias poderosas*. Tinta da China.

Rodrigues, M. L. (2015). Análise cronológica das políticas públicas: ruturas e continuidades. In M. L. Rodrigues & M. Heitor (Eds.), *40 anos de políticas de ciência e de ensino superior* (pp. 25–50). Coimbra: Almedina.

Rodrigues, M. L., & Heitor, M. (2015). *40 anos de políticas de ciência e de ensino superior*. Almedina.

Rushforth, A., & de Rijcke, S. (2015). Accounting for impact? The journal impact factor and the making of biomedical research in the Netherlands. *Minerva, 53*(2), 117–-139. doi: 10.1007/s11024-015-9274-5

Sandel, M. J. (2022). *A tirania do mérito. O que aconteceu ao bem comum?* Editorial Presença.

Santiago, R., & Carvalho, T. (2008). Academics in a new work environment: The impact of new public management on work conditions. *Higher Education Quarterly, 62*(3), 204–223. doi: 10.1111/j. 1468-2273.2008.00390.x

Santiago, R., & Carvalho, T. (2016). The «Dark side of the moon». The non-teaching structures in the Portuguese higher education institutions. In C. Sarrico, P. Teixeira, A. Magalhães, A. Veiga, M. J. Rosa & T. Carvalho (Eds.), *Global challenges, national initiatives, and institutional responses: The transformation of higher education* (pp. 55–76). Sense Publishers.

Santiago, R., Carvalho, T., Amaral, A., & Meek, V. L. (2006). Changing patterns in the middle management of higher education institutions: The case of Portugal. *Higher Education, 52*(2), 215–250. doi: 10.1007/s10734-004-2747-3

Santiago, R., Carvalho, T., & Ferreira, A. (2013). As universidades portuguesas na senda da investigação empreendedora: onde estão as diferenças? *Análise Social, XLVIII*(208), 594–620.

Santos, J. M., Horta, H., & Heitor, M. (2016). Too many PhDs? An invalid argument for countries developing their scientific and academic systems: The case of Portugal. *Technological Forecasting and Social Change, 113*, 352–362. doi: 10.1016/j.techfore.2015.12.013

Sarrico, C. S., & Alves, A. A. (2016). Academic staff quality in higher education: an empirical analysis of Portuguese public administration education. *Higher Education, 71*(2), 143–162. doi: 10.1007/ s10734-015-9893-7

Scott, P. (2004). Ethics «in» and «for» higher education. *Higher Education in Europe, 29*(4), 439–450. doi: 10.1080/03797720500083039

Shelley, L. (2010). Research managers uncovered: Changing roles and «shifting arenas» in the academy. *Higher Education Quarterly, 64*(1), 41–64. doi: 10.1111/j.1468-2273.2009.00429.x

Slaughter, S., & Leslie, L. L. (1999). *Academic capitalism: Politics, policies, and the entrepreneurial university*. Johns Hopkins University Press.

Slow Science Academy. (2010). The Slow Science Manifesto. Consultado a 2 de Novembro de 2021 em http://slow-science.org/ website.

Soeiro, J. (2015). *A formação do precariado. Transformações no trabalho e mobilizações de precários em Portugal.* (Dissertação de Doutoramento Doutoramento), Universidade de Coimbra. Consultado a 23 de Abril de 2018 em http://hdl.handle.net/10316/28406

Spognardi, A., & Matos, A. R. (2021). Oferta e procura de investigadores doutorados: Distorções no sistema científico e tecnológico português. In P. Sequeiros, M. J. Carvalho & G. Capinha (Eds.), *A investigação e a escrita. Publicar sem perecer* (pp. 213–245). Imprensa da Universidade de Coimbra.

Standing, G. (2014). *O precariado. A nova classe perigosa.* Autêntica Editora.

Stengers, I. (2018). *Another science is possible: A manifesto for slow science*. Polity Press.

Stones, R. (2001). Refusing the realism-structuration divide. *European Journal of Social Theory, 4*(2), 177–197. doi: 10.1177/13684310122225064

Susi, T., Shalvi, S., & Srinivas, M. (2019). «I'll work on it over the weekend»: high workload and other pressures faced by early-career researchers. *Nature*. doi: 10.1038/d41586-019-01914-z

Tavares, O., Cardoso, S., Carvalho, T., Sousa, S. B., & Santiago, R. (2015). Academic inbreeding in the Portuguese academia. *Higher Education, 69*(6), 991–1006. doi: 10.1007/s10734-014-9818-x

Teixeira, P. (2015). Financiamento do ensino superior: expansão, diversificação e crise. In M. L. Rodrigues & M. Heitor (Eds.), *40 anos de políticas de ciência e de ensino superior* (pp. 843–861). Almedina.

Ullrich, P. (2019). In itself but not yet for itself — Organising the new academic precariat. In W. Baier, E. Canepa & H. Golemis (Eds.), *The radical left in Europe: rediscovering hope*. The Merlin Press.

Upton, B. (2022, July 7, 2022). Is this the beginning of the end of early career precarity?, *Times Higher Education*. Consultado a 15 de Setembro de 2022 em https://www.timeshighereducation.com/depth/beginning-end-early-career-precarity

Valente Rosa, M. J. & Oliveira, I. T. (2021). Ter ou não ter filhos: Razões da decisão. In I. P. Instituto Nacional de Estatística (Ed.), *Inquérito à Fecundidade – 2019* (pp. 9–30). Instituto Nacional de Estatística, I.P.

Vandenberghe, F. (2013). A sociologia na escala individual: Margaret Archer e Bernard Lahire. *Cadernos de Sociofilo. Quarto Caderno, 4*(1), 70–112.

Varela, R., della Santa, R., Oliveira, H. M., Coimbra de Matos, A., Rolo, D., Leher, R., & Areosa, J. (2020). Desgaste, condições de vida e trabalho em Portugal: uma perspetiva multidisciplinar. *Estudos do Século XX*(20), 183–210. doi: 10.14195/1647-8622_20_9

Vatansever, A. (2020). *At the margins of academia: Exile, precariousness, and subjectivity*. Brill. doi: 10.1163/9789004431355

Vatansever, A. (2022). The making of the academic precariat: Labour activism and collective identity-formation among precarious researchers in Germany. *Work, Employment and Society, First published online: March 11, 2022*. doi: 10.1177/09500170211069830

Vostal, F. (2015). Academic life in the fast lane: The experience of time and speed in British academia. *Time & Society, 24*(1), 71–95. doi: 10.1177/0961463x13517537

Watts, J., & Robertson, N. (2011). Burnout in university teaching staff: a systematic literature review. *Educational Research, 53*(1), 33–50. doi: 10.1080/00131881.2011.552235

Weber, M. (1978). *Economy and society: An outline of interpretive sociology*. University of California Press.

Wellcome Trust. (2020). What researchers think about the culture they work in. Wellcome Trust.

Whitchurch, C. (2008). Shifting identities and blurring boundaries: The emergence of third space professionals in UK higher education. *Higher Education Quarterly, 62*(4), 377–396. doi: 10.1111/j.1468-2273.2008.00387.x

Winter, R. (2009). Academic manager or managed academic? Academic identity schisms in higher education. *Journal of Higher Education Policy and Management, 31*(2), 121–131. doi: 10.1080/13600800902825835

Woolston, C. (2020). Postdoc survey reveals disenchantment with working life. *Nature, 587*, 505–508.

World Health Organization. (2019). *International classification of diseases 11th revision. The global standard for diagnostic health information.* W. H. Organization (Ed.) Consultado a 15 de Setembro de 2022 em https://icd.who.int/en

Wright, E. O. (2016). Is the precariat a class? *Global Labour Journal, 7*(2). doi: 10.15173/glj.v7i2.2583

Ylijoki, O.-H. (2010). Future orientations in episodic labour: Short-term academics as a case in point. *Time & Society, 19*(3), 365–386. doi: 10.1177/0961463x10356220

Ylijoki, O.-H., & Mäntylä, H. (2003). Conflicting time perspectives in academic work. *Time & Society, 12*(1), 55–78. doi: 10.1177/0961463x03012001364